건강한 교회 세움 시리즈 ②

교회의
직분자가
알아야할
7가지

세움북스는 기독교 가치관으로 교회와 성도를 건강하게 세우는 바른 책을 만들어 갑니다.

건강한 교회 세움 시리즈 ②

교회의 직분자가 알아야 할 7가지

초판 1쇄 발행 2017년 2월 15일
초판 5쇄 발행 2023년 7월 15일

지은이 | 성희찬, 손재익, 안재경, 이성호
　　　　임경근, 최만수, 황대우, 황원하
펴낸이 | 강인구

펴낸곳 | 세움북스
등　록 | 제2014-000144호
주　소 | 서울시 종로구 대학로 19 한국기독교회관 1010호
전　화 | 02-3144-3500
팩　스 | 02-6008-5712
이메일 | cdgn@daum.net

교　정 | 이윤경
디자인 | 참디자인(02-3216-1085)

ISBN 979-11-87025-15-3 (03230)

* 이 책은 신저작권법에 의하여 국내에서 보호를 받는 저작물입니다.
　출판사와의 협의 없는 무단 전재와 무단 복제를 엄격히 금합니다.
* 책 값은 뒷표지에 있습니다.
* 잘못된 책은 교환하여 드립니다.

교회의 직분자가 알아야 할 7가지

성희찬·손재익·안재경·이성호
임경근·최만수·황대우·황원하

세움북스

머리말

교회의 머리는 예수 그리스도시다. 예수 그리스도께서 친히 자기의 교회를 다스리신다. 그런데 예수 그리스도께서는 사람을 통해 다스리시니 곧 직분자들을 통해서다. 교회의 머리이신 예수 그리스도께서는 자기의 교회에 목사, 장로, 집사들을 세우시고 그들에게 은사를 주셔서 교회를 섬기고 봉사하게 하신다. 이를 통해 교회는 그리스도의 몸으로 세워지게 된다.

그런데 오늘날 많은 직분자들이 직분을 단지 명예로 여길 뿐, 그 의미를 알지 못한다. 자신이 왜 직분자로 부름 받았는지, 직분자로서 무엇을 알아야 하며, 무엇을 행해야 하는지를 오해하는 경우가 많다.

이 책은 직분자들을 위한 책이다. 직분자들을 위한 책이지만, 직분자가 아니라도 읽어야 한다. 왜냐하면 대부분의 신실한 그리스도인은 앞으로 직분을 맡을 가능성이 높기 때문이다. 혹 하나님의 부르심이 없어서 직분을 맡지 못하더라도 직분자의 직분 수행을 도와야 하기 때문에 이 책을 통해서 도움을 얻어야 할 것이다.

개혁정론은 "담임목사가 되기 전에 알아야 7가지"라는 제목의 책을 출간한 바 있다. 이번에는 장로, 집사 등의 "직분자가 알아야 할 7가지"

를 출간한다. 이 두 책을 통해 직분이 바로 서고, 교회가 바로 서길 기대한다.

    귀한 글을 써 주신 개혁정론 운영위원께 감사드리며, 또한 지난 책에 이어 이번에도 흔쾌히 이 책의 출간을 맡아주신 세움북스 강인구 대표께 감사를 드린다.

저자를 대표하여
성희찬 목사

차례

머리말 · 5

1. 성경에 나타난 장로의 위치와 역할 (황원하) · 10
2. 역사에서 본 장로 직분 (임경근) · 16
3. 예배와 치리에서 장로의 역할 (안재경) · 29
4. 장로의 역할 중 "언약의 자녀를 양육하는 일"이란? (손재익) · 137
5. 목사와 장로의 바람직한 관계 (황대우) · 44
6. 장로 임기제, 어떻게 봐야 하나? (성희찬) · 49

1. 직분자를 세우기까지의 과정 (손재익) · 64
2. 직분자의 소명 (임경근) · 73
3. 임직식, 이렇게 한다 (안재경) · 82
4. 임직과 안수 (성희찬) · 92
5. 임직 시 행하는 서약 (손재익) · 101
6. 한국 교회의 임직 문화, 개혁해야 할 것은 없는가? (황원하) · 107
7. 목사 임직의 독특성 (이성호) · 113

1. 교회에는 왜 회의(會議)가 많은가? (성희찬) · 122
2. 당회, 제직회, 공동의회 (황대우) · 126
3. 노회, 장로교 회의의 꽃 (안재경) · 132
4. 회의는 누가 어떻게 인도해야 하는가? (임경근) · 140
5. 회의를 개회하기 전에 미리 공고해야 하는 이유 (황원하) · 146
6. 회의를 통해 결정된 내용은 어디까지 따라야 하는가? (성희찬) · 152
7. 회의록은 어떻게 작성해야 하는가? (성희찬) · 158

1. 기도, 언약적 대화 (임경근) · 166
2. 기도는 섭리신앙의 시금석인가? 은혜를 받는 방편인가? (성희찬) · 183
3. 대표기도, 어떻게 해야 하는가? (안재경) · 192
4. 대표기도로 알고 있는 '목회기도'에 관하여 (손재익) · 202
5. 기도문을 사용하여 기도하자 (황원하) · 208
6. 중보기도는 가능한가? (황대우) · 213
7. 성경이 말하는 방언 (이성호) · 219

1. 찬송의 의미 (임경근) · 228
2. 예배에서 찬송의 위치 (안재경) · 234
3. 목사의 직무 중 "찬송을 지도하는 일"에 관하여 (손재익) · 240
4. 시편찬송을 불러야 개혁교회인가? (황대우) · 250
5. 공예배에서 악기 사용, 어떻게 해야 하나? (성희찬) · 255
6. 성가대가 꼭 필요한가? (안재경) · 265
7. 하나님은 어떤 찬송을 좋아하실까? (이성호) · 270
8. 하나님은 어떻게 찬송하는 것을 좋아하실까? (이성호) · 273

1. 목사가 심방을 꼭 해야 하는가? 심방: 말씀의 방문 (이성호) · 280
2. 누가 심방해야 하는가? (안재경) · 284
3. 목사들을 위한 심방지침 (황원하) · 291
4. 심방 때는 어떤 대화를 나눠야 할까? (손재익) · 298
5. 심방받기 싫어하는 힘든 현실 (최만수) · 308
6. 환자 심방의 이유와 목적 (황대우) · 312

1. 부(副)목사인가, 부(不)목사인가? (성희찬) · 318
2. 부목사 제도, 과연 필요한가— (이성호) · 325
3. 신학이 목회에 적용되고 있는가? (황원하) · 329
4. 한국 교회 다음 세대 어떻게 할 것인가? (임경근) · 334
5. 세대통합예배: 가능성과 과제 (안재경) · 350
6. 이신칭의는 개신교의 교리적 면죄부인가? (황대우) · 358

주 · 365

PART 1

장로

01
성경에 나타난 장로의 위치와 역할
(디모데전서를 중심으로)

황원하

바울이 활동하던 시대에 교회는 이미 직분과 체계를 갖추고 있었다. 바울이 제1차 전도여행을 하던 때에 이미 장로가 있었으며(행 14:21-23 참고), 빌립보교회에는 감독과 집사가 세워져 있었다(빌 1:1 참고). 바울은 목회서신(딤전, 딤후, 딛)에서 교회의 직분에 대하여 자세히 말하는데, 목회서신에 언급된 직분은 감독(딤전 3:1-7; 딛 1:7-9), 장로(딤전 5:17-22; 딛 1:5-6), 그리고 집사(딤전 3:8-13)이다. 여기서는 디모데전서에 나타난 장로에 대해서 살펴보겠다.

디모데전서 3:1-7 감독(장로)의 자격

1-3절: 일반적인 자격

1절: '감독(에피스코포스, overseer)'은 교회를 다스리고 보호하는 사람이다. 목회서신이 기록될 당시에는 직분들이 뚜렷이 구분되지 않았다. 당시에 감독은 장로들 가운데서 나왔다. 디도서 1장 5-9절에는 장로와 감독이 교호적으로(reciprocally) 사용되었고, 사도행전 20장 28절에서 바울은 장로들에게 성령이 그들을 감독자로 삼으셨다고 말한다.

2절: 감독은 책망할 것이 없어야 한다. 이것은 감독이 원만한 사람이어야 한다는 뜻이다. '한 아내의 남편(미아스 귀나이코스 안드라, the husband of but one wife)'이란 결혼한 사람을 가리킬 수도 있고 한 명의 부인을 둔 사람을 가리킬 수도 있다. 아마도 양자 모두를 지칭할 가능성이 높다. 어쨌든 이것은 결혼 생활에서 신실해야 한다는 뜻이다. 감독은 가르치기를 잘해야 하는데, 이것은 감독과 장로의 자격에는 포함되지만 집사의 자격에는 포함되지 않는다.

3절: 감독은 술을 즐기지 아니하며 구타하지 아니하며 오직 관용해야 한다. 감독은 자신을 다스리고 통제하고 훈련하여 좋은 성품을 유지해야 한다. 술을 즐기는 사람은 자신을 통제할 수 없다. 구약에는 제사장이나 지도자들이 술을 멀리해야 한다는 경고가 많이 나온다. 감독은 돈을 사랑하지 않아야 하는데, 당시의 거짓 교사들은 돈을 많이 사랑하였다.

4-5절: 가정을 잘 다스리는 자

4-5절: 감독은 자기 집을 잘 다스리는 자여야 한다. 좋은 가정을 이루는 것은 참된 기독교인임을 입증한다. 나아가서 가정을 잘 다스리는 것은 견실한 사역을 위한 기초가 된다. 바울은 가정을 '다스리다'에 해당하는 동사 '프로이스테미(Proistemi)'를 나중에 장로가 교회를 '다스리다'에

해당하는 동사로 사용함으로써 이것을 보여 준다(17절 참고). 감독은 또한 자녀들을 잘 가르쳐야 하는데, 지도자의 자격은 그의 자녀들의 행동을 통해서 드러난다. 가정을 다스리지 못하면 교회를 다스리지 못한다.

6-7절: 성숙한 자

6-7절: 새로 입교한 자가 감독이 되어서는 안 된다. 새로 입교한 자가 감독이 되면 교만하여져서 정죄에 빠질 수 있기 때문이다. 새로 입교한 자들이 아무리 유능하고 훌륭하더라도 신앙의 뿌리가 깊지 않으면 흔들릴 수 있기에 영혼을 돌보는 막중한 사명을 맡을 수 없다. 감독이 되기 위해서는 어느 정도 신앙의 연륜이 필요하다. 그리고 감독은 외인에게서도 선한 증거를 얻은 자여야 한다. 이는 믿지 않는 사람들에게서도 인정을 받는 자여야 한다는 뜻이다.

디모데전서 5:17-25 장로를 대하는 태도

이 단락에서 바울은 장로를 대하는 태도에 대해서 말한다. 장로는 교회의 지도자이기에 장로를 세우고 그들을 대하며 그들의 잘못을 꾸짖는 일은 매우 신중해야 한다.

17-18절: 장로에 대한 존경심

17절: 바울은 "잘 다스리는 장로들"을 "배나 존경할 자"로 알라고 말한다. '다스리는 장로들'(ruling elders)은 공식적인 직분을 의미한다. '배나 존경하라(double honor)'는 말은 많이 존경하라는 뜻이다. 이어서 바울은 "말씀과 가르침에 수고하는 이들에게는 더욱 그리하라"고 말한다. 이들은 '가르치는 장로들(teaching elders)'로서 오늘날의 목사들이다. '더욱 그리하라'는 말은 헬라어 원문에서 '특별히(말리스타, especially)' 존경하라는 뜻이다. '수고하다(코피아오)'라는 단어는 교회에서 사역하는 것을 가리킬 때 자주 사용되었다.

18절: 바울은 성경을 인용함으로써 자기의 주장을 강화한다.

19-21절: 장로에 대한 재판 규정

19-20절: 장로에 대한 재판 규정이 나온다. 장로를 재판하는 일은 신중해야 한다. 이는 그들에 대한 처우가 교회에 큰 영향을 미치기 때문이다. 바울은 장로에 대한 고발을 두세 증인이 없으면 받지 말아야 한다고 충고한다. 증인이 두세 명이어야 하는 것은 유대의 전통인데 신약 시대에도 그대로 적용되었다. 바울은 죄를 범한 장로들을 모든 사람 앞에서 꾸짖어서 나머지 사람들로 두려워하게 하라고 말한다. 이는 권징의 선포가 사람들에게 죄에 대한 경각심을 심어 주기 때문이다.

21절: 바울은 장로에 대한 판결이 공정해야 한다고 강조하여 말한다. 바울은 "하나님과 그리스도 예수와 천사들 앞에서"라는 표현을 통하여 교회의 권징을 하늘의 재판으로 간주한다. 그리하여 교회의 결정이 엄중하다는 사실을 드러낸다. 특히 여기서 천사가 나오는 것은 그들이 마지막 심판 때에 참여하기 때문이다(예. 마 25:31; 계 14:10). 물론 이것은 천사의 특별한 지위를 암시하지 않는다.

22-25절: 장로를 세우는 규정

22절: 바울은 디모데에게 아무에게나 경솔히 안수하지 말아야 한다고 말한다. 안수는 직분을 수여하는 것이므로 사람들에게 장로 직분을 줄 때에 신중해야 한다는 뜻이다. 필시 사람을 먼저 시험하여 보고 책망할 것이 없으면 직분을 맡게 해야 한다. "다른 사람의 죄에 간섭하지 말며"라고 말한 것은 다른 사람의 죄에 간섭하다가 자칫 자신도 그러한 죄에 참여할 수 있기 때문이다. 지도자 자신이 정결하지 않으면 다른 사람들을 다스릴 수 없다.

23절: 바울은 디모데에게 물만 마시지 말고 위장과 자주 나는 병을 위하여 포도주를 조금씩 마시라고 말한다. 이것은 건강에 신경을 쓰라는 말이다. 디모데는 금욕주의적 사고에 젖어서 오랜 동안 물만 마시면서 금식했던 것으로 보인다. 이 때문에 디모데의 건강이 좋지 않았던 것 같다. 그래서 바울은 디모데에게 물만 마시지 말고 포도주를 조금씩 쓰라고 충고한 것이다. 이는 치료를 위한 의학적인 목적을 가진 권면이다.

24-25절: 어떤 사람들의 죄는 밝히 드러나서 먼저 심판을 받고 어떤 사람들의 죄는 나중에 드러나서 나중에 심판을 받는다. 마찬가지로 어떤 사람들의 선행은 밝히 드러나지만 그렇지 않은 것도 숨겨지지는 않는다. 즉, 모든 죄와 모든 선행은 언젠가 모두 드러난다. 그러므로 적극적으로 선을 행해야 하고 죄를 범하지 말아야 한다. 특히 지도자는 더욱 죄

를 피해야 하며 선을 추구해야 한다.

결론: 성경에 나타난 장로의 위치와 역할

1. 장로는 하나님이 친히 세우신 직분자이다.
2. 장로는 교인들을 다스리는 자이다.
3. 장로는 성경을 잘 가르쳐야 한다.
4. 장로는 생활에 상당한 모범이 되어야 한다.
5. 교인들은 장로를 존경하고 장로의 말에 순종해야 한다.
6. 장로를 재판하는 일은 매우 신중해야 한다.
7. 장로가 되기 위해서는 엄격한 자격을 갖추어야 한다.

02
역사에서 본 장로 직분

임경근

초대 교회: 장로 직분의 원리

장로들(목사와 장로)의 모임인 '장로회(presbyterion, 당회)'는 성경에 나온다 ("장로의 회"[딤전 4:14]). 사도행전의 예루살렘 회의(행 15장)도 장로들의 모임인 것으로 보인다. 성공회 성경 신학자인 라이트푸트(J. B. Lightfoot)도 장로교회가 신약 교회에서 가장 유행하던 것이었음을 인정했다.

   초대 교회가 장로교 정치원리에 따라 다스려졌다는 것은 역사적 기록을 통해서도 증명된다. 로마의 클레멘트(Clement of Rome, 약 96년)가 고린도교회에 편지를 보내면서 '장로회'를 계속 유지하도록 권면한 것에서도 분명히 알 수 있다. 사실 신약성경에 '장로(presbyteros)'가 '감독(episkopos)'이라는 이름으로 교차해 사용된 것은 너무나 분명하다. 이 점을 클레멘트도 인정했다는 점이 의미심장하다. 안디옥의 이그나티우스(Ignatius of Antioch, 약 107년)도 두 용어를 구분하지 않았다. 비록 클레멘트와 이그나티우스에게 '감독(Bishop)'이라는 칭호가 주어졌지만 현재 교회의 제왕으로 등극한 로마교회의 교황(감독)과는 달랐다. 그들은 단지 교회 지도자들에 의해 선택된 것일 뿐이다. 그들의 위치는 장로회의 '의장' 혹은 '리더'였다. 초기 2세기에는 감독(주교)과 장로의 구분이 없고, 장로와 집사의 두 직분이 있었다. 4세기의 교부였던 암브로시우스(Ambrosius)와 제롬(Jerome)도 초대 교회가 장로체제였음을 인정했고 고위 성직자주의를 인정하지 않았다.

그런데 시대가 지나면서 점차 '감독'과 '장로'가 하나의 직분에서 두 개의 직분으로 분리되기 시작했다. '감독'과 '장로'가 나눠지고 고착화된 후 신학자들은 '감독'과 '장로'는 본래부터 다른 직분이었다고 주장했다. 그러면서 점점 두 직분이 하나에서 둘로 위계적으로 분리되었다. '감독'의 지위가 높아지면서 '장로'의 지위가 상대적으로 낮아지게 된 것이다. 결국 장로는 낮은 지위의 성직 계급으로 전락하고 집사 직분은 장로보다 더 낮은 직분으로 위계화되었다. 이런 소위 '장로주의'에서의 '사제주의'로의 변화는 3세기 카르타고의 키프리안(Cyprianus of Cartago)에 의해 시작되었다고 본다. 제국에서의 로마의 위치가 정치, 사회, 경제적으로 우위에 서게 되고 힘을 가지게 되었고 로마의 '감독'이 최고의 위치에 자연스럽게 서게 되면서 장로의 고유 역할이 사라지고 만 것이다. 그러나 그것은 성경과 초대 교회의 역사를 볼 때 옳지 않다.

중세 교회: 장로 직분의 변질

5세기까지만 해도 '여러 평등한 관계 가운데 첫 번째(primus inter pares)'라는 인식이 존재했다. 그러나 점점 경건하고 자질이 있는 자가 아니라, 정치적으로 영향력 있는 인물이 감독(주교)으로 뽑히는 상황이 전개되었다. 이런 현상은 로마 제국의 정치적 관계와 맞물리면서 발전했다. 사제 가운데 '특별한 감독'이 생겨남과 동시에 초대 교회에 있었던 '장로' 직분은 변질되어 사제를 보조하는 혹은 사제가 되기 위해 거쳐야 하는 하나의 낮은 단계의 위계로 전락하고 말았다. 이렇게 장로의 직분은 평가절하되고, 대신 감독의 지위는 성경의 뜻과는 달리 하늘 높이 높아져 그리스도의 대리 역할을 하게 되었다. 더 큰 도시의 주교가 작은 도시의 주교보다 더 높은 위치에서 영향력을 행사하기 시작한 것이다. 이런 상황이 중세 시대에 1천 년 동안 고착화되었다.

종교개혁: 장로 직분의 회복

루터

루터(M. Luther, 1483-1546)는 계급적이고 비성경적인 로마교회의 직분관을 거부했다. 루터를 파면하고 출교시킨 로마교회는 이미 사탄의 회가 되고 말았다. 루터는 교황이 보낸 파면장과 교회법전을 공개적으로 불태워 버렸다. 그의 그런 자세는 그의 교회관과 관련이 있다. 당시 눈에 보이는 로마교회는 거짓되고 부패해 참 교회로 인정할 수 없었다. 그래서 보이지 않는 교회가 참 교회라고 말하기 시작했다. 곧 참 교회는 '구조와 법'으로 이루어지지 않고 보이지 않는 '바른 말씀의 선포'로 이루어진다고 보았다.

루터는 로마교회의 교회법을 인정할 수 없었다. 그는 단지 '하나님의 법'만 교회에 존재해야 한다고 믿으며 "말씀이 선포되고 경청해야 하는 하나님의 법과 명령"만으로 충분하다고 보고 인간이 교회를 다스릴 수 없다고 보았다. 교회는 예수 그리스도께서 직접 다스리시는데, 그분은 왕이

실 뿐만 아니라 말씀의 왕(Wortkönig)이시다. 결론적으로 루터에게 교회의 다스림은 '말씀이 선포되는 것' 그 이상이 아니었다. 그래서 루터가 작성한 아우구스타나 신앙고백(Confessio Augustana) 14조에 보면 "교회법이 무엇입니까?"라는 질문에 "말씀이 선포되는 것입니다"라고 대답한다.

믿음으로 예수님에게 접붙임 받은 진실한 그리스도인만이 참 교회를 형성한다. 교회법에 의한 강제가 아닌 자발적인 믿음의 순종만이 그리스도의 몸을 세운다고 보았다. 결국 말씀을 통한 복음 선포 주변에 교회의 모습이 드러난다. 목사의 설교가 보이지 않는 교회를 드러내는 가교 역할을 한다. 만인제사장적인 일반 성도의 직분관으로 만족하고 말씀의 담지자인 목사의 직분 이외에 장로 직분을 살리지 않았다. 교회의 관리는 국가에 맡기고 말았다. 그래서 루터에게는 장로의 역할이 필요 없었다.

그러나 1525년 농민전쟁 이후 교회는 혼란 속에 빠져 들어갔다. 루터가 생각한 것처럼 교회의 질서가 유지되지 않았다. 로마교회에서 분리된 교회들은 혼란스러웠다. 교회 성도들은 무지하고, 예배는 제각각이고, 교회의 재산을 관리할 수 있는 규정이 없었고, 교회는 가난해 목사의 생활비를 줄 수 있는 여력이 없었다. 루터는 정부 지도자에게 교회를 감독하도록 도움을 요청했다. 물론 일시적인 조치로 감독(Notbischof)을 요청한 것이었다. 목사는 말씀 선포에만 관심을 가져야지 다른 세상적인 잡다한 것에 얽매이지 말아야 한다는 이원론적인 생각이 강했던 것은 사실이다. 루터는 이렇게 말했다. "선제후가 우리의 유일한 감독이다. 감독 외에는 우리를 도울 자가 없다(Der Kurfürst ist unser einiger Bischof, weil sonst kein Bischof uns helfen wil)."

주 정부 통치자는 감독으로서 점점 교회의 권력을 가져갔고, 정부 조직처럼 '콘시스토리움(konsistorium)'이라는 위원회를 만들어 교회를 통치

했다. 결국 로마교회가 잡았던 교회의 권력을 주 정부가 가져간 격이 되고 말았다. 이 위원회는 신학자들과 법관들로 구성되었다. 물론 정부 관리가 이들을 임명했다. 국가가 교회의 법을 규정하게 된 것은 여기에서 출발한다. 이 위원회가 교회의 재정을 결정하고 설교 시간과 설교할 본문을 정하였다. 물론 1536년에 루터가 만든 쉬말칼트(Schmalkald) 법에 의하면 정부의 역할은 교회를 돌보고 이단을 방지하는 역할만 한다고 말하지만, 국가 정부는 교회의 일을 결정하는데 절대적인 권력을 휘두르게 되었다. 그래서 독일 루터교회에는 '장로'와 '장로회'가 필요하지 않았다. 대신 '총감독(Superintendent)'이 등장한다. 총감독은 위원회에 의해 임명되는데 목사의 교리와 행동을 감독한다. 이들이 실제적으로 교회를 다스린다. 그들이 목사를 임명하고 목사는 교회의 영적인 면만을 책임진다. 결국 루터교회는 교회법을 버린다고 했지만 버린 것이 아니라 로마교회에서 빼앗아 국가 정부에게 주고 만 것이다. 루터교회에 로마교회의 교회 법전이 되살아난 격이 되고 말았다.

칼뱅

칼뱅(J. Calvin, 1509-1564)은 루터가 시작한 종교개혁(이신칭의, 以信稱義)의 터 위에서 종교개혁을 이어갔다. 칼뱅은 이신칭의 진리와 그리스도의 통치 위에 교회법적 측면의 토대를 놓았다. 그 가운데 가장 주목할 만한 것이 장로정치의 회복이다. 그의 영향은 유럽 여러 교회에서 발표된 각종 신앙고백과 교회법에 나타난다. 성경이 제시하는 기본 지침이 교회의 틀을 만드는 기초가 된다. 그것은 신약성경에서 발견할 수 있는 사도들이 제시한 질서와 일치해야 했다. 칼뱅은 전통을 중시하는 로마교회와 달리 모든 권위를 말씀에 두었다. 직분자와 성도를 교회의 주인이신 예수님에게 돌려 드리고 주님의 말씀과 성령이 교회를 통치하도록 했다. 그러나 칼뱅은 예수 그리스도께서는 다스리는 수단을 무시하지 않으신다는 점을 알았다. 곧 장로 직분을 통해 교회를 다스리신다는 점을 알았다.

본래 칼뱅은 1536년에 쓴 『기독교 강요』에서 말씀의 선포자인 목사 직분에만 관심을 기울였다. 그가 구상한 목사의 직무(권징, 찬송, 교육, 결혼) 가운데 '권징'은 시의회가 택한 시민(교인)의 생활을 감독하고 권징하고 목사를 보조하는 인물에게 맡겼다. 그들의 사역은 장로의 직임과 같았지만, 그 직임을 '장로'라고 부르지는 않았다. 그런데 1538년 제네바에서 반대파의 계략에 의해 추방되어 스트라스부르(Strasbourg)에 머물 때 부써(M. Bucer, 1491-1551)로부터 '장로 직분'에 대해 배웠다. 특별히 외콜람파디우스(J. Oecolampadius, 1482-1531)와 부써는 이미 1530년경 교회의 권징을 위하여 일종의 '장로(Kirchenpfleger)'와 시 당국으로부터 독립된 '치리회'를 세워 교회를 다스렸다.

칼뱅의 장로 직분에 대한 변화는 1541년 그가 제네바로 돌아온 후 만든 '교회법'(Les Ordonnances Ecclesiastiques)에 나타난다. 그 교회법에는 직분의 종류가 목사(pasteurs), 교수(docteurs), 장로(anciens), 집사(diacres)로 나뉜다. 여기서 주목할 직분이 '장로'이다. 왜냐하면 그 이전에는 '장로'라는 직분이 교회에서 그 본연의 역할을 하지 못하고 있었기 때문이다. 장로의 역할은 이렇다.

"각 사람의 생활을 살피고 범죄한 자들과 방종한 생활을 하는 자를 책망하며 필요한 경우 친절히 징계하기 위해 구성된 회에 보고할 것이며, 다른 분들과 함께 실제로 징계를 한다."(OC, I 185-187)

칼뱅은 처음 12명의 장로를 세웠다. 2명은 25인 소위원회에서 뽑고, 4

명은 60인회에서 선출하고, 6명은 200인회에서 각각 택했다. 칼뱅의 시대는 교회가 국가와 밀접한 관계를 맺고 있었기 때문에 교회와 국가가 독립된 상황에서 교회의 선거를 통해 장로를 뽑는 것과는 상당히 다른 모습이다. 실제로 칼뱅은 당회의 권징권을 그의 사역 말년(1559)에서야 겨우 쟁취할 수 있었다는 점을 아는 것도 그 시대와 제네바 교회를 이해하는 데 도움이 될 것이다.

결론적으로 칼뱅이 한 가장 큰 기여라고 한다면 로마교회의 교황과 사제들이 전유했던 교회의 다스리는 직분을 장로 직분의 회복으로 개혁한 것이다. 물론 평신도를 직분의 위치로 다시 회복시킨 점도 큰 기여라고 할 수 있을 것이다. 여하튼 칼뱅은 성경에서 교회를 통치하는 직분이 장로에게 주어졌지 주교나 교황에게만 주어진 것이 아니란 것을 발견하고 실천에 옮겼다.

모든 개 교회는 완전한 그리스도의 교회이다. 그렇지만 개 교회는 다수회(노회와 총회)의 결정에 복종한다. 칼뱅은 목사와 장로로 구성된 노회로 모이는 것이 중요하다고 생각했다. 그렇지만 스위스는 너무 많은 자치구역으로 나뉘어 있었고 제네바는 너무 작았다. 제네바에 당회를 구성한 후 칼뱅은 목사들의 모임을 구성하긴 했지만 시찰이나 노회로 모일 수는 없었다. 칼뱅이 실천한 장로와 장로 정치는 오늘날 장로교회가 가진 모습과는 분명히 달랐다. 그러나 그 중심 의미는 오늘날의 장로 개념과 같다.

여러 나라들의 장로 직분

런던에서는 1570년 이후 네덜란드와 프랑스, 이탈리아에서 망명해 온 성도들로 구성된 개신 교회들이 '노회 형태'로 모여 각 지역 교회가 스스로 결정하기 어려운 일들을 함께 의논했다. 이 모임의 감독은 런던의 난민 교회에서 목회한 폴란드의 종교개혁가 요하네스 아 라스코(Johannes a Lasco, 1499-1560)였다.

네덜란드 개혁교회도 장로의 직분을 회복시켰다. 네덜란드 개혁교회는 장로 가운데 가르치고 다스리는 일에 전무하는 목사와 다스리는 일만 하는 장로로 나누었다. 특별히 네덜란드 개혁교회는 로마교회의 권력추구를 거부하고 동시에 목사의 주도적 권력추구(domino-cracy)도 반대하여 한 직분자가 다른 직분자에게 권력을 행사할 수 없도록 했다(parity of offices). 그렇게 함으로써 목사와 장로의 직임이 역할은 다르지만 그 사역의 중요성은 같다는 점을 실천하고 있다. 실제로 네덜란드 개혁교회의 장로들은 적어도 1년에 한 번씩 자신이 맡은 교구의 가정을 심방하며 목양적인 사역을 감당한다. 따라서 장로의 사역은 매우 무겁고 힘들다. 이 교회의 장로는 3년 임기제를 택하고 있다.

프랑스 개혁교회는 신앙고백과 신학, 정치에 있어서 칼뱅적이다. 1559년 첫 총회에서 '교회치리서'(The Ecclesiastical Discipline)를 채택하였는데 이 교회법의 특징은 개체 교회와 다수회를 인정하고 장로들의 다스림을 인정한 것이다.

스코틀랜드 장로교회의 경우 존 녹스(John Knox)가 제네바에 머물면서 칼뱅의 영향을 받아 고향에서 장로교 정치를 정착시켰다. 그러나 장로교회정치가 처음부터 완전한 형태로 시작하지는 않았다. 존 녹스를 비롯한 6명의 존(John)[1]은 1560년까지 신앙고백과 교회 정치를 만들도록 임명되었다. '제1 치리서'(The First Book of Discipline, 1560)는 목사에 대한 매우 높은 기준을 제시하였다. 당시 목사가 아주 귀한 때여서 평신도 가운데 '낭독자(Reader)'라는 직분을 두기 시작했다. 또 지역의 대표인 '감독(Superintendent)'이라는 직분이 있었다(로마교회식으로 하면 감독 관구, dioceses). 12개 혹은 10개 지역이 한 감독의 관구로 정해졌다. 이 '감독'은 게을러서는 안 되고, 설교와 성경적 교리와 경건에 근면한 모습을 보여야 한다. 이 제도는 일시적이었는데, 처음 임명된 자들이 죽고 이 제도는 사라졌다. 1578년 '제2 치리서'(The Second Book of Discipline)(Andrew Melville 등이 기안)를 총회가 받아들였는데 첫 번째 것보다 훨씬 더 장로교적인 모습을 가지게 되었다. 목사, 교사, 장로, 집사 직분 체계를 세웠고, 모든 목사들은 교회에서 선출되고 서로 '동등 됨'을 강조했다. 뿐만 아니라 당회와 노회, 총회, 국제회의를 인정했다. 이렇게 해서 스코틀랜드는 오늘날 장로교회의 어머니 교회가 된다.

웨스트민스터 총회

영국의 웨스트민스터 총회는 스코틀랜드 장로교 대표들의 노력으로 장로 직분이 성경에 일치하고 성경이 보증하는 직임임을 인정했다. 1644년 12월 정치모범을 완성했을 때 장로에 관해 이렇게 정리했다.

"유대 교회에 교회정치에 있어 제사장과 레위인과 연합한 백성의 장로들이 있었다는 것과 같이, 교회에 정치를 세우시고 교회 치리자를 세우신 그리스도의 말씀의 봉사자 외에 그의 교회의 어떤 사람에게 다스림의 은사를 주시고 부름을 받을 때에 그 일을 수행할 사명을 주셨다. 이들은 교회 정치에 있어 목사와 연합할 것인데(롬 12:7-8; 고전 12:28), 이 직분자들을 개혁교회는 일반적으로 장로라고 부른다."

영국 의회는 이 결정을 받아들이지 않고 스코틀랜드 총회는 받아들여 명실상부한 세계 장로교회의 장자로 우뚝 선다. 1578년의 '제2 치리서'와 같은 맥락에서 만들어진 것이다. 스코틀랜드 교회 총회는 1647년 '교회 정치규례'(The Directory of Church Government)를 받아들임으로 장로교회로서의 정체성을 이어간다.

세계 교회에서의 장로(교)의 역사

미국에 영향을 미친 장로교는 두 계열인데, 스코틀랜드와 아일랜드 장로교와 네덜란드 개혁교회이다. 네덜란드 개혁교회가 1620년대에 미국에 왔으니 먼저 왔다. 두 전통은 18세기에 미국이라는 환경에 적응했다.

네덜란드 개혁교회는 1772년 암스테르담 시찰로부터 법적으로 독립했다. 장로교인들은 아래로부터 위에까지 새롭게 구성했지만 네덜란드 개혁교회는 위로부터 아래로 왔다는 점이 차이가 있다. 미국 개혁교회(Reformed Church in America)는 도르트 교회법을 고집했다. 1792년에 영어로 번역하면서 73개의 설명을 덧붙였다. 1914년 도르트 교회법이 개정되어 오늘에 이르고 있다.

장로교회는 1706년에 처음 당회를 구성하고, 7명의 목사들이 등록했다. 노회는 1716년에나 시작했고 25명의 목사들로 구성되었으며 네 개의 당회가 있었다. 1787년에 최초의 총회가 4개의 노회로 구성되었다. 다른 한편 언약적 유산을 주장하는 장로교회가 생겨났다. 모든 장로교회는 웨스트민스터 정치모범을 따랐다. 교회와 국가의 관계가 적힌 부분을 제외하고는 모든 장로교회가 1729년까지는 같은 교회법을 유지했다. 그러다 1729년부터는 국가가 교회의 일에 간섭하는 것을 거부했다.

장로교회와 개혁교회는 다음 네 가지 점에서 동의했다. 첫째, 교회의 머리 되신 그리스도는 사람을 임명해 성경적 원리에 따라 교회를 다스리도록 하신다. 둘째, 교회의 통치 형태는 기본적으로 지역 교회에서 뽑은 목사와 장로로 구성된다. 셋째, 다스리는 장로와 가르치는 장로는 차별이 없다. 넷째, 교회는 상위 질서 아래로 모여 단일성을 유지한다.

장로교 안에서는 언약주의자들의 교회 회원의 정부 일 참여를 거부함으로 차이를 드러냈다. 이 이슈는 1860년에 다시 한 번 수면 위로 부상했는데, 남부 장로교회는 북부 장로교회가 노예 문제에 대해 연방정부의 결정을 지지함으로 시민정부에 복종하는 것을 비난했다. 물론 교회정치에서 차이가 나는 부분은 여러 다른 부분에서도 나타났다. 교회 직분자의 종류가 2명(장로:다스리는+가르치는, 집사), 혹은 3명으로 차이가 있기도 했다.

한국 교회의 장로 직분

한국 장로교는 미국과 호주, 그리고 캐나다 장로교회의 선교로 세워졌다. 외국 선교사들은 한국에 하나의 장로교회를 세웠다. 장로교회는 1907년 독노회를 조직하고 다음 해 1908년 12신조를 신앙고백으로 채택하면서 [대한예수교 쟝로회 규칙]을 총 20개 조항으로 시작한 후 1917년 제6차 총회에서 헌법을 만들었다. 1934년에 신앙고백과 웨스트민스터 소요리문답, 교회정치, 권징조례, 예배모범을 한 권의 책으로 엮어 오늘에 이르고 있는데, 교단마다 각각 다르게 발전해 왔다.

분명한 것은 한국 장로교회도 종교개혁가들이 재발견한 장로 직분을 가지고 있다는 것이다. 한국 교회 역사 초기 1887년 새문안교회(옛 정동교회)가 몇 명의 장로를 뽑아 조직 교회로 시작했지만 2년 후 임직받은 장로들에게 문제가 생겨 중징계를 내렸다. 새문안교회는 그로부터 15년이 지나서야 다시 장로를 뽑았으니, 그 부정적 여파가 컸던 것으로 보인다. 선교사들은 초기에 성숙한 장로를 세울 수 없었을 때 '영수'라는 임시직분을 두어 교회를 섬기도록 하기도 했다. 이 영수 제도가 한국 교회에서는 장로에 준하는 교회의 직분이었다고 할 수 있을 것이다. 그렇지만 진정한 의미의 장로 직분의 전신이라고 보기는 어렵다. 왜냐하면 미조직 교회를 전적으로 돌보는 교인 중의 으뜸이 되는 자로 선교사 대리, 혹은 '목사+장로+집사'의 역할을 했기 때문이다.

새문안교회 초기 모습

그러나 현 한국 교회의 장로 직분의 정체성은 상당히 혼란한 상황에 있다. 왜냐하면 한국 교회의 장로는 다스리는 직임 가운데 '영적 돌봄'보다는 '행정적이고 사무적인 결정'을 하는 데 그치고 있기 때문이다. 장로들이 교인을 심방하고 영적으로 다스리는 역할을 하지 못하고 있는 현실이다. 이 점을 다르게 설명하면 장로의 직분이 교회에서 명예적인 감투로 전락하고 말았다고 볼 수 있다. 교회 직분의 타락이다.

또 장로가 '하나님으로부터 부름 받은 일꾼'으로서의 직분이 아니라, '교인의 대표'로 인식되고 있다는 점도 본래 장로교회 정신으로부터 퇴보한 면이 없지 않다. 장로 직분을 인간적으로 쟁취하거나 사람들이 추천하는 보직 혹은 감투로 여기는 것이다. 이것은 심각한 직분의 위기가 아닐 수 없다.

한국 교회는 성경에서 가르치고 역사 가운데 존재했던 본래의 장로 직분을 회복해야 할 과제를 안고 있다. 장로는 하나님께서 불러 세우시는 일꾼(직분)으로 그 권위와 책임을 진다는 점을 분명히 정리하고 실천해 나가야 할 것이다.

03
예배와 치리에서 장로의 역할

안재경

직분명이 교회명이 된 유일한 경우가 바로 장로교이다. 목사교도 없고 집사교도 없고 권사교도 없지 않은가? 영국국교회를 감독교회(episcopal church)라고 부르곤 하지만 말이다. 장로 직분이 교회명을 달고 있다는 것은 장로직이 그만큼 중요하다는 것을 보여 준다. 장로교 정치는 회중 정치(회중 전체의 통치)도 아니고, 감독정치(감독 한 사람의 통치)도 아닌 장로회에 의한 정치를 한다. 전 세계적으로 장로교는 소수에 불과하지만 이상하게도 한국에서는 대부분의 개신교단들이 장로라는 직분을 가지려고 한다. 장로라는 호칭이 동양적인 정서와 맞아떨어진 것일까? 장로라는 호칭이 부럽기 때문일까? 그런데 정작 장로교회에서 장로가 교인들에게 인기(?)가 없다. 장로가 교회의 가장 큰 걸림돌이라고 말하기조차 한다. 무엇이 문제일까? 교회에 장로가 꼭 필요한 것일까? 여기서는 예배와 치리를 중심으로 장로의 역할을 살펴보고자 한다.

장로석이 왜 필요해?

예전에 시골 교회에는 예배당에 장로석이 따로 마련되어 있었다. 예배당 제일 앞 좌석에 장로석이라는 팻말이 붙어 있기도 했다. 그 자리에는 장로 외에는 앉을 수가 없었다. 주일이 아닌 날에 예배당에 갔을 때나 토요일에 예배당 청소를 하곤 했을 때 장로석에 은근슬쩍 앉아 보았던 기억이 난다. 지금까지 장로석을 따로 두는 교회는 많지 않을 것이다. 아직까지도 장로석을 따로 두는 것은 시대에 뒤떨어진 것이라고 치부될 것이니 말이다. 장로석을 두지 않는 교회에서도 장로들은 제일 앞 좌석에 가서 앉는다. 교인들은 두세 줄 뒤에 가서 앉기에 눈에 보이지 않는 장로석이 존재하는 것이 사실이다.

한국 교회에서는 장로석이 거의 사라졌지만 유럽의 교회들은 아직도 장로석을 따로 두는 경우가 흔하다. 장로석은 회중의 제일 앞 자리에 두기도 하고, 설교단 바로 옆쪽에 배치하는 경우마저 있다. 장로석을 이렇게 배치하면 장로들이 예배 때 회중을 마주 보고 있을 수밖에 없다. 장로들이 목사와 함께 회중을 마주 보고 있는 셈이다. 장로석을 따로 마련하고, 회중과 마주 보도록 하는 이유가 무엇일까? 이것은 장로들이 예배에서 하는 역할을 암시하고 있다. 이런 것을 처음 보는 이들도 장로들이 예배하는 교인들을 감독한다는 인상을 받을 것이다.

우리나라의 경우에는 찬양대석(아직도 중세 시대를 연상시키는 성가대라고 부르기도 한다)을 회중석 제일 앞 자리에 배치하는 경우가 흔하다. 찬양대석은 회중석과 분리되어 설교단 옆에 두는 경우도 종종 있고, 심지어 찬양대석이 강단 뒤쪽에 배치되기도 한다. 이제는 찬양대가 장로석을 차지하고 있는 형국이다. 유럽에서는 로마교회도 그렇고, 개신교회도 찬양대석을 회중석 뒤쪽 2층에 오르간과 더불어 마련해 둔다. 예배하는 회중은 오르간 연주와 찬양대의 찬양을 볼 수는 없고 들을 수만 있는데 회중은 마치 천상에서 찬양이 울려 퍼지는 것 같은 느낌을 받는다.

장로석의 문제로 돌아가 보자. 장로석을 회중석 맨 앞자리에 배치하는 것, 더 나아가 장로석을 회중석과 따로 분리하는 것이 어색할 뿐만 아니라 거부감을 줄 수도 있다. 지금도 그래야 한다고 주장한다면 장로를 특권층(?)으로 생각한다는 오해를 주기 쉽다. 장로가 회중석에 앉는다고 한들 무슨 문제가 되겠는가? 그러나 장로들이 예배, 그리고 회중과 맺고 있는 관계를 생각해서 이런 배치를 했다는 것은 분명하게 알아 두어야 할 것이다. 이제는 더 이상 구별된 좌석을 두지 않더라도 교회가 장로석을 따로 두어왔던 이유를 분명하게 새겨야 할 것이다. 장로라는 직분이 예배와 치리를 위해 세워졌다는 사실 말이다.

장로가 목사와 왜 악수해?

교회의 모든 직분은 공예배를 위해 부름 받았다. 직분은 공연히 세우는 것이 아니라 직무를 가지고 있는데 1차적인 직무가 공예배와 관련되어 있다. 교회는 예배를 통해 생겨난다고 말할 수 있고 예배는 직분자가 수행하는 역할로 인해 예배다울 수 있다. 모든 직분은 예배를 위해 부름 받았기에 직분자가 예배에서 자신의 사명과 역할을 확인해야 한다. 예배에서 자신의 역할을 깨닫지 못하면 문제가 생긴다. 교인들은 예배를 잘하는데, 정작 직분자들이 예배를 등한시하고 예배가 끝난 뒤 다른 활동들을 통해 자신의 위신을 내세우려고 하기 쉽다.

공예배에 대한 책임은 당회에 있다. 교회(고신) 헌법에 보면 당회의 직무를 언급하면서 가장 먼저 언급하는 것이 '교인들의 신앙과 행위를 총찰'하는 것이고, 그다음이 '제반예배를 주관'하는 것이고, 그다음으로 언급하는 것이 '성례를 주관'하는 것이다. 당회의 역할은 교인들을 돌아보는 것인데, 그 출발은 예배를 주관하면서 시작된다는 것을 보여 준다. 장로는 당회의 일원으로서 다른 그 무엇보다 예배에 대한 책임을 가장 우선시해야 한다.

 장로가 예배하고 무슨 관련이 있냐고 말할 이들이 있을 것이다. 예배는 목사가 전적으로 주관하는 것이 아니냐고 생각하기 때문이다. 그럴 수 있겠다. 예배에서 목사의 역할이 두드러지기 때문이다. 목사는 예배에서 하나님의 말씀을 선포하기 위해 부름 받았다. 물론 설교만이 아니라 성례를 집례하기 위해 부름 받았다. 더 나아가 예배 전체를 인도하기 위해 부름 받았다. 목사는 예배에서 기도도 인도하고, 찬양도 인도한다. 이렇듯 목사는 예배 전체의 인도자이다. 목사가 예배 사회를 다른 이에게 맡기고 설교만 하는 것은 그다지 바람직한 것이 아님을 알 수 있다.

 목사가 예배 전체를 인도한다면 장로가 해야 할 일은 없는 것이 아닌가? 장로는 대표기도하는 것 정도이고, 혹 광고를 하는 것 정도가 아닌가? 아니다. 장로는 당회의 일원으로서 목사에게 예배인도를 위임한다. 이게 개혁교회 예배원리이다. 물론, 우리 장로교회에서 목사는 개교회 회원이 아니라 노회회원이다. 노회가 개교회를 담임할 목사를 파송한다. '위임식'이란 것이 바로 그것이다. 노회가 목사를 파송하여 교회목회 전반을 위임한다. 이 위임식을 통해 목사는 교회의 목회제반사항과 예배에 대한 모든 사항을 위임받는다. 목사가 노회의 파견을 받아서 개교회에서 근무한다고나 할까?

 대륙의 개혁교회는 목사가 개교회 회원이기 때문에 당회에서 예배인도를 위임받는다. 이것을 보여 주는 독특한 풍습이 있다. 예배 시작 전에 장로와 목사가 회중석을 가로질러 강단 아래쪽에 선다. 서로 마주 보고 선 다음에 악수를 나눈다. 이 악수례는 예배 시작순서인 것은 아니지만 예배 직전에 일어나는 대단히 중요한 일이다. 장로가 손을 내미는 것은 목사에게 예배를 인도해 달라는 의미이다. 목사 역시 장로를 향해 손을 내미는데 이것은 예배인도를 위임받겠다는 뜻이다. 너무 형식적이라고 생각할지 모르겠다. 왜 그렇게 번거롭게 하느냐고 말이다. 매번 예배인도를 위임받아야 할 이유가 뭐냐고 말할지 모르겠다. 이것은 예배가 인간의 일이 아니고, 목사 개인의 능력에 달린 문제가 아니라는 것을 보여 준다. 하나님께서는 당회에 예배 주관하는 일을 위임해 주셨다. 당회원의 한 사람인 장로는 목사와 악수하므로 온 회중을 향해 이 위임을 보여 준다.

교인들이 이 악수례를 보면서 예배에 대한 태도를 새롭게 한다. 예배하는 회중은 목사를 한 개인으로 보지 않는다. 하나님께서 당회를 통해 예배주관의 직무를 위임받는 것을 보았기 때문이다. 회중은 목사가 대단한 능력과 달변으로 예배를 인도하고 설교하지 않아도 그 예배가 곧 하나님과의 교통이라는 것을 안다. 장로는 악수례를 통해 목사에게 예배인도를 위임했기에 나 몰라라 하는 것이 아니라 예배인도 위임과 더불어 예배에 대한 책임을 함께 진다. 장로는 예배 순서 전체가 하나의 분명한 흐름을 가지고 삼위 하나님을 기쁘게 예배하는 것이 되도록 무언의 지지로 협력한다.

장로는 회중과 더불어 예배를 온전히 누린다. 장로는 목사의 설교에 대해서 분명한 책임을 지고 있다. 목사의 설교를 하나님의 말씀으로 받는 것과 동시에 그 설교가 정말로 하나님의 말씀인지를 살핀다. 강단에서 이단사설이 선포되어서 하나님의 회중이 독초를 먹지 않는지 살핀다는 뜻이다. 장로는 목사와 함께 그 설교에 대한 책임을 나누어진다. 또한 장로는 목사와 함께 대표기도, 다른 말로는 목회기도를 하므로 예배를 풍성하게 한다. 성찬식이 있는 예배에서 장로는 떡과 잔을 회중에게 나누어주는 일을 하므로 성찬의 상을 보호한다. 장로는 설교단과 성찬상을 보호하는 역할을 한다.

예배를 마치고 예배인도자인 목사가 강단에서 내려오면 가장 먼저 맞이하는 이가 예배인도를 위임했던 장로이다. 그 장로는 모든 장로를 대표하여 목사에게 감사를 표한다. 예배인도를 성공적으로(?) 잘 마쳤음을 감사하고, 설교를 통해 하나님의 말씀을 선포해 준 것도 감사한다. 물론 기도를 인도하고 찬양을 인도한 것에 대해서도 감사한다. 예배 전체를 인도해 준 것에 대해 감사한다. 목사는 장로가 재차 내미는 손을 보면서 큰 위로와 격려를 받는다. 목사는 그 악수례를 통해 자신의 능력으로 예배를 인도할 필요가 없다는 알게 되고, 자신의 부족감에 주눅들 필요도 없다는 것을 확인한다. 이렇듯 장로는 목사와 함께 예배를 섬긴다.

장로가 왜 심방해?

우리가 익히 알고 있듯이 장로를 '치리하는 장로'라고 부른다. 목사도 장로인데 목사는 가르치는 일을 겸하여 하기에 '가르치는 장로'라고 부른다. 장로는 목사의 가르침에 근거하여 치리하기 위해 세움을 입었다. 치리라는 말은 쉽게 말하면 '다스린다'는 뜻이다. 장로는 다스리는 자이다. 교회에도 다스리는 자가 있냐고 하면서 기분 나쁠지 모르겠는데 교회에도 다스리는 자가 필요하다. 교회에는 세상적인 다스림이 아니라 영적인 다스림이 있다. 그리스도께서 교회를 친히 다스리신다는 말이다. 그리스도께서 부활 승천하셨기 때문에 지상의 교회에 주님의 통치를 대행하는 자를 세우신다. 그 다스리는 자가 바로 장로이다. 장로는 그리스도의 원격조정(?)을 받는다고 하면 웃기는 말일지 모르겠다.

장로는 그리스도를 대신하여 치리하는 직분자이다. 장로의 다스림은 말씀으로 다스리는 것이다. 장로는 목사와 한 팀이 되어야 한다. 장로는 목사의 입으로 선포되는 말씀에 근거하여 교회를 다스려야 한다. 장로의 다스림에는 권면뿐만 아니라 책망이라는 요소도 들어 있다(딛 1:9 참고). 스트라스부르의 종교개혁자 마틴 부써는 그의 책 『참된 영혼 돌봄』에서 장로직에 관해 다음과 같이 말한다. "내가 장로들에게 책망할 것이 없기를 요구하는 이유는 이 장로들은 감독들, 즉 일반적인 감독자들과 그리스도인들의 목자들이 되어야 하기 때문이다. 감독의 직무는 매우 중요하기에 그들은 책망받을 것이 없어야 한다. 왜냐하면 모든 다른 사람들이 흠이 없고 거룩한 삶을 살도록 하기 위해서는 봉사하는 사람들은 그 어떤 다른 사람들 이상으로 더 거룩하고, 흠이 없고, 모든 책망으로부터 벗어난 사람이 될 필요성이 있기 때문이다. 이것으로부터 사도가 장로라는 말을 통해서 의도하는 바는 그들이 감독이 될 장로들로서 적당한 감독자들이며, 영혼들의 보호자들이며, 그리스도의 양 떼들의 목자들이라는 사실이 분명하다. 이와 같이 각 교회는 모든 목자들과 감독들 뿐 아니라, 영혼의 돌봄과 봉사직을 수행할 여러 장로들을 세워야만 한다는 것은 바로 이것이 성령의 질서이기 때문이다." 장로는 치리를 위해 책망받을 것이 없어야 하고, 그것으로 인해 책망할 수 있어야 한다.

한국 교회에서 교인 가정의 심방은 목회자들이 하는 것이라고 생각한다. 장로는 목회자들의 심방결과를 보고받는 자리에 서 있다. 아니다.

장로는 교인들을 치리해야 하는데, 치리는 말씀으로 해야 하고 말씀으로 치리하는 가장 구체적이고 대표적인 모습이 심방이다. 가정심방 말이다. 장로는 교인의 형편을 돌아보기 위해 심방을 해야 한다. 목사도 교인 가정을 심방해야 하지만 장로는 더더욱 심방해야 한다. 심방을 통해 교인 가정의 형편을 알지 못하는데 어떻게 교인을 치리할 수 있겠는가? 교인들의 삶에서 설교가 어떻게 열매 맺고 있는지를 파악하지 못하는데 어떻게 목사의 설교에 대해 논할 수 있단 말인가? 심방은 목사의 일임과 동시에 장로의 일이라는 것을 아는 것이 중요하다. "교인들이 장로의 심방을 받으려고 하겠는가" 하는 의문을 제기하겠지만 역사적으로 장로의 심방이 활발했던 때가 교회가 성숙하고 사회도 변화되었다는 것을 아는 것이 중요하다.

우리는 위에서 장로와 관련된 몇 가지 사항을 살펴보았다. 예배당에 장로석이 있는 것, 예배시 장로가 목사와 악수하는 것, 장로가 교인 가정을 심방하는 것이 가지고 있는 의미를 살펴보았다. 교회에 장로가 없이는 신자들이 온전해질 수 없고, 봉사의 일을 하도록 구비될 수 없고, 교회가 그리스도의 몸으로 설 수 없다(엡 4:11,12 참고). 장로는 교회의 종이 아니라 하나님의 종이요, 하나님의 장로이다. 장로는 교인의 대표가 아니라 그리스도를 대표하고 그리스도의 통치를 구현한다. 승천하신 그리스도께서 교회에 보내주신 가장 귀한 선물이 직분인데, 장로는 직분들의 꽃이다. 장로직이 직분의 꽃이라고 해서 목사가 섭섭해 할 이유가 없다. 목사도 기본적으로 장로이니 말이다. 한국 교회에서 장로직이 조롱거리가 되고 있는 이때에 예배와 치리에서 장로의 역할을 제대로 이해하고 실천하는 것이 급선무일 것이다.

04
장로의 역할 중 "언약의 자녀를 양육하는 일"이란?

손재익

언약의 자녀를 교육하는 책임 주체 – 가정에서 부모

교회는 예수 그리스도를 주(主)로 고백하는 '성도'와 '그들의 자녀'로 구성된다. 그리고 이 자녀들을 '언약의 자녀'라고 표현한다.[2]

그렇다면 언약의 자녀를 양육할 책임은 누구에게 있을까? 1차적인 책임은 '부모'다. 신명기 6장 7절과 에베소서 6장 4절에서 말씀하고 있는 것처럼 언약의 자녀에 대한 양육 책임은 부모에게 있다. 하나님께서는 성도에게 주신 언약의 자녀를 그 부모가 양육하도록 맡기셨다.

이러한 생각에 근거하여 장로교회는 역사적으로 유아세례를 베풀어 왔으니, 언약의 자녀들이 그 부모로부터 언약을 전수받는다는 사실을 잘 이해했던 것이다. 그래서 장로교회에 속한 성도들은 자녀가 유아세례를 받을 때에 서약한 것처럼,[3] 부모로서 자기의 자녀가 언약의 자녀임을 인식하여야 한다. 자녀에 대한 하나님의 언약을 확신하고 자신의 구원을 위해 진력하는 것과 마찬가지로 자녀에게 거룩한 진리의 도를 가르쳐야 하고 주의 교훈과 훈계로 양육해야 하며(엡 6:4 참고), 그들을 위해 기도해야 한다. 자녀에 대한 신앙교육의 책임이 부모에게 있음을 하나님 앞에서 강하게 가져야 한다.[4]

언약의 자녀를 교육하는 책임 주체 – 교회에서 누구?

그런데 위와 같은 언약의 자녀를 양육할 책임이 교회에게도 있다. 교회도 하나님께서 교회에 맡기신 언약의 자녀를 양육하는 데 그 책임을 다해야 한다. 이때 1차적 주체가 '부모'라는 사실을 잊지 않고 교회가 그 책임을 다해야 한다. 그렇다면 '교회'라 할 때에 그 주체는 누구인가?

많은 이들이 그 교육의 책임이 주일학교 교사에게 있다고 생각한다. 또한 실제로 그렇게 하고 있다. 그러나 '주일학교 교사'라는 직분은 2000년 교회 역사에서 아주 최근에 나타난 직분이지 성경이 명령하고 있는 직분은 아니라는 점에서 좀 더 생각해 보아야 한다.[5]

'언약의 자녀'를 양육해야 할 책임은 교회에서는 '장로'에게 있다. 이것이 바로 이 글을 통해서 말하고자 하는 바다.

장로교 헌법이 명시하고 있는 장로의 직무 중 독특한 것 하나

대한예수교 장로회(고신) 총회 헌법(2011년판) 교회정치 제6장 제66조 '장로의 직무'에 보면 여러 가지 직무 중에 독특한 것이 있다. 제6항에 나오는 "언약의 자녀들을 양육하는 일"이다.[6]

다른 교단의 헌법에서는 이 직무를 잘 찾아보기 어려운데, 예장통합이나 합동정통, 개혁국제 뿐 아니라 한국의 장로교 헌법 중에 상당히 우수하다고 할 수 있는 합신 헌법에도 나와 있지 않다. 그리고 당연히 (합신 측 헌법을 기초한) 박윤선 목사의 『헌법주석』(영음사)에도 언급되어 있지 않다. 다만, 대한예수교 장로회(합동)의 경우에 헌법(2000년판) Ⅳ. 정치 제5장 제4조 '장로의 직무' 제3항에 보면 "교우를 심방하되 특별히 병자와 조상자를 위로하며 무식한 자와 어린아이들을 가르치며 간호할 것이니……"라고 해서 조금은 다른 표현으로 언급하고 있을 뿐이다.

장로교 헌법이 명시하고 있는 장로의 직무 중 "언약의 자녀들을 양육하는 일"에 관하여

그렇다면 대한예수교 장로회(고신) 헌법은 왜 이런 직무를 언급하고 있을까? 이것은 유아세례를 베푼 주체인 당회가 부모들이 언약의 자녀를 잘 양육하고 있는지 그 책임을 살피는 것과 관련 있으며, '언약의 자녀'라는 표현에 잘 나타나 있는 것처럼 자녀들의 양육은 단순히 성경에 대한 지식을 가르치는 교육이 아니라 '언약'을 상속하는 것이라는 의미가 있기 때문이다.

앞서, 교회는 예수 그리스도를 주로 고백하는 '성도'와 '그들의 자녀'로 구성된다고 하였다. 이러한 표현에는 교회란 '언약을 상속해 나가는 공동체'라는 의미를 담고 있다. 그러므로 교회에 속한 언약의 자녀들을 교육하는 것은 단순한 주입식 교육이 아니다. 성경지식을 가르치거나 요리문답의 내용을 가르치는 것 정도가 아니다. 보다 본질적으로 언약을 상속하는 일이다. 이러한 사실에 근거하여, 교회의 당회는 소속된 교회의 회원인 부모들이 자신들의 자녀를 유아세례 때에 고백한 대로 말씀을 따라 제대로 교육하고 있는가를 감독할 책임이 있다. 그리고 당회의 회원인 장로는 앞서 언급한 교회정치 제6장 제66조 '장로의 직무' 제6항에 근거하여 "언약의 자녀들을 양육하는 일"의 책임을 맡았다.

그래서 장로들은 1차적 주체인 부모의 역할에 보조하여 2차적 주체로서 언약의 자녀들을 양육할 책임이 있다.

위 원리에 따른 헌법 규정들

위 원리에 근거한 구체적인 실천 방법에 대해서는 이미 대한예수교 장로회(고신) 헌법에 잘 명시되어 있다.

> 대한예수교 장로회(고신) 총회 헌법(2011년판) 권징조례 제1장 총칙
> 제7조 (교인의 자녀 관리)
>
> 1. 보이는 교회 내에서 출생한 모든 자녀들은 교인이다.
> 2. 자녀들에게 세례를 받게 하고 교회의 보호 아래 두어 정치와 권징에 복종하도록 양육하여야 한다.
> 3. 자녀가 성장하면 교회의 모든 의무를 이행하도록 관리하여야 한다.

위 내용이 헌법 중에서도 '권징조례'에 포함되어 있다는 사실이 내포하는 바가 있음을 생각한다면 그 의미가 더욱 분명해진다. 당회는 위 조항에 근거하여 언약의 자녀들에 대한 양육을 감독한다. 그리고 교인 중 부모들이 자녀들을 바르게 양육하지 않을 때에 '권징'해야 한다.

이 외에도 대한예수교 장로회(고신) 헌법에 의하면, 주일학교 교육은

당회의 직무 중 하나이다. 그렇기에 거의 대부분은 당회장인 담임목사가 주일학교의 교장을 맡는다.[7] 그리고 대한예수교 장로회(고신) 헌법 예배지침 제9장 제35조 '주일학교의 예배'에 관한 부분에는 "초등 예배 및 청소년 예배를 따로 드리게 되었을 경우 당회의 지도 하에 인도하여야 한다"라고 언급하고 있다.[8]

이 직무에 대한 이해가 없는 이유

그러나 성경과 헌법에 명시된 장로의 직무 중 상당 부분이 제대로 이행되지 않고 있는 오늘날의 현실 속에서 위에서 다룬 "언약의 자녀들을 양육하는 일"이라는 직무를 수행하고 있는 교회나 장로를 거의 찾기 힘들고, 그 직무에 대한 이해를 가진 이들조차 거의 찾기 어렵다.

그렇다면 왜 이러한 이해가 부족할까? 그것은 언약의 자녀가 무엇인지, 그 자녀를 양육한다는 개념이 무엇인지에 대한 이해가 없기 때문이다. 많은 이들이 언약의 자녀를 양육하는 일을 단순히 성경 공부시키는 것, 요리문답 가르치는 것으로 이해하지만 좀 더 근원적이고 본질적인 이해를 가져야 한다.

소위 '주일학교 교사'라는 직임이 의미하는 것

그렇다면 오늘날 한국 교회 현실 속에서 소위 '주일학교 교사'라고 하는 직임이 의미하는 바는 무엇인가? 주일학교의 교사는 당회로부터 위임받았을 뿐이지, 그 책임은 당회에 있다. 가르치는 행위 자체는 주일학교 교사가 하는지 몰라도, 그 직임은 당회와 장로로부터 위임받은 것일 뿐이다. 사실은 장로가 직접 그 일에 관여해야 한다. 그리고 그 전적인 책임은 장로에게 있다.

주일학교 내 대학생 교사, 청년 교사들에 관하여

가장 지적하고 싶은 것은 오늘날 많은 교회들의 주일학교나 중고등부 교육을 대학생이나 청년들이 맡고 있다는 사실이다. 이것은 매우 심각한 문제이다. 아직 미성숙한, 성경에 대한 이해도 부족하고 요리문답에 대한 이해도 부족할 뿐만 아니라 기독교 신앙을 자신의 삶에서 내면화하는 일에 초보단계인 대학생이나 청년들에게 이 일을 맡긴다는 것은 매우 위험하다. 그들은 '언약을 상속하는 일'에 적합한 이들이 아니다. 그들은 자녀들에게 '경건의 본'을 보이기에는 아직 부족하며,[9] 오히려 그들은 교육의 주체가 아닌 교육의 대상이다. 그러므로 그들에게 교회 교육의 책임을 맡기는 것은 바람직하지 않다.

이해를 돕기 위해서 예를 들어보겠다. 각 가정에서 고등학생 자녀의 수학공부나 영어공부를 대학생 형(혹은 누나, 언니)에게 맡길 수 있다. 그러나 그 자녀의 '양육'은 대학생 형(혹은 누나, 언니)에게 맡기지 않는다. 부모가 맡는다.

교회 교육은 단순히 성경 지식을 가르치는 일이 아니다. 몸으로 체화된 신앙을 전수하는 일이다. 언약을 계승하는 일이다. 그렇기에 언약의 자녀를 양육하는 일은 오직 2가지 직분에게 허락되어 있으니 하나는 '부모'라는 직분이요, 또 하나는 '장로'(목사와 장로)에게 맡겨진 일이다. 언약의 자녀들은 가정에서 부모로부터 교육을 받아야 하고, 교회에서 장로로부터 교육을 받아야 한다.

그러나 오늘날 한국 교회에서 언약의 자녀들은 가정에서 부모로부터 신앙에 관한 교육을 전혀 받지 못하고 있고, 교회에서 장로의 얼굴도 보지 못한다. 부모들은 유아세례 때에 약속한 언약의 책임을 다하지 않고, 교회에서 장로들은 교회의 자녀들이 누구인지 이름도 신앙도 확인하지 않고 있다. 이러한 안타까운 현실들이 속히 개선되어야 할 것이다.

05
목사와 장로의 바람직한 관계

황대우

목사와 장로의 바람직한 관계를 논해야 한다는 것이 목사로서 왠지 서글 프다. 목사는 '가르치는 장로'이다. 목사도 장로라는 말이다. 그런데 목사와 장로 사이의 관계가 그렇게 썩 좋아 보이지 않는 것이 현실이다. 그래서 이런 제하의 글을 쓰는 것이 가능하게 된 것이다. 소위 장로와 장로 사이의 불화가 오늘날 한국 교회 대부분의 현실이다.

좀 더 엄밀하게 말하면 '가르치는 장로'와 '다스리는 장로' 사이의 불협화음을 의미한다. 그런데 그 불협화음이 과연 목사와 장로 사이에만 존재하는가? 아니다. 다스리는 장로와 다스리는 장로 사이에도 존재하고, 장로 집단과 집사 집단 사이에도 존재한다. 불협화음은 사실상 교회의 거의 모든 기관들 사이에서 발생하는 보편적 현상이기도 하다.

교회 불화의 가장 심각한 진원지는 바로 목사와 장로 사이의 갈등이다. 이 갈등이 심화될 경우 그 파장과 결과의 위력은 교회를 분열시키고 파괴할 정도로 대단하다. 교회 안에서 일어나는 모든 불화와 갈등의 반목은 단순히 1세대만의 문제가 아니라 2세대와 3세대로 이어지는 경우가 대부분이다. 그리고 시간이 흐를수록 문제는 훨씬 더 심각해지고 복

잡해진다.

　목사와 장로 사이의 갈등과 불화는 사실상 어제오늘의 일은 아니다. 인간 역사에서 이런 종류의 불화와 갈등은 대부분 '누가 머리인가?'의 문제와 직결된다. 교회는 오직 예수 그리스도 한 분만이 교회의 머리라고 가르치고 배우지만 대부분의 지상교회는 이것만으로 인간 역사의 보편적 문제, 즉 '우두머리 현상'을 극복하기는 어려워 보인다. 아마도 이것은 그 교회들의 '교리적 머리는 예수 그리스도'시지만, '실제적인 머리는 힘 있는 인간'이기 때문이리라. 그래서 교회 분쟁이 발생하면 양심뿐만 아니라 신앙조차도 온데간데없이 사라져 버리는 것이다.

　가르치는 장로와 다스리는 장로 사이에도 이견과 갈등은 일어날 수 있다. 목사도 장로도 옛사람의 성품을 완전히 벗어 버리지 못한 죄인이기 때문에 아무리 건강한 교회의 목사와 장로라 할지라도 이견과 갈등이 없을 수는 없다. 문제는 이견과 갈등이 불화와 분쟁으로 발전하도록 방치하는 것이다. 아무리 작은 불씨라 해도 인화물질이 많은 곳에서는 초기에 신속하게 진화하지 않으면 모든 것을 태워 버리는 것처럼 작은 갈등의 불씨도 믿음으로 초기에 진압하는 것이 현명하다.

　이견과 갈등을 불화와 분쟁으로 쉽게 번지도록 기름 역할을 하는 것이 우리 입의 '말'이다. 교회는 참으로 말이 많은 곳이다. 듣기는 속히 하고 말하기는 더디 하라고 가르치는 성경의 경고와 명령에도 불구하고 이것은 오늘날 교회 안에서 가장 실천되지 않는 가르침 가운데 하나다. 어쩌면 원수를 사랑하는 일보다 말을 줄이는 일이 더 어려운 일이 아닐까 싶다. 교회는 문제가 발생했을 때 수군대는 말보다 겸손한 기도가 훨씬 위력 있다고 가르치지만 실제로 교회의 불화와 분쟁을 위해서는 기도가 무력한데 반해 수군대는 말은 핵폭탄의 위력을 발휘하는 것이 현실이다.

　가르치는 장로와 다스리는 장로 사이에 불화와 분쟁이 발생하면 그 피해는 교회가 고스란히 입게 된다. 이견과 갈등이 불화와 분쟁으로 발전하지 못하도록 해야 한다. 그러기 위해서는 함께 기도하면서 자신을 돌아볼 수 있어야 한다. 불화와 분쟁을 겪더라도 끝까지 자신의 생각과 주장을 고집해야 한다면 하나님의 진리를 손상하거나 왜곡시킬 수 없는 상황과 내용이어야 한다. 그렇지 않다면, 특히 방법의 문제라면 언제든지 얼마든지 타협하고 양보할 수 있어야 하는 것이다. 이런 사실을 알고도 양보 없이 끝까지 고집하고 싸운다면 그것은 불신앙적인 자세일 수밖에 없다고 감히 단정한다.

　세상에서는 '누구의 목소리가 더 큰가?' 하는 문제가 정말 중요하다. 그러나 교회에서 그런 것은 전혀 중요한 문제가 아니고 문제가 되어서도 안 된다. 하나님의 말씀과 진리 앞에서는 모두가 평등하다. 다만 교회도 질서가 있어야 하고 이 질서를 위해 직분을 세우셨다고 해도 과언이 아니다. 교회 직분 가운데 목사와 장로, 특히 장로교에서 목사와 장로 위에 있는 직분은 없다. 그래서 교회의 대소사를 의논하고 결정하는 곳이 목사와 장로로 구성된 당회인 것이다. 이런 점에서 교회 직분에는 역할 분담만 있을 뿐이지 선후나 상하가 없다고 하는 주장은 교정되어야 한다.

　장로교에서 목사와 장로는 교회의 질서를 세워야 하는 중차대한 책무를 맡고 있다. 그런 사람들 사이에 생기는 균열은 당장 교회의 심각한 위기를 초래할 수 있다. 따라서 그 위치에 있는 사람들은 항상 서로를 배려하고 조심해야 한다. 그러기 위해서는 교회의 다른 누구보다 먼저 깨어 있어야 하기 때문에 누구보다 기도에 힘써야 할 성도들이다. 사실 장로의 직분은 가르치면서 동시에 다스리는 직책을 의미한다. 그런데 성경이 가르치는 장로와 다스리는 장로로 구분한 것은 교회 안에서 장로의 두 직무가 너무 중차대하기 때문이다.

> "잘 다스리는 장로들은 배나 존경할 자로 알되 말씀과 가르침에 수고하는 이들에게는 더욱 그리할 것이니라"(딤전 5:17).

이 말씀을 통해 우리는 교회에서 장로 직분이 무엇보다도 중요하다는 사실을 알 수 있다. 다스리는 직분이기 때문이다. 세상에서는 최고의 권력자가 다스리고 지배하지만, 교회에서는 가장 많이 섬기는 일에 수고하는 자가 다스리고 지배한다. 이 섬김의 일을 감당하는 것이 장로 직분이기 때문에 다스리는 장로를 배나 존경해야 한다고 권면하는 것이다.

또한 성경은 다스리는 장로와 가르치는 장로를 구분하면서 가르치는 장로에게 가장 큰 존경심을 가지도록 교회에 권면한다. 왜일까? 이것은 세상의 통치 방식과 하나님 나라를 대변하는 교회의 통치 방식이 다르기 때문이다. 세상에서는 '통치'가 '가르침'에 앞선다. 그래서 누가 권력을 잡았느냐에 따라 가르침이 달라지지만 교회에서는 '가르침'이 '다스림'을 앞서고 '다스림'은 '가르침'으로부터 시작된다. 하나님 나라와 이 세상 나라의 원리는 영원할 뿐만 아니라, 죄악으로 물든 이 세상을 구원할 유일하고도 불변하는 가르침이다.

만왕의 왕이신 그리스도께서 이 땅에 오셔서 행하신 가장 중요한 일이 바로 하나님 나라에 대한 가르침이었다. 그리스도의 왕국은, 그리스도의 다스리심은 그분의 가르침 없이는 알려질 수도 나타날 수도 없는데, 이것이 바로 복음이다. 선행되는 복음 선포 없는 하나님 나라는 뜬구름과 같다. 올바른 가르침으로부터 올바른 통치와 다스림이 나오는 것이다. 따라서 올바른 가르침 없이는 올바른 다스림이 있을 수 없다. 반대로 올바른 다스림 없는 올바른 가르침이란 울리는 꽹과리일 뿐이다.

그러므로 가르치는 장로와 다스리는 장로는 자신들을 직분자로 세우신 그리스도, 즉 머리를 중심으로 그분의 몸인 교회를 바르게 세워가기 위해 누구보다 서로 협력해야 할 사람들이다. 목사와 장로의 바람직한 관계는 이미 다 잘 알고 있다. 실천하지 못하는 것이 문제다. 교회 안에서 장로가 다수라고 장로끼리 힘을 모아 목사와 싸우는 것은 결코 바람직하지 않을 뿐만 아니라, 때론 하나님을 대적하는 불신앙적 행위일 수 있다. 목사 역시 자신을 따르는 성도들을 앞세우거나 후견으로 삼아 자신을 반대하는 장로들을 쳐내기 위해 수고를 아끼지 않는 것은 교회를 세우기는커녕 오히려 허무는 행위일 뿐이다. 목사와 장로가 대립하는 교회치고 건강한 교회는 없다. 목사와 장로는 교회에 문제가 발생할 경우 자신을 최우선으로 희생할 각오로 서로를 격려하고 위로할 수 있는 최고의 동역자라는 사실을 기억하자.

06
장로 임기제, 어떻게 봐야 하나?

성희찬

장로회 정치제도는 목사나 목사들이 아니라, 혹은 한 사람의 장로가 아니라 '장로들의 회'가 교회를 치리하는 제도로서 가장 성경에 가까운 것이라고 할 수 있다. 특히 사람의 전적인 타락을 강조하는 장로교회에서 장로들을 통해 하나님으로부터 주어지는 은혜의 방편이 교인에게 전달되고, 또 주님으로부터 받은 은혜의 방편에 대해 주님께 감사하는 생활을 적절하게 할 수 있도록 교인을 감독하는 기능이 이들에게 맡겨졌기 때문에 하나님과 교인 사이에서 장로들의 회가 맡은 책임은 실로 막중하다고 할 수 있다.

그런데 아무리 좋은 제도라 할지라도 바르게 운영되지 못하면 좋은 결과를 가져올 수 없다. 감독정치와 회중정치에 대해 장로회 정치제도의 우위성과 장로들의 회가 가지는 막중한 책임에 반하여 한국의 장로교회는 일찍부터 장로의 권위주의, 명예의식, 관료화가 진행되어서 이것이 교회 분쟁의 원인이 되어 온 것을 부인할 수 없고, 일제 강점기 시대에는 신사참배의 위협 앞에서 영적으로 무력하게 넘어지는 바탕이 되기도 하였다. 불필요하게 목사를 견제하거나 장로의 본래 직무인 목양에서 벗어나 행정에만 집중하는 현상은 어제오늘의 일이 아니다. 이런 형편에서 교회에서 남자 교인이라면 누구나 장로가 되는 것을 꿈꾸고 있고, 교회마다 50대 심지어 60대가 되어야 겨우 장로로 선출되는 것이 현실이다.

이런 배경에서 한국장로교회에서 장로직에 대한 반성이 나타나면서 임기제가 활발하게 논의되어 왔고, 지금은 장로 임기제를 시행하는 교회가 점차 늘고 있다. 그런데 최근 장로 임기제의 논의를 보면 정확한 근거를 제시하지 않거나 사실을 왜곡하면서 장로 임기제를 하는 것이 마치 역사적이며 개혁신학적이라고 하는 경우가 있어서[10] 문제가 되는 경우도 있다. 따라서 이 글은 장로의 시무 기간에 대해 지난 역사에서 그 시대 교회가 어떤 입장을 취해왔는지를 살피는데 주력하면서 최근 장로 임기제 논의에 일말의 도움이 되고자 한다.

성경은 무엇을 말하는가?

성경은 집사를 포함하여 치리장로의 봉사 기간이 종신인지 한시적인지에 대해서 명확하게 말하고 있지 않다. 다만 사도시대의 경우 장로와 집사의 직분이 종신으로 선출되었다는 인상을 성경을 통해서 받는 것은 사실이다. 이런 이유 때문에 많은 교회들이 후일에 직분이 종신이라고 판단하게 된다.

그러나 역사적으로 볼 때 칼뱅의 원리를 따라서 형성된 개신교회는 다음과 같은 이유로 한시적 봉사를 더 선호하였다:[11] 첫째, 교회 내부에서 독재와 교권주의를 예방하기 위해서이고. 둘째, 교회 치리에 교인의 영향을 보다 더 증대시키기 위해서이며. 셋째, 교회에 잠재해 있는 다양한 능력과 은사가 가능하면 더 많이 드러나도록 하기 위해서이다.

칼뱅 이전까지 교회는 아직 가르치는 장로와 다스리는 장로의 구별이 명확하지 않았다. 성직자가 교인을 철저히 배제한 채 교회를 치리하였고, 그 결과 교회는 그리스도의 몸으로서 제 기능을 발휘하지 못하였다. 그런데 칼뱅을 통해서 다스리는 장로의 직분이 새롭게 조명되면서 이들이 회중에서 선출되어 설교자와 함께 당회를 구성하여 감독과 권징을 시행하도록 하였다. 이러한 장로에 대하여 칼뱅은 (집사도 마찬가지) 한시적 봉사를 선호하였다. 그 이유는 그렇게 함으로써 교회 내에 잠재해 있는 다양한 은사와 재능이 밖으로 드러나게 하고, 교회에서 발생할 수 있는 교권주의를 예방하기 위해서였다.

그런데 여기서 의문이 생긴다. 한시적 봉사가 목사에게도 해당되는가 하는 의문이다. 그러나 목사에게는 다른 기준이 적용된다. 목사는 이 직분을 얻기까지 여러 해를 준비할 필요가 있고, 목사의 봉사는 한 사람의 생애 전체를 요구하는 것이기 때문이다. 그래서 목사는 직분을 받을 때 하늘의 주님께 무조건적으로 자신을 드리게 된다. 따라서 교회가 목사를 판단할 충분한 이유가 없는 이상 목사는 천부를 향한 봉사를 떠날 수 없다.

칼뱅과 제네바 교회: 임기 1년이 원칙

종교개혁 당시를 보면 교회마다 장로 및 집사의 시무기간이 조금씩 달랐다. 그런데 제네바 교회의 경우는 임기 1년이 원칙이었다.

1) '제네바 교회정치'(1541년)[12]: 칼뱅이 1541년 제네바로 다시 돌아온 이후 제시되었다.

> "시의원 선거 후에 장로를 선출할 날이 오면 장로들은 시의회에 출석해야 한다. 이는 그가 연임할 것인지 아니면 다른 사람으로 대체되어야 할 것인지 결정하기 위해서이다. 만약 이들이 성실하게 자기들의 의무를 다하였다면 이유 없이 이들을 다른 사람으로 바꾸는 것은 적절하지 않다"

2) 그래서 제네바는 시의원처럼 매년 12명의 장로를 2월에 임명하였고 (한 해의 시작 이전) 임기는 1년씩이었다. 재임명될 수도 있었지만 봉사가 끝날 수도 있었다. 칼뱅이 활동한 마지막 즈음, 시 정부의 저항을 더 이상 받지 않을 때에는 목사들의 모임에서 매년 장로의 임명에 조언을 하였다. 제네바의 이러한 규칙이 다음에서 나타난다.

3) '제네바 교회정치'(1561년):[13] 48-55조까지 장로를 다루고 있다. 그 중에서 55조가 장로의 임기에 대해 언급하고 있다. 1541년의 것과 동일하다.

> 55조: 이와 같이 시의회를 선출한 후 연말에는 시 정부 당국에 출두하여 연임할 것인지, 교체할 것인지 여부를 결정한다. 만약 이들이 성실하게 자기들의 의무를 다하였다면 이유 없이 이들을 다른 사람으로 바꾸는 것은 적절하지 않다.

프랑스 교회: '교회 권징서'(1559년).[14] 칼뱅의 노선을 따라서 장로와 집사의 봉사가 종신이 아니라고 25-26조에서 규정하였다.

25조 : 장로직은 우리가 최근 사용하는 것처럼 영구적이 아니다. 집사에 관해서 이들의 책임은 당회의 결정을 따라서 가난한 자와 수감자와 병자를 위한 연보를 거두고 나누는 것이며, 이들을 방문하여 교리문답 교육을 하는 것이다. 만약 하나님을 섬기는 것과 이 사역에 적합하고 헌신하기로 약속하고 영구히 자기를 드리는 자가 있으면 이때 이를 시험하기 위해서 당회에 의하여 선출되어야 하고, 나아가 교회가 받아들인 규정을 따라서 공적으로 교리교육을 시킬 수 있다. 그러나 성례시행은 할 수 없다.

26조 : 집사의 직은 공적으로 교리교육을 하는 것이 아니며 그래서 이들의 직무는 영구적이 아니다. 그러나 집사든 장로든 교회의 허락 없이는 그들의 직무를 포기할 수 없다.

네덜란드 교회

1) 엠든 대회(Emden Synode, 1571년):[15] 15조

"장로와 집사는 2년을 봉사할 것이며, 교회의 상황과 유익이 달리 요구하지 않는 이상은 매년 1/2은 교체되고, 나머지 1/2은 계속 봉사한다."

2) '돌트 교회정치'(Dordtse Kerkorde, 1619):[16] 27조 장로와 집사의 봉사 기간

"장로들과 집사들은 2년을 봉사하며, 교회의 상황과 유익이 달리 요구하지 않을 경우 매년 1/2은 교체되고 나머지는 그 자리에 있게 될 것이다."

3) 런던 소재 네덜란드 교민 교회: 종신직을 선호하다

1537년 이후 네덜란드 사람들이 신앙 때문에 런던과 인근에 거주하면서 교회가 세워지게 되었다. 1544년에는 런던과 노리치(Norwich), 샌드위치(Sandwich) 등에 교회들이 있었다. 1560년 이 교회 목사들의 회합에서 이 문제가 논의되는데 장로와 집사의 봉사가 종신이 되어야 하는 이유, 즉 교회에 유익하고 하나님의 말씀에 더 가깝고 직분에 합당하다는 등의 11가지 이유를 들어서 제시하였다. 예를 들어, 사도들이 장로를 임시로 세웠다는 성경적 근거가 없다는 점을 들면서 스데반, 빌립의 경우가 그러했다는 것이다. 무엇보다 실제적으로 임기제를 시행할 경우 양을 모르는 목자, 목자를 모르는 양이 생기는 상황을 우려하였다. 당시 이 모든 교회질서를 주도한 이는 폴란드 출신의 요한 라스코(J. a Lasco)였다.[17]

4) 이러한 종신제는 일시적이지만 네덜란드 북부 홀란드 주와 흐로닝언 시에서도 시행되었다. 그러나 1587년 이후부터 북부 홀란드에서는 임기제로 전환하고, 흐로닝언 시에서는 19세기까지는 장로가 그 지역을 떠나지 않는 이상은 시무를 계속하도록 하였다.

영국 · 스코틀랜드 교회

1) 제1치리서(1560):[18] 제8장 장로와 집사의 선출

"……장로와 집사의 선출은 매년 1회 실행되어야 한다(우리가 판단하기에는 8월1일이 가장 적합하다). 그러한 직분자들의 장기간 존속으로 인하여 사람들이 교회의 자유를 생각하지 않게 하라. (그러나) 그것(교회의 자유)은 어떤 사람이 일 년 이상을 그 직분에 머물러 있는 것에 곤란을 주지 않는

다. 그래서 매년 모든 사람에 의해서, 자유선거에 의해서 임명되는 것이다. 집사들과 회계담당자들은 3년 동안은 항상 다시 그 직무를 받을 수 있다.

2) 제2치리서(1578): 제6장 장로들과 그들의 직분

"6. 장로들은 그 직무를 행하기에 적합한 하나님의 은사를 가지고서 그 직분에 한 번 부름을 받았다면, 다시는 그 직분에서 떠날 수 없다.

7. 비록 일정한 수의 장로들이 특정한 회중들에서 선출될 수 있다고 할지라도, 그들 중 일부는 적절한 기간 동안 다른 사람들로 교체할 수 있다. 마치 율법 아래에서 성전을 봉사할 때 규례를 따랐던 레위인에게 있은 것처럼 말이다.

8. 각 회중마다 장로들의 수는 제한될 수 없으나, 사람들의 범위와 필요를 따라서 이루어져야 한다."

3) 웨스트민스터 교회정치(The Directory of the Church Government, 1647년)[19]

"개체 교회의 직분들에 대하여: ······당회가 구성된 교회에서 다스리는 장로가 선출될 때 그 교회 교인들의 동의와 검증을 통해서 시행되게 하라. 그 직무가 한시적인 것은 아니라 할지라도, 그들의 일반 직업이 방해받지 않는다면 이들의 직무 수행은 당회에 의해서 아주 질서 있는 것이 되어야 한다. 한 개체 교회에 치리장로들이 많은 곳에서는 일부는 특별히 감독에 참여하게 하고 다른 일부는 적당한 시간에 여러 가정을 방문하여 이들의 영적 유익을 위하게 하라."

미국 교회

1) 미국장로교회 최초 헌법(1788년): 특별한 규정이 없다.

12장에서 장로와 집사의 선출 및 임직에 대해서 서술하고 있으나, 봉사 기간에 대해서는 규정하고 있지 않다(임직도 본인의 의사를 확인한 후 서약 및 기도로 간단하게 진행된다).

2) 그러나 미국장로교 총회는 우여곡절 끝에 1857년에 임기제나 다름 없는 윤번제도(rotary eldership)를 도입하게 되는데, 장로 직분은 항존적이지만 봉사 기간은 개체 교회의 재량에 맡겼다. 즉 개체 교회가 공동의회를 통해서 장로의 봉사 기간을 종신으로 혹은 임기를 정해 세울 수 있다고 하였고, 임기제의 경우에는 3년으로 규정하였다.[20] 현재 이러한 전통을 이어받은 교회는 미국정통장로교회(OPC)이다. 이러한 1857년의 새로운 규정은 J.A. Hodge가 쓴 『교회정치문답조례』(What is Presbyterian law?, 1882년)에 그대로 반영이 되었다.

3) J.A. Hodge, 『교회정치문답조례』(What is Presbyterian law?, 1882년).

이 책은 1917년 곽안련 선교사에 의해 한글로 번역되었고, 1919년 조선예수교장로회 총회에서 참고 서적으로 채용된다.

"541문답 : 치리장로는 임기를 정하여 선출할 수 있는가? 지교회가 무흠입교인 투표에 의하여 일정 기간 동안 시무할 치리장로를 선출하는 것이 가능하다. 장로 직분은 항존적이지만 직분과 직무의 이행과는 엄연히 구별이 있고 시무장로와 직무를 이행하지 않은 장로와의 구별도 있다."

"542문답 : 얼마 동안의 임기를 가지고 선출하는가? 장로의 임기는 3년을 넘지 못한다."

4) 남장로교 교회정치(1861년). V:113-114 치리장로와 집사의 임직에 대하여, 직분의 해제에 대하여

"치리장로와 집사직은 항존하며, 편의대로 내려놓을 수 없다. 어떤 사람도 정상적인 재판에 의한 면직 외에는 그 직에서 물러나게 할 수 없다."(113조)

"치리장로와 집사는 그가 봉사하는 교회의 경계를 넘어 이주를 할 때 이로 인하여 그의 공적 관계는 해제될 것이며, 당회는 그 사실을 기록해야 한다."

5) 미국장로교회(PCA)의 교회정치(제6판, 2007):

"치리장로와 집사의 임직은 항존적이며 그 직무를 자기의 편의대로 내려놓을 수 없다. 또 정상적인 재판에 의한 면직 외에는 그 직에서 물러나게 할 수 없다."(24:7)

한국 장로교회

1) 1922년 판 교회정치 13장 장로 집사 선거급 임직

"치리장로급 집사 집사의 직은 종신항직인즉 본인이 임의로 사면하지 못할 것이오 사면할 사(事) 외에난 교회도 임의로 해제하지 못할 것이니라." (5. 임기)

"하 지교회서던지 무흠한 세례교인 과반수의 투표로 장로급 집사의 시무기한과 반차를 정할 수 있난데, 그 규례는 좌(左)와 여하니라.
 (一) 기한은 3개년 이상으로 할 것
 (二) 반은 3반으로 분하고 매년에 일반씩 교체할 것
 (三) 기의 임직한 장로난 시무기한이 만료되고 다시 치리하난 직무를 받지 못할지라도 그 직은 항존할 것인즉 당회 혹 노회에 선거를 받아서 상회에 총대로 파송될 수 있나니라." (8. 시무반차)[21]

2) 1930년 판 교회정치 13장 장로 집사 선거급 임직 4. 임기

"치리장로급 집사의 직은 종신직이니라. 단 3년 일차씩 시무를 투표할 수 있고, 그 표결수는 과반을 요하느니라."

3) 1955년 판 제16조 장로 집사 선거급 임직 4항 임기

"장로급 집사의 직은 종신직이다. 단 3년 일차씩 시무를 투표하고 표결수는 과반을 요한다."

4) 기장 측은 1967년 판부터 위 규정, 즉 1955년 판의 장로 임기에 대한 조항을 삭제하고, 통합은 1971년 판부터 삭제하기에 이른다.

5) 1957년(고신): 14장 장로 집사의 선거와 임직 72조 임기

"치리장로와 집사의 직은 종신직이다(단 3년 1차씩 시무투표를 할 수 있고 그 표결수효는 3분지 2로 한다. 노회는 시무투표일을 정하여 각 당회장으로 실시하게 하고 노회에 보고하게 한다."

6) 1962년 판(고신과 합동의 합동총회 47회 총회): 13장 4조 임기

"치리장로 집사직은 종신직이다. 단 3년에 1차씩 시무투표를 할 수 있고 그 표결수는 과반수를 요한다."

7) 1972년 판(고신):

"치리장로와 집사의 칭호는 종신이지만 시무 정년은 만 70세이다(단, 3년마다 1번씩 시무투표를 할 수 있고, 그 표결수효는 3분지 2 이상으로 한다. 노회는 시무투표 시일을 정하여 각 당회장으로 실시하게 하고 노회에 보고하게 한다).

8) 1980년 판(고신): 14장 장로 집사의 선거와 임직 72조 임기

"치리장로와 집사의 칭호는 종신이고 시무 정년은 만 70세가 되면 자동적으로 시무 중지가 된다(단, 3년마다 한 번씩 시무투표를 할 수 있고, 그 표결수효는 3분지 2 이상으로 하며 노회는 시무투표 시일을 정하여 각 당회장으로 실시하게 하고 노회에 보고하게 한다).

9) 1992년 판(고신): 제28조 교회 항존 직원/50조 휴무장로

"교회에 항존할 직원은 목사(말씀과 치리에 봉사하는 장로), 교인의 대표자인 장로와 집사인데(행 20:17,28; 딤전 3:1-13; 딛 1:5-9) 그 시무는 70세까지로 한다." (28조 교회항존직원)

"시무 중에 있는 장로가 당회의 정한 윤번 시무규례에 따라 시무를 쉬거나, 또는 시무를 사임하게 되면 이를 휴무장로라 한다." (50조 휴무장로)

10) 2011년 판(고신): 교회정치 6장 장로 69조 휴무장로

"1. 시무 중에 있는 장로가 당회의 정한 윤번 시무규례에 따라 시무를 쉬거나, 또는 시무를 사임하게 되면 이를 휴무장로라 한다.
2. 당회가 장로의 윤번 시무규정을 제정하고자 하면 당회원 3분의 2 이상의 결의를 얻어야 한다.
3. 장로가 휴무 기간 중 그 직위는 계속되나 당회성수를 위한 정원에는 계산되지 않는다."

결론: 이상에서 다음과 같이 몇 가지 결론을 내릴 수 있다

1) 성경은 장로의 시무 기간에 대해 명확하게 말하고 있지 않다.
2) 역사적으로 볼 때 장로 직분은 항존적이나, 시무 기간에 대해서는 항상 일치하지 않았다. 개체 교회의 재량을 따라 종신직으로 하기도 하고 한시적으로 하기도 하였다. 미국장로교회와 한국장로교회의 교회정

치에서처럼 윤번시무를 도입하여 신축적으로 시행할 수 있도록 하였다. 어느 것을 선택하든지, 즉 종신제든 임기제든 나름대로 교회와 교인의 유익을 위하는 측면이 있고, 또 각각에 타당한 근거가 제시될 수 있었다. 그 논리는 하나하나 교회의 유익을 위해 무시될 수 없는 것들이다.

  3) 따라서 장로의 임기가 종신이냐 한시적이냐 하는 문제는 결국 장로직과 장로의 직무와 봉사를 대하는 장로 당사자와 직분자와 교인의 자세에 달려 있지, 목숨을 걸고 하듯이 종신제를 고집하거나 임기제를 주장할 일이 결코 아니다. 장로의 임기를 종신이냐, 임기이냐를 확정하는 것에 몰두하기보다는 도리어 장로가 어떤 직분인가, 왜 주 예수께서 항존직분으로 우리에게 주셨는가, 장로의 항존 직무가 무엇인가, 어떻게 봉사해야 하는가, 이런 문제에 대해 먼저 교인들이 이해하고 공감할 수 있도록 가르치고 설교하는 것이 급선무로 보인다. 성경에서 명확하게 말하고 있지 않은 장로의 시무기간에 대한 문제를 생각하며 역시 사람이 세우는 제도라는 것은 이 세상에서 완전한 것이 아니라는 교훈을 절실히 깨닫게 된다.

PART 2

임직

01
직분자를 세우기까지의 과정

손재익

하나님께서는 교회를 어떻게 세워 가시는가? 교회의 머리이신 그리스도를 통해 세워 나가신다(HC 50). 교회의 머리이신 그리스도는 교회를 어떻게 세워 나가시는가? 다양한 방법이 있겠지만, 무엇보다도 직분자를 세우심으로 교회를 세우신다(마 28:19-20; WCF 30:1). 하늘에 계셔서 이 땅의 교회를 다스리시는 그리스도께서는 땅 위에 직분자를 세우심으로 교회를 세워 나가신다(엡 4:7-13). 교회건설이란 다름 아닌 직분자를 세우는 것이다.

우리 교회의 명칭 "장로교회"는 침례교회나 성결교회 등과 달리 장로(목사와 장로)라는 '직분'을 명칭으로 삼았다. 이것은 장로교회가 직분을 얼마나 중요하게 여기는지를 잘 보여 준다. 장로교회가 말하는 "개혁주의 신앙의 대한교회 건설"의 한 방법은 직분자를 세우는 것을 통해 이루어진다. 직분은 교회를 세우는 기둥과 같다(갈 2:9 참고). 직분자가 잘 세워져야 교회가 바로 서고, 직분자를 잘못 세우면 교회가 바르게 세워질 수 없다.

그렇다면 직분자(목사, 장로, 집사)는 어떻게 세울까? 직분자가 되려면 어떻게 해야 할까? 그냥 하고 싶어 하는 사람을 세우면 될까? 하고 싶어 하는 사람은 무조건 직분자가 될 수 있는가? 아니면 교인들 전체가 적당히 돌아가면서 하면 안 될까? 직분자를 세우는 데에는 마땅한 절차와 질서가 있다.

필자는 이 글을 통해 직분자를 세우기까지의 과정을 간략히 정리하려고 한다. 직분자를 세우기 위해 마땅히 있어야 할 절차들에 대해 간략하게 설명하려고 한다. 결론부터 말하면, 직분자를 세우는 과정은 '은사-부르심(소명)-교육-고시(시취)-임직-직분수행'의 단계로 요약할 수 있다. 각 단계별 자세한 내용은 이후에 연재되는 기획기사를 통해 다뤄질 것이다.

은사

직분자가 될 사람에게는 무엇보다도 은사가 있어야 한다. 은사는 최소한의 자격이다. 목사라는 직분자가 되기 위해서는 목사로서 갖추어야 할 은사가 필요하다. 장로라는 직분자가 되기 위해서는 장로로서 갖추어야 할 은사가 필요하다. 집사라는 직분자가 되기 위해서는 집사로서 갖추어야 할 은사가 필요하다. 전혀 자격이 없는 사람을 "맡기면 잘할 거야"라는 식으로 세울 수 없다.

목사가 될 사람은 설교자가 될 사람이다. 그렇다면 설교자로서 필요한 은사가 있어야 한다. 설교자는 말씀을 읽고 가르치며(딤전 4:13), 전하는 자다(딤후 4:2). 그러므로 설교자는 하나님의 말씀을 읽고 연구하여 가르치고 전할 수 있는 은사가 있어야 한다(딤전 4:16). 이러한 은사가 있는 사람만이 설교자가 될 수 있다. 그런데 글을 잘 못 읽는다든지, 독해력이 부족하다든지, 공부와 연구에 관심이 없다든지, 말을 거의 할 줄 모른다든지, 성경과 그 밖의 지식에 대한 기본적인 지식이 부족하다든지 하는 사람은 처음부터 자격 미달이다.

장로가 될 사람은 교회를 치리할 사람이다. 교회의 구성원들을 다스릴 만한 리더십과 모범이 있어야 한다. 본인의 신앙도 잘 챙기지 못하는 사람은 장로의 은사가 없다고 보아야 한다. 장로는 교회를 다스리는 직분자다. 그러므로 권위가 있어야 한다. 교회의 다스림은 섬김의 다스림이다. 그러므로 권위는 있어야 하되, 권위 의식은 없어야 한다.

목사와 장로가 될 사람이 갖추어야 할 은사와 자격에 대해서는 디모데전서 3장 2-7절과 디도서 1장 5-9절에서 '감독'(감독이라는 말은 성경에서 장로라는 말과 동의어로 사용된다[빌 1:1; 행 20:17,28]. 그리고 장로는 목사와 장로를 가리킨다[딤전 5:17].)은 어떠한 사람이어야 하는지에 대한 설명을 통해 우리 모두에게 알려 주고 있고, 집사의 경우 디모데전서 3장 8-10절에서 알려 주고 있다.

오늘날 간혹 보면 설교자인 목사가 되기 위해 신학교의 문을 두드리는 이들 가운데 "찬양에 은사가 있어서" "(목회하기에) 성격이 좋아서" "전도를 잘해서" 심지어는 "스포츠를 잘하기 때문에"라는 경우가 종종 있다. 그러나 이것은 매우 잘못된 것이다. 해당되는 직분에 적합한 은사가 있어야 직분자가 될 최소한의 자격이 있다.

나중에 다루겠으나 이때의 은사는 이후 '교육'을 통해 더욱 보충된다는 점을 염두에 두어야 한다. 예컨대, 목사 후보생은 목사와 동등한 은사가 필요하지 않다. 앞으로 교육을 통해 갖추어야 한다. 그러므로 여기에서 말하는 은사는 '잠재적'인 것을 말하며, 앞으로 교육을 통해 개발될 것을 염두에 둔 정도를 말한다. 조금은 부족할 수 있다는 것이다.

부르심(소명)

은사가 있다고 해서 다 직분자가 되는 것은 아니다. 은사를 가진 사람은 많다. 그렇다고 모든 은사 가진 사람이 직분자가 될 수 있는 것은 아니다. 하나님의 부르심(소명, calling)이 있어야 한다. 직분을 가진 모든 사람은 반드시 은사를 가진 사람이지만, 은사를 가진 모든 사람이 반드시 직분자는 아니다. (이런 점에서 직분자가 아닌 사람이라고 해서 얕게 볼 수 없다.) 은사가 있지만 하나님께서 부르시지 않았을 뿐인 사람이 많다. 은사를 가진 사람이 직분자로의 부름이 없었다고 아쉬워할 필요가 없다. 부르신 것도 하나님의 뜻이지만, 부르시지 않은 것도 하나님의 뜻이다. 로마서 11장 29절은 "하나님의 은사와 부르심에는 후회하심이 없느니라"라고 말씀한다.

은사가 있는 사람 중에서 부르심이 있어야 한다. 직분자는 하나님께서 불러 세우신 자다. 그러므로 하나님이 부르셨다는 것이 분명히 확인되어야 한다. 하나님이 부르셨다는 사실은 먼저 그 사람의 내적인 마음을 통해 확인된다. 이를 '내적 소명(internal calling)'이라고 한다. 하나님께서 자신을 교회의 직분자로 세우고자 하신다는 강한 내적 부르심이 있어야 한다. 그리하여 교회를 섬기고 싶은 강한 열망이 있어야 한다. 은사와 더불어 내적 소명이 있는 사람이 직분자가 될 기본적인 자격이 있다.

그러나 내적 소명은 주관적이다. 자신이 잘못 이해했을 수 있다. 실제로 하나님이 부르신 것이 아님에도 착각할 수 있다. 하나님께서 직통계시로 그 뜻을 알려 주시는 시대가 아니므로 잘못 알 수 있다. 하나님께서

"내가 너를 불렀다"라고 이사야(사 6:8)나 예레미야(렘 1:5)를 부르시듯 직접 음성을 들려주시는 시대가 아니므로 객관적이지 못하다.

그래서 내적 소명만으로는 안 된다. 외적 소명이 있어야 한다. 거듭난 신자라면 누구든 하나님 나라의 일에 대한 강한 열망을 갖기 마련인데, 너도 나도 직분자가 되고 싶다는 소명이 있다고 말하면 어떻게 하겠는가? 전 교인의 직분자화가 될지도 모른다.

이러한 주관적인 성격을 가진 내적 소명을 객관화하는 방식이 '외적 소명(external calling)'이다. 직분자가 되고자 하는 당사자가 확인하는 소명이 아니라 그 외의 다른 사람을 통해서 확인되는 소명이다. 그렇다면 외적 소명은 어떻게 확인하는가? 구약 시대에는 제비를 뽑아 확인하였다. 오순절 성령 강림 이후에는 선거를 통해 확인하였다.[22] 성령님께서 성도 각 사람을 통해 직분자의 내적 소명이 참으로 하나님의 부르심에 근거한 것인지를 확인하게 해 주신다.

외적 소명이 필요한 또 다른 이유는 직분이란 교회를 세우기 위한 것으로 개인의 의사에 따라 스스로 성취할 수 있는 것이 아니라 교회를 통해 세워지는 것이기 때문이다.

교육

은사가 있고, 내외적 부르심이 확인된 사람은 교육을 받아야 한다. 왜냐하면 은사만으로는 직분을 수행하기에 부족하기 때문이다. 그러하기에 치리회 주관으로 이루어지는 교육을 통해 직분자에게 필요한 부분을 보충해야 한다.

직분자를 세우는 주체인 당회의 주관에 따라 교육을 받는다. 장로와 집사로 세움 받을 자의 경우 1년 정도의 기간 동안 성경, 교리, 교회정치 등을 배운다. 이를 통해 원래 가진 은사가 더욱 보충된다. 성경, 교리, 교회정치는 직분자가 교회를 세우기 위해 반드시 갖추어야 할 지식이다.

집사의 경우 교회의 서무와 재정을 맡을 것이기에 그와 관련해서도 교육을 받아야 한다. 혹 직업이 은행원이나 회계사라 하더라도 재정에 관해서 교육을 받아야 한다. 직업이 공무원이라 하더라도 서무에 관해서 교육을 받아야 한다. 교회의 서무와 재정은 세상의 것과 다르기 때문이다. 방식은 비슷한 면이 있을지 몰라도 원리는 전혀 다르다.

목사로 부름 받은 사람은 조금 차이가 있다. 신학 교육이라는 특수한 교육을 받는다. 1년 정도의 교육을 받는 장로, 집사와 달리 최소 3년 이상의 교육을 받는다. 이는 목사직이 우월하기 때문이 아니라 목사직이 다른 직분과는 조금 다르기 때문이다. 설교자로서의 직임은 은사만으로 충분하지 못하다. 하나님의 말씀을 연구하고 가르치는 일은 교육을 통해서 개발되어야 한다. 역사적으로 장로교회는 '교육받은 목사(an educated ministry)'의 필요성을 중요하게 여겼다. 왜냐하면 설교자로서 목사의 일은 성경의 진리를 권위를 가지고 여러 계층의 청중에게 설명하는 것인데, 이 일에는 균형 있는 판단력과 그 업무를 위해서 훈련과 실천으로 단련된 정신이 필요하다고 여겨졌던 것이다.[23] 특별히 청교도들이 이 부분에 대해 분명하게 인식하고 신학교를 설립하여 언어와 인문학과 신학 교육을 중요하게 여겼다. 특히 교육받지 않은 무지한 목사를 급조(急造)하여 목사로 세우는 것은 종교개혁을 방해하는 일이라는 사실을 누구나 인정했다.[24] 그래서 성경, 성경언어, 신앙고백, 조직신학, 교회사, 인문학(논리학과 철학)을 중요하게 가르쳐왔다.

위와 같은 이유에 따라 장로교회는 신학교를 설립하는 것을 교회의 중요한 역할로 여겼다. 교회에 반드시 있어야 할 설교를 위해서 교회는 말씀을 증거할 자격을 갖춘 사람을 양성해야 했으니, 그 이유는 말씀을 순수하게 잘 보존해야 하기 때문이었다. 아무나 설교함으로써 하나님의 말씀을 훼손할 수 있다는 것을 중세 시대를 거치면서 확실히 깨달았던 것이다.

그래서 오늘날에도 총회의 가장 중요한 일이 신학교를 설립 운영하는 일이다(대한예수교장로회 고신 헌법(2011년 판) 교회정치 제12장 제145조 제7항). 각 노회와 당회가 직접 하기 어려운 일이기에 더 큰 치리회인 총회가 이 일을 감당하는 것이다.

고시(시취)

교육을 받았다고 해서 다 끝난 것은 아니다. 교육받은 것을 제대로 이해했는지 확인하기 위한 시험을 치른다. 목사고시, 강도사고시, 장로고시, 집사고시 등이 있다. 목사와 장로의 고시는 노회가 주관하고, 집사의 고시는 당회가 주관한다.

우리나라의 문화적 특성상 고시에 한두 차례 탈락하는 경우는 있어도 거의 다 붙여준다. 그러나 이는 그렇게 해서 될 성질이 아니다. 하나님의 교회를 세우는 일에 관행이나 인간적인 연민이 작용해서는 안 된다.

임직

고시에 합격했다고 해서 직분자가 되는 것이 아니다. 최종 절차가 하나 남았다. 임직(任職, induction)이다. 임직이란 교회적인 의식으로 그 교회를 섬길 자들을 세워(將立) 그 직무를 위해 따로 구별되었음을 공적으로 선언하는 일이다. 간혹 '안수식'이라 부르는 사람들이 있는데, 정확한 표현은 '임직식'이다. 안수는 임직의 한 부분이다. 임직식에는 서약, 안수, 악수례, 권면, 선포 등의 요소가 있으므로 임직식이 더 바람직한 표현이다.

임직을 통해 하나님과 교회로부터 공적으로 직분을 위임받게 된다. 이제 직분을 맡았다. 임직의 한자어 맡길 임(任)은 좋은 번역어다. 직분자는 자신이 직분을 취한 것이 아니다. 하나님과 교회가 맡긴 것이다.

치리회의 결의

위에 언급된 절차 중 외적 소명 확인, 교육, 고시, 임직의 경우 치리회의 결의가 있어야 한다. 치리회가 선거를 실시하기로 결의한 뒤에 선거를 하고 치리회가 선거 결과를 공포해야 하며, 치리회가 교육과 고시를 주관하고 치리회가 임직을 결의하여 임직식을 거행한다. 이 모든 절차에 치리회가 주체가 되는 이유는 직분은 교회를 위한 것이며, 교회로부터 나오기 때문이다. 직분자가 되는 것은 자신의 의지에 따라 되는 것이 아니다. 그래서 이 글의 제목이 "직분자가 되기까지의 과정"이 아니라 "직분자를 세우기까지의 과정"이다.

하나도 빠지면 안 됨

'은사-부르심-교육-고시-임직, 그리고 치리회의 결의' 중 어느 것 하나라도 빠지면 직분자가 될 수 없다. 어느 것 하나가 빠졌다면 무효다.

은사, 부르심, 교육, 고시, 임직이 잘 연결되어 있어야만 정상적인 직분이라고 할 수 있다(cf. 롬 11:29).[25] 은사가 없어도 안 되고, 내적 소명과 외적 소명의 부르심이 없어도 안 되고 교육이 없어도 안 되고 임직이 없어도 안 된다. 아무리 뛰어난 은사가 있어도 은사를 확인하는 부르심, 그 부르심에 근거한 교육, 이 모든 것을 마친 뒤의 교회적 확인이 없다면 직분자로 세워질 수 없다(참고로 피택장로, 피택집사 등의 표현은 바람직하지 않다. 직분으로의 택함 받음은 선거를 통해 이뤄지는 것이 아니라 임직을 통해 최종적으로 이뤄진다. 그리고 모든 직분자는 피택자다).

직분자를 세우는 과정은 원칙상 그리 간단하지 않다. 그러나 오늘날 우리의 현실에서는 점점 간단해지려고 한다. 그렇게 되면 교회는 타락하고 세속화된다. 교회의 기둥이 약해진다.

직분자를 바르게 세워야 한다. 그리고 왜 이런 엄격한 절차들이 있는지, 각 절차는 왜 이루어지는지 그 의미를 바르게 알아야 한다. 그렇게 알고 세워진 직분자를 통해 교회는 평안하여 든든히 서 가게 될 것이다.

02
직분자의 소명

임경근

직분과 관직의 다른 점이 무엇일까? 직분은 하나님의 부르심으로 되지만 관직은 스스로 노력해서 얻는다. 그런데 요즘 교회에서 직분(목사, 장로, 집사 혹은 권사, 더 나아가 노회나 총회의 직위)을 관직으로 혼돈해 직분을 탐하고 선거 운동을 하는 경우들이 있다. 이는 직분의 왜곡이며 교회의 타락이 아닐 수 없다.

이 글은 직분의 자리에서 일하는 사역자는 철저하게 하나님의 부르심으로 되는 것임을 밝히려 한다. 그것을 내적 소명과 외적 소명으로 살펴보겠다.

섬김으로서의 직분

요즘 '직분(office, officium)'이라는 말 대신 '봉사(섬김, ministry, ministerium)'라는 말을 많이 사용하는 경향이 있다. 직분이라는 말 속에 들어 있는 교권적, 성직자 중심적인 부정적 인상을 피하려는 의도이다. 주로 회중 교회적 경향에서 비판하는 것인데 그 결과는 별로 긍정적이지 않다. 그 부정적 영향이 직분의 권위를 손상시키게 되어 안타깝다.

모든 봉사가 직분은 아니지만, 교회의 모든 직분은 봉사다. 그래서 '직분적 섬김(봉사)(official service)'이라고 말한다. '직분' 혹은 '섬김'으로 번역되는 '디아코니아(diakonia)'는 이웃을 위해 섬긴다는 뜻이 내포되어 있다. 청지기는 식탁에 수종(隨從)드는 자로서 음식을 식탁에 나르므로 다른 사람이 먹을 수 있도록 돕는 자다. 그렇기 때문에 직분자는 자기의 영광이나 물질이나 권력을 추구하는 자가 아니다. 섬김으로서의 직분은 오직 한 길, 곧 그리스도의 섬김의 길을 가는 것이다.

그리스도는 전 생애를 하나의 큰 섬김으로 이해했다(눅 22:26-27; 요 13:13-17; 막 10:42-45). 그리스도는 종의 형체를 가지셨고(빌 2:7), 많은 사람의 대속물로 자신을 주셨다(막 10:45). 그래서 그리스도의 이름으로 하는 직분적 봉사는 '섬기는 것' 외에 어떤 것도 아니다(요 12:26, 13:14).

그리스도인이 받은 각종 은사는 섬기는 것이기에 그리스도의 섬김과 무관할 수 없다(벧전 4:10). 그리스도의 종은 '교회의 일꾼'(골 1:25; 고전 3:5)이다. 그리스도의 종은 그리스도를 닮아 그의 말씀을 따라 교회에 성실히 봉사하는 만큼 그리스도의 종이 된다. 그리스도의 대제사장적 직분은 신약적 디아코니아의 시작이요 기초다. 그리스도는 디아코니아란 말로 그의 전 생애를 요약하셨다. 그렇기 때문에 사도들의 사명은 화목의 말씀을 겸손히 이 세상에 전하고 봉사하는 것이었다. 봉사신학의 출발은 기독론에 의존한다.

경륜(오이코노미아)으로서의 직분

'오이코노모스(Oikonomos)'는 '청지기'며 '종들의 머리'다. 집안의 모든 일을 잘 돌볼 책임을 지고 종들의 생계를 돌보는 자가 청지기다. 직분자는 청지기의 의미가 있다. 청지기란 말에는 다음 네 가지 의미가 담겨 있다. 첫째, 집 주인의 계획적 사역, 둘째, 주인을 통한 일의 위촉, 셋째, 일의 시행을 위해 청지기가 받은 권한, 넷째, 집 주인에 대한 청지기의 책임이다. 이런 의미는 곧 직분자에게 고스란히 부여된다. '경륜'이라는 단어가 '비밀의 경륜'(엡 1:9, 3:9), 곧 '구원의 경륜'에서 드러나듯이 직분적 봉사를 통해 이루어진다(골 1:25). 그리스도인의 은사와 섬김과 청지기적 봉사가 잘 나타난 곳이 베드로전서 4장 10절이다.

> "각각 은사를 받은 대로 하나님의 여러 가지 은혜를 맡은 선한 청지기같이 서로 봉사하라."

여기에 '은사'와 '봉사'와 '경륜(청지기)'이 함께 등장한다.

직분자의 중요성

누가 교회를 주관해야 하는가? 당연히 교회의 주인이신 예수 그리스도시다. 교회는 그리스도의 선포와 그리스도의 교육과 그리스도의 목회와 그리스도의 구제로 이루어진다. 그리스도께서는 그것을 위해 말씀과 성령으로 일하신다. 이때 그리스도께서는 직분자를 쓰신다. 직분자(diakonos)는 섬기는 자다. 교회의 직분자는 사람을 섬기는 자이지만, 사람의 종은 아니다. 직분자는 하나님의 종이다. 직분자는 사람이 투표해 뽑지만, 사람의 대표나 일꾼이 아니다. 투표는 하나님께서 하나님의 일꾼을 세우는 과정에 불과하다.

전통적으로 장로교회나 개혁교회에는 교회의 직분자로 목사, 장로, 집사를 둔다. 하나님은 은사를 주셔서 직분으로 부르시고 일하게 하신다. 그래서 은사를 가진 자가 직분자로 세워지지만, 모든 은사가 직분자로 연결되지는 않는다. 직분자는 하나님이 부르시는 과정을 통해 세워지기 때문이다.

하나님이 사람을 부르셔서 직분을 주실 때는 그 권위도 함께 부여하신다. 하나님으로부터 위임받은 권위로 하나님의 백성을 섬기는 것이 직분자의 과업이다. 그러므로 직분자는 영광스럽고 그의 과업은 중대하다. 직분자는 하나님의 도구이고 대언자가 되기도 한다. 개혁신앙적 직분의 의의는 직분 그 자체가 아니라, 직분을 위임하신 하나님과 그분의 말씀에 있다. 만약 말씀에 근거하지 않은 직분이나 직분자가 있다면 잘못이다. 그러므로 직분은 철저하게 하나님과 그분의 말씀에 계시된 것에서 출발하며, 그 직무의 수행 또한 그러하다. 구약 시대의 대표적 직분자는 제사장과 선지자와 왕이다. 신약 시대의 대표적 직분자는 사도, 목사, 장로, 집사 등이다. 장로교회에서는 전통적으로 목사와 장로와 집사를 직분자로 인정한다.

직분은 하나님으로부터 기원하기 때문에 하나님의 부르심으로 교회에 세워진다. 직분자는 스스로 자임함으로 되는 것이 아니다. 먼저 하나님의 소명이 있어야 한다. 이것을 내적(은밀한, 개인적) 소명(calling)이라고 부르자. 그리고 교회를 통한 소명이 있어야 한다. 이것을 외적(공개적, 공적) 소명(calling)이라고 부르자.

내적 부르심

하나님이 사람을 직분자로 부르실 때 인간의 내적 지정의를 사용하신다. 사람의 감정과 지식과 의지를 사용하신다는 뜻이다. 직분을 사모하는 생각과 마음과 의지가 자연스럽게 생겨나는데 그것이 하나님의 내적 부르심이다.

> "미쁘다 이 말이여, 곧 사람이 감독의 직분을 얻으려 함은 선한 일을 사모하는 것이라 함이로다"(딤전 3:1).

'선한 일을 사모하는 것(desiring a noble task)'이 은밀하게 개인적으로 일어나는 하나님의 부르심이다. 이런 내적 부르심의 모습을 성경 여러 곳에서 찾을 수 있다. 예레미야는 선지자로 부름 받아 내적으로 다음과 같은 움직임이 있다.

> "내가 다시는 여호와를 선포하지 아니하며 그의 이름으로 말하지 아니하리라 하면 나의 마음이 불붙는 것 같아서 골수에 사무치니 답답하여 견딜 수 없나이다"(렘 20:9).

바울도 그렇다.

> "내가 복음을 전할지라도 자랑할 것이 없음은 내가 부득불 할 일임이라. 만일 복음을 전하지 아니하면 내게 화가 있을 것이로다"(고전 9:16).

하나님의 내적 부르심이 없이 직분자가 되는 경우도 있을까? 그런 자가 있다. 그런 자들은 거짓 직분자다. 부름 받았다고 생각하는 사람은 다음의 질문에 긍정적으로 대답할 수 있어야 한다.

첫째, 나는 하나님의 소명을 확신하는가?
둘째, 나는 직분의 사역을 사모하는가?
셋째, 나는 직책에 참여해야 한다고 느끼는가?

그런데 내적 부름은 개인적이고 은밀하기 때문에 거짓과 참을 구별하기가 쉽지 않다. 거짓 부름도 많다. 구약 시대에도 거짓 선지자들이 대거 등장하였다. 아합 시대에 400명의 선지자는 거짓 선지자이다(왕상 22장). 거짓 선지자 시드기야가 참 선지자인 미가야의 뺨을 치며 참 선지자 노릇을 했다. 거짓 부름으로 확신에 찬 거짓 직분자는 언제나 있었다. 오늘도 마찬가지다. 그러므로 조심해야 한다.

하나님의 내적 부름이 없는데도 목사라는 사회적 지위를 선망해 신학을 공부하고 목사고시를 통과해 목사가 되기도 한다. 혹은 성도가 장로나 집사 직분을 얻기 위해 사람들의 눈에 띄는 주차 봉사나 찬양대, 주일학교 교사로 사역하기도 한다. 그렇게 해서 투표수를 많이 얻으면 교회의 직분을 감투로 얻는다. 이것은 직분의 타락이며 왜곡이다. 하나님의 복은커녕 저주를 받게 될 것이다. 참 하나님의 부르심인 내적 부르심이 없는데도 불구하고 직분자가 된 사람은 본인과 교회에 큰 피해를 줄 것이다.

혹시 내적 부름이 없는데도 장로나 혹은 집사로 선택된 사람은 그 다음 단계에서 내적 부르심이 없음을 밝히고 물러날 수 있다. 내적 부름이 없는데도 직분자가 된 사람은 영적으로 유익을 얻는 것이 아니라, 자신과 교회에 큰 피해를 준다.

외적 부르심

하나님의 내적 부르심이 우선하며 먼저다. 그러나 내적 부름을 확정할 수 있는 기준이 모호하다. 내적 부르심은 언제나 외적 부르심으로 확정되어야 한다. 이것은 개인적으로든 교회적으로든 모두 중요하다. 스스로 직분자로 부름 받았는지를 확신하려면 내적 부름만으로는 완전하지 않다. 외적 부르심을 통해 확증을 받아야 한다. 개인 스스로 하나님의 부름을 확인하려면 두 가지가 모두 있어야 한다. 교회적으로도 하나님의 부르심을 확인하려면 두 가지 모두 필요하다. 예를 들면, 바울이 다메섹 도상에서 하나님의 내적 부르심을 받았지만 그가 바로 사도적 사역을 시작한 것은 아니다. 얼마간의 시간이 지난 후 사도로서 안디옥교회의 파송을 받고 사역을 본격적으로 시작한다. 안디옥교회는 바울과 바나바를 불러 세워 외적 부르심을 확정한다.

> "안디옥 교회에 선지자들과 교사들이 있으니 곧 바나바와 니게르라 하는 시므온과 구레네 사람 루기오와 분봉 왕 헤롯의 젖동생 마나엔과 및 사울이라. 주를 섬겨 금식할 때에 성령이 이르시되 내가 불러 시키는 일을 위하여 바나바와 사울을 따로 세우라 하시니, 이에 금식하며 기도하고 두 사람에게 안수하여 보내니라"(행 13:1-3).

이런 공적인 부르심은 그가 가진 외적인 모습들이 중요한 요소로 작용한다. 즉, 내적 부르심이 외적 부르심의 모습으로 나타난 것을 다른 사람들이 확인할 수 있다는 뜻이다. 그래서 성경에 제시된 직분자의 자격을 보면, 내적인 경험과 부름 받은 느낌에 대한 것보다는 외적 부름에 대한 것으로 가득하다. 바울은 디모데에게 보낸 목회서신에서 목사의 직분의 외적 부르심에 대해 다룬다.

"그러므로 감독은 책망할 것이 없으며, 한 아내의 남편이 되며, 절제하며, 신중하며, 단정하며, 나그네를 대접하며, 가르치기를 잘하며, 술을 즐기지 아니하며, 구타하지 아니하며, 오직 관용하며, 다투지 아니하며, 돈을 사랑하지 아니하며, 자기 집을 잘 다스려 자녀들로 모든 공손함으로 복종하게 하는 자라야 할지며, (사람이 자기 집을 다스릴 줄 알지 못하면 어찌 하나님의 교회를 돌보리요) 새로 입교한 자도 말지니 교만하여져서 마귀를 정죄하는 그 정죄에 빠질까 함이요, 또한 외인에게서도 선한 증거를 얻은 자라야 할지니 비방과 마귀의 올무에 빠질까 염려하라"(딤 3:2-7).

목사로 내적 부르심을 받은 사람은 가정과 사회에서 적절한 자격을 갖추어야 하며, 무엇보다도 가르침과 다스림, 그리고 돌봄의 은사가 있어야 한다. 이런 것들이 없으면 내적 부르심을 의심해 볼 수밖에 없다.
그러므로 내적 부름이 있는 사람은 다음의 질문에 긍정적인 대답을 할 수 있어야 한다.

첫째, 목사로 부름 받은 합법적 자격이 갖추어졌는가?
둘째, 교회 성도들로부터 목사로 부름 받았음이 확인되는가?
셋째, 목사 직분을 위한 필수 은사들이 있는가?
넷째, 목사 직분에 대한 간절한 사모함이 있는가?

외적 부름만 있고 내적 부름이 없는 경우는 허용불가이다. 어떤 사람이 신학을 공부하고 교회에서 일정 기간 강도사로 사역했지만, 내적 부름이 의심되면 목사가 되어서는 안 된다. 교회는 그런 자를 목사로 부르지 말아야 한다. 한국 교회의 현실은 부목사의 청빙에서 외적 소명을 검정할 수 있는 방법이 없는 경우가 많다. 부목사 청빙은 대체로 당회의 결의로 이루어질 뿐 교인들의 투표로 선택되지 않는다. 이것은 고쳐져야 할 부분이다. 심지어 목사가 되어 사역하고 있는 경우에도 내적 부름이 확실하지 않으면 목사 직분에서 내려와야 한다. 이것은 장로와 집사 직분에도 동일하게 적용되어야 한다.

내적 부름은 있지만 외적 부름이 없으면 당연히 허용 불가이다. 목사에게 요구되는 충분한 교육을 받지 못하고 일정 기간의 수련기간과 교회의 질서 속에서 요구되는 과정들이 하나라도 부족하면 하나님의 부름을 인정할 수 없다. 그럴 경우 외적 부름이 분명할 때까지 판단을 유보하든가 때로는 중단해야 한다.

교회가 이렇게 하나님의 부르심을 내적, 외적으로 나눠서 확인하는 이유는 하나님의 교회가 바르게 서야 하기 때문이다. 하나님은 질서의 하나님이시다. 성령님이 교회 안에 계시며 일하신다. 직분자는 하나님의 청지기로서 종처럼 그분의 교회와 그분의 나라를 위해 일한다. 중요한 그 일 때문에 세우는 그 과정도 신중하게 결정해야 한다.

한국 교회는 직분자가 없어서가 아니라, 직분자를 잘못 세워서 수많은 문제를 야기하고 있다. 직분자를 잘 세워 주님의 교회가 건강하게 세워져 가길 바란다.

03
임직식, 이렇게 한다

안재경

모든 직분자는 공적 임직식을 통해 그 직분수행을 시작한다. 개혁교회에서는 이 임직식을 중요하게 생각한다. 온 회중이 함께 예배드리는 시간에 이 임직식을 함으로 그 교회를 위한 봉사의 시작을 선언한다. 한국교회에서는 손님들을 부르고 잔치하듯이 임직식을 거창하게 축하한다. 임직식을 굳이 잔치라고 생각하더라도 단정하게 진행하는 것이 좋다. 임직을 세상적인 계급이나 감투를 차지한 것으로 생각해서는 안 된다. 임직은 그리스도의 멍에를 지는 것이다. 물론 주님께서 그 짐이 가볍다고 말씀하셨지만 말이다. 임직식은 온 교회가 축하해야 할 일이면서, 동시에 주님이 베푸시는 은혜를 간절히 사모해야 할 일이다. 하나님의 일이면서 동시에 교회의 일이기 때문이다. 직분을 제대로 감당하여 주의 교회가 든든히 서는 것이 무엇보다 중요하기 때문이다.

설교와 해설

한국 교회의 임직식은 1부 예배와, 2부 임직식으로 나누곤 하는데 굳이 나누지 않아도 될 것이다. 이렇게 나누는 이유는 2부 임직식을 거창(?)하게 진행하기 위한 것이기도 하다. 임직예배의 설교는 어떠해야 할까? 설교는 말 그대로 설교가 되어야 한다. 하나님의 뜻이 분명하게 드러나야 한다. 임직예식의 나머지 순서들에 대한 배려 때문에 점 찍듯이 설교를 해서는 곤란하다. 하나님의 말씀으로 임직의 의미를 잘 드러내어야 하기 때문이다.

설교가 끝나면 집례자가 바로 임직식으로 들어가면 된다. 집례자는 당회장이 하는 것이 바람직하다. 먼저, 직분제정에 대한 해설을 간단하게 해야 할 것이다. 그리스도께서 제정하신 직분은 너무나 귀한 것이요, 또한 그리스도께서 주신 선물이기에 그것이 제정된 것을 해설하는 것은 임직자와 교회에 큰 격려가 될 것이다. 승천하신 그리스도께서 교회를 세우기 위해 성령님과 더불어 직분자를 보내셨다는 것이 강조되어야 한다. 그리고 집례자는 목사, 장로, 집사 임직에 맞게 각 직분이 수행해야 할 사명을 언급해야 한다. 흔히 목사는 '말씀의 사역자', 장로는 '다스림의 사역자', 집사는 '긍휼의 사역자'라고 부른다. 목사는 말씀을 바르게 선포하는 것이 무엇보다 중요하고, 장로는 선포된 그 말씀으로 교인들이 어떻게 생활하고 어떤 열매를 맺는지 잘 다스리고, 집사는 교인들 중에 여러 가지 사정으로 소외된 자들이 없도록 긍휼을 잘 베풀어야 한다. 이렇게 각 직분이 수행해야 할 대표적인 사명을 잘 해설해야 한다.

서약

임직자들은 서약을 해야 한다. 대륙의 개혁교회에서는 다음과 같은 질문을 한다. 가장 먼저 질문하는 것은 하나님께서 친히 주님의 회중을 통해 이 직분으로 불러 주셨다고 마음으로 확신하느냐는 질문이다. 다음으로는 성경 말씀과 교회의 신앙고백서와 요리문답서를 정당하게 받아들이겠느냐는 질문이다. 마지막으로는 이 직분을 신실하게 수행하기로 약속하겠는지를 묻는다. 장로 임직자를 향해서는 "장로 여러분은 교회를 다스리고 목양하는 일에서 자기의 직분을 경건한 생활로 영광스럽게 장식할 것을 서약하십니까? 여러분이 교리나 생활에서 태만하게 된다면 교회가 집행하는 권징을 받아들일 것을 또한 약속하십니까?"라고 묻는다. 집사 임직자를 향해서는 "집사 여러분은 자비를 베푸는 일에서 자기의 직분을 경건한 생활로 영광스럽게 장식할 것을 서약하십니까? 여러분이 교리나 생활에서 태만하게 된다면 교회가 집행하는 권징을 받아들일 것을 또한 약속하십니까?"라고 묻는다.

집례자는 회중을 향해서도 서약을 받는다. 회중은 임직자를 하나님의 임직자로 받아야 한다. 회중이 그 임직자를 직분자로 인정하고 받아들이겠는지 묻는다. 집례자는 하나님의 말씀이 그 직분에 부여하는 모든 명예와 격려와 순종을 그 임직자에게 드리기로 약속하는지 묻는다. 회중이 이미 그 직분자를 투표하면서 선택했지만 이제 하나님 앞에서 그 임직자를 하나님을 대신하는 자들로 받겠다고 하는 것이 중요하다. 회중은 그 서약을 통해 직분자를 인간적으로 바라보지 않고 하나님을 대신하여 나타나는 자들로 받는다. 여기에 겸손이 필요하다는 것을 알 수 있다.

안수와 공포

임직자와 회중에 대한 문답이 끝나면 임직자들에 대한 안수를 한다. 유럽대륙의 개혁교회 전통에서는 목사만 안수하지만 영국과 미국의 장로교회 전통은 장로와 집사에게도 안수를 한다. 이 안수는 로마교회의 주장처럼 그 직분을 수행하기 위한 특정한 영을 자동적으로 부여해 주는 것이 아니다. 안수는 위임의 의미가 있다. 하나님께서 이 직분자를 통해 주님 자신의 교회를 든든히 세워 주십사 주님께 위탁해 드리는 기도가 안수이다. 안수가 끝나면 안수에 참여한 이들과 악수례를 한다. 먼저 집례자인 담임목사와 악수하고 다른 안수자들과 악수한다. "우리와 함께 거룩한 사역에 참여하게 되었으니 교제의 악수를 청합니다"라고 말하고는 악수한다. 이 악수례는 단순한 축하악수를 넘어 그 임직자가 정당하게 선출되고 임직되고 위임되었음을 선포하는 의미가 있다. 먼저 임직 받은 이들은 주님께서 같이 일하고, 같이 섬길 직분자들을 주신 것을 크게 기뻐한다.

권면

한국 교회에서는 임직식에 축사하는 이들을 많이 세운다. 초대받은 사람들이 많은 때는 축사하는 이들이 많아진다. 축사하는 이들이 많아야 그 임직식이 성대하다는 생각은 금물이다. 오히려 그런 축사가 임직식을 고리타분하게 만들 가능성이 많다. 같은 말이 반복되는 경우가 많기 때문이다. 임직은 교회를 위해 직분을 받는 것이기 때문에 축하할 일이기는 하지만 세상적인 방식으로 축하하는 것을 금해야 할 것이다.

임직식에는 축사보다는 권면이 필요하다. 장로와 집사의 예를 들어 보자. 장로를 향해서는 베드로전서 5장 2-4절을 중심으로 권고하는데 말씀의 사역자인 목사와 더불어서 그리스도의 양 떼의 좋은 목자가 될 것을 권면한다. 교회를 다스리는 일과 낙담한 사람을 위로하는 일과 방황하는 사람을 권고하는 일을 부지런히 감당할 것을 권고한다. 자신이 먼저 깨끗한 양심에 믿음의 비밀을 가져야 하며, 회중이 순전한 교훈에 거하고 경건한 생활을 하도록 주의를 기울일 것을 권고한다. 집사를 향해서는 고린도후서 8-9장을 염두에 두고 권고하는데 교회의 재정을 관리하는 일이나 도움이 필요한 사람들에게 즐거운 마음으로 나누어 주는 일을 신실하고 부지런히 행하도록 권면한다. 염려로 눌려 있는 사람이나 외로운 사람을 돌아보는 일을 하고, 자비의 일을 행할 때에 회중에게 봉사의 좋은 모범을 보이라고 권면한다.

회중을 향해서도 권면한다. 장로와 집사의 임직식 예를 다시 들어 보자. 임직 받은 장로와 집사를 하나님의 종으로 받아들이라고 권면한다. 장로를 향해 보여야 할 순종은 '존경하는 것'이다. 감독자로 세운 이들에게 순종할 뿐만 아니라 반항하지 않고 존경해야 한다. 가장 존귀하게 여겨야 한다. 장로에게 순종하고 장로를 존경하는 것이야말로 그들을 세우신 주님께 순종하고 주님을 존경하는 것이다. 집사를 향해 보여야 할 회중의 순종은 '즐거이 드리는 것'이다. 집사들이 그 직분 사역을 감당할 수단을 충분히 갖도록 회중은 즐거이 드려야 한다. 집사들에게 즐거이 드리는 것이야말로 그리스도의 즐거이 드림을 믿는 것이요, 그리스도께서 베푸신 구원을 즐거워하는 것이다.

기도

임직식의 마지막 순서는 기도로 마치는 것이 좋겠다. 임직자를 향해 서약도 받았고, 안수도 했고, 권면도 했지만 그들 자신의 능력으로는 이 직분을 제대로 수행할 수 없기 때문이다. 회중을 향해 서약을 받았고, 권면도 했지만 그들 자신의 능력으로는 이 직분수행을 돕고 기꺼이 순종할 수 없기 때문이다. 직분 간의 갈등, 직분자와 직분을 받지 못한 자들 사이의 갈등이 가면 갈수록 심해지고 있다는 것을 우리가 잘 알고 있으니 말이다.

개혁교회의 기도문을 한 가지 소개한다.

"하늘에 계신 우리 주 하나님 아버지, 주님께서는 주님의 교회를 세우시기 위하여서 말씀의 사역자와 더불어 장로와 집사를 임직하시기를 기뻐하셨습니다. 주의 성령으로 충만한 사람을 우리에게 허락하여 주심을 감사합니다. 그들에게 지혜와 용기와 분별력과 자비와 같은 필요한 선물들을 더욱 풍성하게 내려 주셔서 이 사람들이 주님께 기쁨을 드리면서 각각 자기의 직분을 감당하게 하여 주옵소서. 주님의 은혜를 이 사람들에게 내려 주셔서 이 사람들이 인내하면서 신실하게 봉사하게 하시고, 어려움이나 슬픔으로 혹은 이 세상의 핍박으로 방해를 받지 않게 하여 주시옵소서. (장로임직식- 주님께서 이 사람들에게 맡기신 이 회중에도 복을 주시옵소서. 회중 한 사람 한 사람이 장로의 좋은 권고를 즐거운 마음으로 받아들이고 그들의 봉사 때문에 그들을 사랑하고 존경하게 하여 주시옵소서. 집사임직식- 우리들에게 서로를 진정으로 사랑하는 마음을 주시옵소서. 우리가 즐거운 마음으로 집사들에게 필요한 재물을 주게 하셔서 가난한 사람들이 넉넉히 공급받게 하여 주시옵소서.) 주님께 구하오니, 각 사람의 신실한 봉사로 말미암아서 주님의 아드님의 나라가 임하게 하시고 주님의 이름이 영광을 받게 하시옵소서. 나라와 권세와 영광이 영원히 주님께 있사옵나이다. 아멘!"

장로 집사 권사 임직

아래는 고신교회 예전예식서에 나와 있는 임직식 순서이다

집례: 당회장

개 식 사	집례자

찬 송	다같이

(적절한 찬송에는 208장, 210장, 600장 등이 있다)

기 도	맡은이

성경봉독	맡은이

(적절한 성경에는 눅 10:17-20; 고후 4:1-7; 고후 5:18-20; 엡 4:11-12; 딤전 4:14-14; 딤전 6:12-16; 딤후 4:1-6; 벧전 5:1-4 등이 있다)

설 교	설교자

서 약	집례자

임직자들에게(오른손을 들어서 서약한다)

문(1): 구약과 신약성경은 하나님의 말씀이며, 신앙과 행위에 대하여 정확무한 유일의 법칙으로 믿습니까?
답: 예
문(2): 본 장로회 교리표준인 신앙고백, 대교리문답과 소교리문답은

구약과 신약성경에서 교훈한 도리를 총괄한 것으로 알고 성실한 마음으로 믿고 따르겠습니까?

답: 예

문(3): 본 장로회 관리표준인 교회정치, 권징조례와 예배지침을 정당한 것으로 승낙합니까?

답: 예

문(4): 본 교회 장로(집사, 권사)의 직분을 받고 하나님의 은혜를 의지하며 진실한 마음으로 본 직에 관한 범사를 힘써 행하기로 맹세합니까?

답: 예

문(5): 교회의 화평과 연합과 성결을 위하여 진력하기로 맹세합니까?

답: 예

교인에게(일어나서 손을 들어서 서약한다)

질문: (   )교회 회원들이여 (   )씨를 본 교회 장로(집사, 권사)로 받고 성경과 교회정치에 가르친 바를 따라서 주 안에서 존경하며 위로하고 복종(집사와 권사에게는 "협조"로)하기로 맹세합니까?

답: 예

(임직자는 예배당의 가장 편안한 자리에서 무릎을 꿇고 당회장은 설교단에서 내려와 임직자 앞에 선다. 이때 다른 임직위원들도 임직자 주위에 모인다. 당회장은 사도들의 모범을 따라서 임직위원들과 본 교회 당회원의 안수와 함께 기도하여 엄숙하게 그를 복음사역의 거룩한 직분자로 장립한다)

안   수 ··· 임직위원 및 본 교회 당회원들
(안수는 성례가 아니라 교회가 목사의 소명과 임직을 공적으로 확증하는 상징적인 행위이므로 미신적으로 행해서는 안 된다)

기   도(안수 및 취임) ·································· 당회장

(다음과 같은 취지로 기도한다)

하늘에 계신 하나님 아버지, 주님의 교회를 세우기 위해 목사와 함께 장로와 집사, 권사를 주셨습니다. 주님, 여기 이 직원들에게 성령의 충만을 주옵소서. 이들에게 필요한 은사를 항상 풍성히 허락하옵소서. 지혜와 담대함, 분별할 수 있는 능력과 자비를 주시어 각자가 자기의 직무를 잘 감당하게 하옵소서.

주여 저들에게 은혜를 주시어 봉사할 때에 혹 세상의 박해와 시련과 수고가 있다고 할지라도 조금도 방해를 받지 않고 신실함으로 전진하게 하옵소서.

주님이 세우신 교회에 복을 주시어 장로의 선한 권면에 순종하게 하시며 또 교회가 공경하게 하소서. 또 집사와 권사의 봉사에 기쁨으로 협력하게 하옵소서.

우리가 서로 뜨겁게 사랑하게 하옵소서. 주님, 직원들의 봉사를 통해 성도를 온전하게 하시며 그리스도의 몸이 세워지게 하옵소서. 자비로우신 하나님 아버지, 주님의 사랑하시는 아들 예수 그리스도를 통해 우리의 기도에 응답하소서. 예수 그리스도의 이름으로 기도합니다. 아멘.

악 수 례 ·· 위원들

(안수 및 기도가 끝난 후에 새로 장립된 임직자는 일어나서 당회장과 먼저 악수하고 이어서 위원들, 당회원의 순서대로 악수를 한다. 이때 장로 집사로 장립한 이들에게 다음과 같이 말한다: "우리와 함께 거룩한 사역에 참여하게 되었으니 교제의 악수를 청합니다"[갈 2:9]).

공 포 ·· 당회장

"(   )씨는 대한예수교장로회 (   )교회 장로(집사, 권사)된 것을 내가 성부와 성자와 성령의 이름으로 공포합니다. 하나님의 은총 베푸심과 그리스도의 은혜와 성령이 충만하기를 기원합니다. 아멘."

| 권 면 | 임직자와 교인에게 | 맡은이 |

| 찬 송 | 다같이 |
(적절한 찬송에는 212장, 213장, 336장, 595장 등이 있다)

| 축 도 | 맡은이 |

04
임직과 안수

성희찬

질문

목사, 장로, 집사로 임직할 때 흔히 안수를 시행한다. 그런데 임직식에서 안수는 왜 하는 것일까? 무슨 의미가 있는 것일까? 반드시 해야 하는 것일까? 안수가 없으면 임직이 성립되지 않는 것일까? 임직을 받았느냐고 묻는 대신에 종종 안수를 받았느냐고 서로 말을 주고받을 만큼 안수는 직분 임직에서 중요한 순서로 이미 자리를 잡고 있다. 그런데 놀랍게도 개신교회의 역사적 개혁주의의 뿌리가 되는 16세기 종교개혁 초창기에 개혁가들은 우리에게는 너무나 익숙하고 당연한 이 안수를 시행하는 것을 주저하였다.

그 이유는 중세 교회에서 팽배한 미신 때문인데, 즉 그 사람에게 안수하는 것과 동시에 자동적으로 직분의 은사가 그 사람에게 함께 임한다고 생각하였기 때문이다. 로마 가톨릭교회는 안수를 성례로 보고 이를 통해 신비한 방식으로 그 직분에 은사가 임한다고 믿었다. 그래서 개신

교회 초창기에 안수는 반드시 필요한 것으로 보지 않았는데, 그 결과 안수는 교회의 자유에 속한 사항이었다. 그러다가 서서히 안수 시행이 교회의 규정으로 자리를 잡게 되었다.

예를 들어서 네덜란드의 경우 1571년 엠든에서 모인 노회는 다음과 같이 결정하였다: "사역자들이 예식문의 기도와 안수로 임직하되, 그럼에도 불구하고 미신이나 필연적인 의무로 행해서는 안 된다." 따라서 이후 안수는 자유에 속한 것이 되었고, 도르트레흐르트 노회(1578년)는 다음과 같이 결정하였다: "안수 혹은 교제의 악수를 통해 임직될 수 있다." 그러나 시간이 지나면서 안수가 하나의 규정으로 자리를 잡게 되는데, 즉 도르트레흐르트 총회(1618-1619)는 오직 목사 임직 시로 국한하여 안수를 임직의 과정으로서 규정을 하게 되었다.

성경은 안수에 대해 무엇이라고 말하는가?

구약 시대에 레위인에게 안수한 것은 이들이 주의 것이라는 뜻을 가지고 있다(민 8:10,12). 신약에서 예수님이 병자들이나 아이들에게 안수하신 적은 있으나 직분을 세울 때 안수하신 적은 없다. 즉, 사도를 세울 때(마 10:1, 22:19)에 그러하다. 또 가룟 유다 대신 맛디아를 세울 때에도 마찬가지였다. 바울과 바나바 역시 안수를 통해 세워졌다는 기록이 없다. 사도행전 6장에서는 일곱 사람을 세울 때에 안수하였다. 이 외에도 사도들이 어떤 사람을 교회 직분자로 세울 때 안수한 것으로 보인다(딤전 4:14, 5:22; 딤후 1:6).

그럼에도 불구하고 사도들은 안수를 통해 직분에 적합한 은사가 주어진다고는 보지 않았다. 왜냐하면 사도행전 6장에서 회중을 통해 일곱 사람을 선출할 때 분명히 볼 수 있는 것은 이미 성령과 지혜가 충만한 사람을 세웠지, 안수를 통해 성령의 은사를 받은 후에야 임직을 받은 것이 아니기 때문이다. 바울과 바나바의 경우 임직이 아닌 선교사로 파송될 때에 안수를 받았다. 즉, 안수를 통해 소명의 실행을 받은 것이다. 그런데 여기서 직분의 은사가 임하였는지의 기록은 찾아볼 수 없다. 그럼에도 불구하고 사도들이 안수할 때 성령을 받은 가시적이고 기이한 표가 나타났다는 것을 부인할 수 없다.

"그들이 내려가서 그들을 위하여 성령 받기를 기도하니 이는 아직 한 사람에게도 성령 내리신 일이 없고 오직 주 예수의 이름으로 세례만 받을 뿐이더라. 이에 두 사도가 그들에게 안수하매 성령을 받는지라"(행 8:15-17).

안수 시에 직분에 합당한 성령의 은사가 임한다는 생각은 디모데후서 1장 6절 ("그러므로 내가 나의 안수함으로 네 속에 있는 하나님의 은사를 다시 불일 듯하게 하기 위하여 너로 생각하게 하노니")과 디모데전서 4장 14절 ("네 속에 있는 은사 곧 장로의 회에서 안수 받을 때에 예언을 통하여 받은 것을 가볍게 여기지 말며")에 근거한 것으로 보인다.

그런데 여기서 디모데에게 은사 곧 성령의 은사를 준 것은 안수가 아니라 성령이시다. 그래서 안수는 상징, 즉 성령을 통해 성령의 은사가 임하며 또 그가 부름 받았다는 것을 가리키는 상징으로 해석할 수 있다. 따라서 안수는 직분의 봉사를 시작하는 도구이지 근원이 아니다. 따라서 우리는 신약 교회의 토대를 놓은 당시 역사를 볼 때 로마 가톨릭교회가 말하는 것처럼 안수를 통하여 특정한 은사가 가시적으로 임하며 그래서 안수가 특별한 의미를 가지고 있다는 생각을 결코 할 수 없다.

그래서 17세기 네덜란드의 교회정치학자 푸치우스(Voetius)는 목사 임직 시 안수가 반드시 필연적인 것이라고 보지 않았으나 선한 것이라고 보았다(Pol. Eccl. III, 452, 575, 579).

칼뱅은 교회의 봉사를 위해 헌신하였다는 뜻에서 안수한다고 하였다:

"물론 손을 얹는 일에 대한 명확한 명령은 존재하지 않는다. 그러나 사도들이 이를 계속해서 사용했으므로, 매우 조심스럽게 이를 지키는 것을 명령에 준하는 것으로 보아야 할 것이다. 그리고 사역의 위엄을 이런 식의 표징을 통해서 사람들에게 높이 드러내는 것이 유익하며, 뿐만 아니라 안수를 받는 사람에게도 이제는 자기가 자기의 것이 아니요 하나님과 교회를 섬기는 일에 매인 자가 되었음을 경고하는 것이 유익할 것이다. 더욱이 안수의 진정한 원래의 의미를 회복한다면, 그것이 허망한 표징이 되지도 않을 것이다……이 예식 역시 성령에게서 나온 것이므로 미신적으로 잘못 악용되지만 않는다면 이 예식도 무용한 것이 아니라는 것을 느껴야 할 것이다"(기독교강요 4:3:16 임직의 예식).

한편 미국 북미개혁교회(CRCNA: Christian Reformed Church in North America)는 1973년 총회에서 다음과 같이 가이드라인을 제시하였다:

안수식은 성례가 아니라, 교회가 목사의 소명과 임직을 공적으로 확증하는 상징적인 행위이다. 안수는 그 자체로서 유익하지만(useful), 필수적인 것(essential)은 아니다.[26]

따라서 안수는 하나님의 계명은 아니어서 반드시 필수적인 것은 아니나, 교회에 유익하다고 말할 수 있다. 이 점에서 임직식에서 안수에 지나치게 치중하는 것은 지양해야 하며, 안수와 함께 목사의 서약이 신실할 수 있도록 서약에 더욱 강조를 두어야 할 것이다.

목사 임직에서 누가 안수를 하는가?

목사의 소명은 대개 회중의 선출, 시취(시험), 청빙 그리고 임직예식의 절차를 따라서 이루어진다. 웨스트민스터 교회정치(1645년)는 임직할 때 "금식하고 기도하며 안수함으로써 임직한다"고 규정하였다. 따라서 안수는 임직식에서 하나의 과정에 불과하며 설교와 임직받는 자와 회중의 약속, 기도와 축복, 권면과 함께 임직순서를 이루고 있다.

목사 임직에서 누가 안수를 하는가?
목사 임직에서 누가 안수를 하는가, 장로도 목사 안수에 참여할 수 있는가하는 문제는 교회역사에서 항상 논쟁이 되어 왔다.
칼뱅은 저서『기독교강요』에서 디모데전서 4장 14절에 나오는 '장로회의 안수'에서 장로는 목사로 보았기에 안수에는 오직 목사가 참여한다고 하였다. 이는 칼뱅이 초창기에는 장로의 기원을 목회서신이 아니라 로마서 12장 8절과 고린도전서 12장 28절의 '다스리는 자'에서 찾았기 때문이다. 이어서 웨스트민스터 교회정치, 도르트 교회정치 역시 목사만 목사 안수에 참여하는 것으로 규정하였다:

"모든 말씀의 사역자는 임직 위원인 설교권을 가진 노회원들이 금식하고, 기도하며 안수함으로써 임직되어야 한다"(웨스트민스터 교회정치,

1645).**27)**

"임직은 예배 시간에 임직을 인도하는 목사의 안수와 임직을 위해 채택한 예식서 사용으로 이루어진다"(도르트 교회정치, 1619).

목사 안수에 목사가 아닌 장로가 참여할 수 있는가 하는 논의의 핵심은 디모데전서 4장 14절에서 '장로의 회'에 의한 안수를 언급하고 있는데, 이 장로의 회에 목사가 아닌 장로도 그 일원이 될 수 있는가에 달려있다. 그래서 목사뿐 아니라 장로를 동등한 감독으로 보는 교회와 교단에서는 장로도 장로회의 일원으로서 목사 안수에 참여하였으나, 그렇지 않은 교회는 당연히 목사의 안수에 배제되었다.

종교개혁 이후 개혁교회들은 계속 체계적인 성경주해를 통해 더욱 성경적인 직분관을 확립하기 위해 노력해 왔는데 미국의 미국정통장로교회(OPC)와 미국장로교회(PCA) 이 양 교회들은 모두 장로를 목사와 동일한 감독으로 이해한다. 이는 19세기 미국 남장로교회가 받아 온 전통의 결과이다. 그래서 이 교단은 장로도 장로회의 동등한 일원으로서 목사 안수에 참여한다.

한편 미국 북장로교회는 찰스 핫지의 견해가 대표적인 것인데 목사와 장로는 서로 다른 성경적 근거를 가진 직분이요 장로교회는 '소교구 감독제도(parochial episcopacy)'라고 하여 목사 중심의 교회정치를 강조했다.**28)** 찰스 핫지의 조카 J.A. Hodge가 쓴 『교회정치문답조례』(원제목: 장로교회 헌법이란 무엇인가: *What is Presbyterian Law as defined by The Church Courts*, 1882. 곽안련 목사와 박병진 목사가 각각 번역하였으나, 최근 예장합동총회에서 주관하여 완역본을 내었다-배광식 외 역, 교회정치문답조례, 서울: 대한예수교장로회총회, 2011)가이 미국 북장로교회의 견해를 대변하고 있다. 따라서 미국 북장로교회의 전통은 목사 안수에 장로는 참여할 수 없다. 장로는 장로회의 일원이 아니기 때문이다. 다음은 교회정치문답조례가 규정하는 내용이다:

> 목사 장립식 때 누가 안수를 하는가? 소속 노회의 목사들과 언권회원들이 목사 장립식에서 안수를 한다……치리장로들은 노회의 회원들로서 후보자의 자격을 심사할 책임은 갖지만 장립식에 참여하지는 못한다. 1842년 구파 총회는 최근까지 장로교의 일관된 규례를 준수할 것을 권고했다. 다시 말하면 설교장로와 감독만이 이 예식에 참여할 수 있게 했다. 다음 해와 1844년에 총회는 장로교의 헌법이나 전통이나 헌법의 문자나 정신에서도 종교개혁 후 유럽과 미국 장로교회의 원리와 관례 어느 곳에서도 목사 장립에 안수하는 권한이 없다고 확언했다. 1860년 신파 총회도 똑같이 분명히 했다(『교회정치문답조례』 626문답).

한국 교회는 처음부터 미국의 북장로교회, 남장로교회 선교사들을 통해서 영향을 받다 보니 양 교회의 직분관을 모두 받아들이게 되었다. 즉, 두 교회의 전통적 견해가 교회정치에 용해되었다. 고신교회의 경우 1980년의 교회정치에서는 '장로와 집사' 두 직분을 규정하므로 미국 남장로교회의 전통을 따라 목사와 장로가 동등한 장로라는 것을 전제하였으나, 1992년과 2011년 교회정치에서는 목사, 장로, 집사 세 직분을 말하므로 목사와 장로를 구별하게 되었다. 이는 어쩌면 큰 변화라고도 할 수 있으나 그 배경은 알 수 없다.

장로가 목사 안수에 참여할 수 있는가는 디모데전서 4장 14절의 '장로의 회'에 목사를 포함하여 지금의 장로가 포함될 수 있는가에 있다. 따라서 다음의 질문들, "디모데전서 3장에 나오는 감독은 목사만을 가리키는가, 장로도 포함되는가? 바울이 밀레도에서 고별사를 한 에베소교회의 장로들은 목사들인가, 지금의 장로도 포함되는가?" 이 질문에 먼저 답해야 한다.

장로와 집사에게도 안수할 수 있는가?

개혁주의 전통

개혁주의 전통은 오직 목사에게만 안수하는 것이다. 종교개혁자 칼뱅 역시 그러하였다. 성경에서 비록 장로와 집사 역시 안수로 세워졌다고 확신하였으나(기독교강요 4:3:16; 4:312) 실제로는 이를 실행에 옮기지 못하였다.

프랑스 개혁교회의 경우 최초의 대회에서 직원의 선출 방식에 대해서는 논의가 있었으나, 안수는 거론하지 않았다. 그런데 1603년에 Gap에서 열린 대회는 당시 소수 교회에서 시행하고 있었던 장로 안수를 반대하고, 대신 1601년에 Gergeau에서 열린 대회에서 목사 임직 시 안수를 했던 것을 촉구하였다.

스코틀랜드의 경우, 제1/2권징서를 보면 장로 임직 시 안수를 언급하지 않았다. 이 전통은 지금까지 이어지고 있다.

웨스트민스터교회정치(1645년) 역시 장로와 집사의 안수에 대해 침묵하고 있다.

한편 종교개혁 직후 1568년 Wezel에서 열린 회의에서 장로에 대해 안수를 배제하지 않고 이를 허용하였다. 그러나 's Gravenhage에서 열린 대회(1586년)에서는 장로 임직 예식서에 안수를 생략하게 되었고, 이후 교회정치에서는 장로 안수를 다루지 않고 있다.

미국 교회

미국 남장로교회의 경우 아마도 쏜웰(Thornwell) 사상의 영향으로 장로와 집사 역시 안수로 임직되었다. 이는 목사 역시 장로로서 목사와 장로의 동등에 기초한 것이라고 할 수 있다. 미국 남장로교회의 전통을 이어받은 PCA 역시 장로와 집사에게도 안수를 시행하고 있다. 미 정통장로교회(OPC) 역시 1967년의 새 교회정치에서 장로와 집사의 임직 시 안수를 허용하였다. 미국 최대의 장로교회인 PCUSA(2005/2007, G 14:1) 역시 장로와 집사에게도 안수를 하고 있다.

안수는 하나님의 소명, 즉 하나님께서 어떤 특정한 사람을 교회를 위하여 주신 은사와 직무로 부르시는 상징적 행위라고 할 수 있다. 그리고 이 안수는 목사 개인의 행위가 아니라 노회의 일이고, 더구나 목사와 장로와 집사, 세 직분 간의 동등을 생각한다면 모두 안수로 임직하는 것이 마땅하다고 할 것이다(행 6:1-6, 13:3; 딤전 4:14).

05
임직 시 행하는 서약, 위로는 하나님께 아래로는 회중에게

손재익

임직식과 여러 순서

직분자를 세우는 임직식(任職式)에는 권면, 서약, 안수, 기도, 악수례, 공포 등 여러 가지 순서가 있다. 이 모든 순서를 포함한 예식을 '임직식'이라고 한다. 목사 임직식, 장로 임직식, 집사 임직식이라는 표현이 바람직하다.

간혹 '안수식'이라고 표현하는 경우가 있는데, '임직식'이라고 해야 한다. 왜냐하면 '안수'는 임직식의 한 순서이지 그 자체로 독립적이지 않기 때문이다. 다시 말해 안수는 임직식 전체 순서 중 한 부분이지, 그 자체가 하나의 예식이 아니다. 서약식이나 공포식이라 하지 않는 것처럼 안수식이라고 해서는 안 된다. 임직식이 바른 표현이다.[29]

임직 순서 중 하나인 서약

임직식 때 행하는 모든 순서는 다 중요하고 각각 의미가 있다. 어느 것 하나 빼고 진행할 수 없는데 그중에서 서약은 특히 중요하다.

웨스트민스터 신앙고백서 제22장은 서약(맹세)을 하나의 주제로 다루고 있다. 또한 예배의 요소 중 하나로 보고 있다(1절). 서약은 하나님의 이름으로 행하는 것으로 거룩한 두려움과 경의로 하는 것이다(2절).

하나님 여호와의 이름으로 행하는 서약

출애굽기 20장 7절에 기록된 제3계명은 "너는 네 하나님 여호와의 이름을 망령되게 부르지 말라. 여호와는 그의 이름을 망령되게 부르는 자를 죄 없다 하지 아니하리라"라고 말씀한다. 따라서 하나님 여호와의 이름을 부르는 모든 행위가 곧 제3계명과 연관된다.

임직식 때 이뤄지는 서약은 하나님 여호와의 이름으로 행한다. 그러므로 서약을 어기는 것, 서약을 함부로 하는 것은 제3계명을 범하는 것이다(하이델베르크 요리문답 제99문답; 웨스트민스터 대요리문답 제112-113문답). 레위기 19장 12절은 "너희는 내 이름으로 거짓 맹세함으로 네 하나님의 이름을 욕되게 하지 말라. 나는 여호와이니라"라고 말씀한다. [30]

임직식의 한 순서인 서약이 중요한 이유가 바로 여기에 있다. 서약에 참여하는 모든 사람들은 거룩한 두려움을 가지고 경솔하지 않게 엄숙함으로 서약해야 한다.

직분자와 서약

직분자로 임직받는 이의 서약은 교단마다 다르겠지만, 대한예수교장로회(고신)의 경우 헌법(2011년 판) 헌법적 규칙 제2장 제2조(목사의 임직식)와 제5조(장로와 집사 및 권사의 임직식)에 나와 있다. 그중에서 제2장 제5조는 다음과 같다.

 1) 구약과 신약성경은 하나님의 말씀이며, 신앙과 행위에 대하여 정확무오한 유일의 법칙으로 믿습니까?
 2) 본 장로회 교리표준인 웨스트민스터 신앙고백, 대요리문답과 소요리문답은 구약과 신약성경에서 교훈한 도리를 총괄한 것으로 알고 성실한 마음으로 믿고 따를 것을 서약합니까?
 3) 본 장로회 관리표준인 예배지침, 교회정치, 권징조례를 정당한 것으로 승낙합니까?
 4) 본 교회 장로(집사, 권사)의 직분을 받고 하나님의 은혜를 의지하며 진실한 마음으로 본 직에 관한 범사를 힘써 행하기로 서약합니까?
 5) 교회의 화평과 연합과 성결을 위하여 진력하기로 서약합니까?

이 서약은 하나님과 사람(회중) 앞에서 행한 것이다. 그러므로 반드시 지켜야 한다. 혹 구약과 신약성경을 하나님의 말씀으로 믿지 않는다면, 비록 외적 소명을 확인받았다 하더라도 직분자로 임직하거나 받지 말아야 한다. 속한 교회의 교리와 예배, 정치에 동의하지 않는다면 직분자로 임직하거나 받지 말아야 한다. 교회의 화평과 연합과 성결을 위해 노력하기 싫다면 직분자로 임직하거나 받지 말아야 한다. 하나님 앞에서 거짓 서약을 함으로써 하나님 여호와의 이름을 망령되게 부르는 일이 없어야 한다.

회중과 서약

임직식의 주인공을 임직자만이라고 생각하는 경우가 많다. 물론 임직 받는 개인에게 기쁜 일임은 사실이다. 그러나, 임직식에 참여한 중요한 주체는 크게 세 부분으로 나뉜다. 임직 받는 사람, 임직의 주체인 치리회원, 직분자를 세우는 일의 한 부분에 참여한 회중으로 나뉜다.

좀 더 엄밀하게 설명하면, 임직 받는 자는 임직에 있어서 객체이고 노회나 당회가 임직의 주체가 된다. 목사 임직의 경우 노회가 주체가 되고, 장로와 집사 임직의 경우 당회가 주체가 된다. 그래서 각각 노회원과 당회원이 참석한다. 그리고 무엇보다 회중이 참석한다. 회중도 임직에 있어서 하나의 객체다. 임직은 결국 회중을 섬기는 일의 출발이기에 회중도 임직에 있어서 객체가 되는 것이다.

그러하기에 직분자만 서약하지 않는다. 임직 받는 자 외의 다른 모든 회중들도 서약한다. 이것은 매우 중요한 의미를 가진다. 그 의미를 제대로 이해하기 위해서 서약의 내용을 살펴보자.

> 대한예수교장로회 (고신) 헌법(2011년 판) 헌법적 규칙 제2장 제5조(장로와 집사 및 권사의 임직식)
>
> (2) 교인에게
> (   )교회 회원들이여 (   )씨를 본 교회 장로(집사, 권사)로 받고 성경과 교

회정치에 가르친 바를 따라서 주 안에서 존경하고 위로하고 복종(집사와 권사에게는 협조로)하기로 맹세합니까?

회중은 직분자를 세우는 일에 관여하였다. 회중은 선거를 통해 직분자의 외적 소명을 확인하는 일에 관여하였다. 그런데 그들의 손으로 세운 직분자가 임직 받는 순간부터는 이제 복종(순종)의 대상이 된다. 이는 성경적 가르침에 근거한다.

"잘 다스리는 장로들은 배나 존경할 자로 알되 말씀과 가르침에 수고하는 이들에게는 더욱 그리할 것이니라"(딤전 5:17).

직분자는 하나님이 부르시지만, 회중은 선택하는 일에 관여한다. 회중은 직분자를 선택했다면 직분자로 세워진 이후에는 그들의 치리와 봉사를 받아야 한다. 임직자의 직분적 봉사에 순종해야 한다. 그들의 직무에 복종(혹은 협조)해야 한다.

직분자가 아무리 그 직분을 잘 수행한다고 해도, 회중이 복종(혹은 협조)하지 않는다면 직분은 제대로 수행될 수 없다. 직분은 수행하는 자의 의무와 책임뿐 아니라 그 직무에 복종해야 할 교인의 의무와 책임도 포함한다. 그러하기에 위와 같이 서약하는 것이다.

참여도가 낮아지는 회중들

그럼에도 불구하고 임직식에 회중들의 참여가 떨어진다. 전체 교인의 3분의 1도 잘 참석하지 않는 경우가 태반이다. 앞서 언급한 것처럼, 임직식의 주인공을 임직자만이라고 생각하기 때문이다. 그러나 회중도 임직식의 주인공이다. 임직식은 임직 받는 개인의 행사가 아니다. 교회 전체의 행사다. 그렇기에 회중도 서약에 참여한다. 임직 받을 사람이 없이 임직식이 불가능하고 당회원이나 노회원 없이 임직식이 불가능하듯, 회중의 참여 없이 임직식은 불가능하다. 교회의 회원이라면 반드시 임직식에 참여하여 서약하는 일에 동참해야 한다. 서약하는 일의 한 주체가 빠져서는 완전한 임직식이 될 수 없다. 교회의 예배에 빠질 수 없듯 임직식에 빠져서는 안 된다.

직분자를 선출한 회중의 의무와 책임

회중 없이 직분 없다. 직분자는 하나님의 부르심으로 출발해서, 회중을 향한 섬김으로 계속된다. 또한 회중의 순종과 협력이 필요하다. 위로는 하나님께, 아래로는 회중에게 향하는 것이 직분이다. 그러므로 직분자가 제대로 직분을 감당하기 위해서는 위로부터는 하나님의 도우심이 있어야 하고, 아래로부터는 회중들의 순종과 협조가 필요하다. 회중은 임직자가 하나님 앞에서 자신의 직분을 잘 수행할 수 있도록 도와야 한다.

회중은 직분자를 선출할 때만 책임을 지는 것은 아니다. 그 책임은 그들의 직분 수행이 끝날 때까지 계속되어야 한다. 책임의 시작은 회중의 서약을 통해서다.

06
한국 교회의 임직 문화, 개혁해야 할 것은 없는가?

황원하

직분자 선거에 임하는 자세

직분자는 회중의 투표를 통하여 선출된다. 이것은 주님이 회중 가운데 역사하셔서 자신의 뜻을 드러내신다는 믿음에 근거한다. 즉, 주님은 직분자를 세워서 일하시는데, 아무나 직분자로 세우시지 않고 일정한 자격을 갖춘 사람들에 한해 회중의 선택을 받은 이들을 직분자로 세우신다. 이는 사도행전의 초반부에서 볼 수 있는 모습이다. 사도행전 1장에서 사도들은 주님을 배신하고 자살한 유다 대신에 맛디아를 사도로 선출했으며, 사도행전 6장에서 예루살렘 교인들은 구제하는 일을 맡기기 위하여 일곱 명의 일꾼을 선출했다.

   사도행전은 물론이고 디모데전서와 디모데후서 그리고 디도서는 직분자의 자격에 대하여 상세히 말하는데, 직분자 곧 감독(목사와 장로)과 집사는 대단히 탁월한 사람이어야 한다는 사실을 언급한다. 따라서 회중은 성경이 가르쳐주는 직분자의 자질을 잘 이해하고 있어야 하며, 평소 여러 교인들의 믿음과 행실을 유념해서 보다가 신중에 신중을 거듭한 후에 투표함으로써 주님의 뜻을 이루어야 한다. 결국 이렇게 하여 권위 있고 능력 있고 신실한 사람이 직분자로 세워지면, 그는 교회에 덕을 끼치고 주님의 복음이 더욱 활발하게 전파되는 일에 기여할 것이다.

그런데 직분자를 선출하는 과정에서 문제가 생기는 경우가 종종 있다. 부정선거나 금권선거가 있는가 하면, 사사로운 정이나 친분 혹은 같은 그룹에 소속되어 있다는 이유 때문에 직분자로 선출해 주는 경우가 있다. 실제로 어떤 사람은 직분자가 되고 싶어서 찬양대원으로 봉사하거나 중고등부 교사(중고등부 학생들 상당수가 선거권자임)로 일하기도 한다. 이런 흑심은 명백히 잘못된 것이다. 직분은 결코 개인의 명예나 이득을 위해 존재하지 않는다. 탐심이 있는 사람은 직분자가 되지 말아야 한다. 특히 선거 과정은 투명해야 하고 공정해야 하며, 깨끗해야 한다. 선거에 어떠한 문제도 생기지 않도록 만전을 기해서 선거를 시행해야 한다.

직분자 선거 이후에

직분자로 선출되고 나면 겸손해야 하며 회중을 잘 섬겨야 하고, 교회에 유익이 되도록 최선을 다해야 한다. 주님은 직분자에게 '충성과 헌신'을 요구하신다. 참으로 직분자는 사사로운 감정이나 이득을 내려놓아야 한다. 시간과 재능과 물질과 몸과 마음을 교회에 바쳐야 한다. 더욱이 직분자는 사람들의 칭찬과 세상의 상을 기대하지 말아야 하며, 오직 주님께서 친히 주실 하늘의 상을 바라보아야 한다. 그러할 때 직분자는 더욱 주님 중심으로, 그리고 교회 중심으로 일할 것이다.

"네가 죽도록 충성하라. 그리하면 내가 생명의 관을 네게 주리라"(계 2:10).

반면에 회중은 직분자와 함께해야 한다. 직분자가 회중의 투표에 의해서 결정되었기에 직분자의 자질과 그 열매는 회중 전체의 의무와 책임과 연관된다는 점을 명심해야 한다. 곧 이것은 회중이 직분자에게 순종해야 하며 직분자를 존경해야 한다는 점을 시사한다. 필시 회중은 직분자가 하나님의 뜻에 부합하여 직분을 잘 수행하도록 적극 협력해야 한다. 오늘날 직분자를 선출해 놓고 직분자에게 협조하지 않는 이들이 있다. 혹은 자신은 그 사람에게 투표하지 않았다면서 그를 인정하지 않는 이들이 있다. 이는 모두 주님의 뜻을 거스르는 이들이다.

그런데 직분자 선거 이후에 문제가 생기고 잡음이 들리는 경우가 제법 있다. 즉, 선거가 끝나고 나면 시험에 드는 이들이 많이 있다. 선거에 승복하지 못해서 분을 품거나, 상처를 받아서 의기소침해지거나, 선거 과정에 불만을 품거나, 심지어 교회를 떠나는 사람들이 있다. 이것은 교회에 매우 큰 악영향을 끼치며, 즐거워해야 할 직분자 선거를 슬픔과 분노의 장으로 만들어 버린다. 그래서 목사와 장로는 직분자 선거를 앞두고 매우 긴장한다. 부디 이런 일이 생기지 않기를 바란다. 제발, 선출되었다고 너무 좋아하지 말고 탈락했다고 너무 섭섭해하지 말자.

직분자 임직식 문화

교회는 직분자를 선출한 후 일반적으로 6개월에서 1년 사이에 임직식을 거행한다. 직분자 임직식은 축제의 시간이 되어야 하지만 어떤 의미에서는 '격려'와 '위로'의 장이 되어야 한다. 이는 직분을 맡는 것이 하나님 앞에서 영광스러운 일이지만 또한 매우 무거운 짐을 지는 일이기 때문이다. 그래서 직분자는 축하를 받아야 하겠지만 다른 한편으로 위로를 받아야 한다. 임직식을 통하여 직분자는 하나님께서 맡겨 주신 사명을 충실히 감당하겠다는 결심을 해야 하고, 회중은 하나님께서 세우신 직분자에게 순종하고 협력하겠다는 다짐을 해야 한다. 그러할 때 임직식은 아름답고 의미 있는 예식이 될 것이다.

그러나 이러한 임직식을 앞두고 눈살을 찌푸리게 하는 일들이 발생하기도 한다. 이는 주로 돈과 관련되어 있다. 어떤 교회는 임직 대상자들에게 일정한 금품을 요구한다. 장로는 얼마, 집사는 얼마, 권사는 얼마 식으로 정해 놓고 돈을 내라고 한다. 그들은 대체로 부담스러운 액수를 제시한다. 비록 '헌금'이라는 명목을 내세우지만 '돈'을 내라는 것 다름 아니다. 이 때문에 많은 이들이 상처를 받는다. 이 과정에서 돈을 내라는 측과 내지 못하겠다는 측이 대결을 벌이기도 한다. 액수를 가지고 흥정을 하거나 다툰다. 결국 임직 대상자들은 '헌금'을 내면서 기쁨과 자원함으로 내는 것이 아니라 인색함과 억지로 낸다. 시험에 들어서 직분을 포기하거나 교회를 떠나는 일도 비일비재하다. 이런 일은 결코 일어나지 말아야 한다. 필시 헌금이란 스스로 알아서 내는 것이지 남이 강요하는 것이 아니다.

게다가 임직식도 바람직하지 않게 진행되는 경우가 있다. 일반적으로 이웃 교회 목사들(간혹 장로들 포함)이 순서를 맡는데, 소위 '나눠 먹기' 식으로 순서를 맡는 일이 보편화되어 있다. 필자가 참석한 어떤 임직식의 순서는 30개가 넘었는데, 순서를 맡은 목사와 장로의 숫자가 15명 정도 되었다. 순서 맡은 이가 그렇게 많다는 것은 '여비(사례비)'도 많이 들어간다는 것을 의미한다. 설교는 물론이거니와 각종 권면들과 축사들, 심지어 성경봉독을 맡은 이들에게까지 여비를 주어야 하기에 그 액수가 적지 않다. 한 번은 작은 미자립 교회의 목사 위임식 순서를 맡은 큰 교회 목사들과 장로들이 봉투를 받아가는 것을 보고 아연실색했다. 헌금을 두둑히 하고 가지는 못할지언정 돈을 받아가다니!!

임직 문화를 개혁하자

이제는 한국 교회의 임직 문화를 개혁하자. 필자는 이를 위하여 다음과 같이 제안한다.

1) 무엇보다도 직분에 대한 개념을 바로 세워야 한다. 직분자로 선출된 것은 세상적인 승진을 한 것이 아니라는 사실을 분명히 알아야 한다. 이를 위해서 목사는 직분에 관한 성경의 교훈과 교회의 전통을 자주 가르쳐야 한다. 그리고 직분자는 한없이 겸손하고 충성해야 한다. 자신이 과연 성경이 말하는 직분자의 자질을 갖추었는지를 끊임없이 자문해야 한다. 실로 전 교인이 직분에 대해서 바로 이해할 때 다른 문제들은 자연스럽게 해결될 것이다.

2) 회중들은 직분자 선거 후에 당락에 따라 지나치게 기뻐하거나 슬퍼하지 말아야 한다. 선거 후에 교회 안에 갈등이 일어나서는 안 된다. 선거는 투명하게 진행되어야 하고 선거 결과에 순종해야 하며, 떨어진 이들을 위해서 기도해 주어야 한다. 선거 이후에 진심 어린 축하와 위로가 있고, 더욱 하나가 되고자 하는 의지가 있을 때 은혜로운 교회가 될 것이다.

3) 교회는 선출된 임직 대상자들에게 어떠한 명목으로도 돈을 요구하지 말아야 한다. 필시 직분을 맡으려면 돈이 있어야 한다는 생각은 완전히 잘못된 것이다. 직분은 결코 돈으로 사거나 흥정할 수 있는 것이 아니다. 헌금이란 직분자가 알아서 하면 되는 것이지 누가 강요해서 하는 것이 아니다. 제발 교회 안에서 돈 때문에 상처를 받거나 고통을 당하거나 서러운 마음이 들지 않게 하자.

4) 교회(당회)는 임직식을 짧고 깔끔하고 단정하게 진행하기를 바란다. 임직식 순서를 대폭 축소하고 이에 맞추어서 순서 맡은 이들도 많이 줄여야 한다. 특히 순서 맡은 이들에게 줄 여비를 합당하고 적절하게 책정하거나, 아니면 정성스러운 선물을 드리면 좋겠다. 어쨌든 임직식을 돈 들지 않는 행사로 만들어야 한다. 그렇게 할 때 주님은 물론이거니와 모든 이들이 기뻐할 것이다.

5) 마지막으로 임직식을 주일에 할 것을 제안해 본다. 현재 많은 교회가 임직식을 주일에 하지 않으며, 일부 교회의 규정에도 주일에 못하게 되어 있는데 이것은 바람직하지 않다고 생각한다. 직분자를 세우는 일은 그 교회의 행사이자 교인 전체가 참여해야 할 일이기에 주일에 하는 것이 옳다고 본다. 그리고 이것은 개혁교회의 전통에도 부합한다.

07
목사 임직의 독특성

이성호

목사 권위의 쇠퇴

오늘날 한국 교회에서 목사의 권위는 쇠퇴하고 있다. 이렇게 된 이유는 당연히 당사자인 목사들에게 있다. 목사들에 의해 저질러진 부도덕과 악행은 이제 더 이상 언급할 필요조차 없다. 일부 목사들의 소행이라고 해명하는 것은 구차한 변명일 뿐이다. 차라리 아무 말 않는 것이 교회에 유익이 될 것이다. 목사들의 부도덕과 악행에 더하여 한국 사회 전체가 권위의 상실 시대를 경험하고 있다. 예전과 달리 더 이상 이 시대는 자리 그 자체가 권위를 보장하지 않는다. 예전에는 목사라고 하면 그 자체로 존경의 대상이었지만 이제는 전혀 그렇지 않다.

   오늘날 사회 흐름은 목사의 권위를 회복시키는 방향보다는 목사의 권위 자체를 해체시키는 방향으로 가고 있다. 이것은 교회의 건강을 위해서 결코 바람직하지 않다. 왜냐하면 목사의 권위 상실은 너무 쉽게 말씀의 권위의 상실로 이어지기 때문이다. 목사와 말씀은 이론적으로는 구분되지만 실제로는 거의 구분되지 않는다. 목사를 존경하지 않는데 어떻게 목사가 전하는 말씀을 존경할 수 있다는 말인가?

부실한 목사 임직

목사의 권위가 상실되었다는 것을 가장 상징적으로 보여 주는 것이 목사 임직식이다. 로마 가톨릭교회에서 목사(사제) 임직식은 성례의 하나로 간주될 정도로 대단히 중요한 예식이지만 한국 교회에서 목사 임직식은 대충 때우는 행사에 불과하다. 이것은 노회의 목사 임직식에 참석한 사람들은 누구나 인정할 것이다. 준비 안 된 행사장, 준비 없는 임직 설교, 형식적인 권면들로 채워진 목사 임직식에 본인 외에는 아무런 감동이 없다.

1907년에 한국 최초의 노회가 모인 핵심적 이유는 평양신학교를 졸업한 7명의 목사 후보생을 안수하기 위해서였다. 그러나 오늘날 노회의 가장 중요한 일이 대충 형식적으로 치러지고 있다.

노회의 규모가 큰 교회의 경우 목사 안수식에 노회 회원들이 대다수 불참하고 근처 식당에서 배회하는 것을 쉽게 볼 수 있다. 참석 회원들도 안수를 받는 후보생에 대해서 잘 모르는 경우가 많다. 목사 임직에 거의 유일하게 관심을 가지는 사람은 임직식에 순서를 맡은 사람들과 가족들뿐이다. 예전과 달리 교회 성도들이 임직식에 참석하는 경우가 현저하게 줄었다. 목사가 넘치는 시대이다 보니 목사 귀한 줄을 모르게 되었고 목사 임직에 관심을 가질 이유가 없어졌다.

목사 임직식이 이렇게 부실하게 전락한 가장 근본적 이유 중의 하나는 목사 안수식이 부목사 임직식으로 바뀌었기 때문이다. 목사의 수가 적었을 때에는 목사 임직식은 당연히 담임 목사의 임직을 의미하였다. 그렇기 때문에 그 임직식은 그 교회의 온 성도들이 기뻐하는 영광스러운 잔치였다. 그러나 부목사 임직으로 바뀐 오늘날 그와 같은 예전의 위상은 더 이상 찾기 어렵게 되었다. 실제로 부목사가 되어도 강도사가 하는 일과 본질적인 차이가 전혀 없다. 이런 현상이 지속되는 한 목사의 권위가 예전처럼 회복되는 것은 거의 불가능하다.

목사 임직의 독특성

비록 목사와 장로와 집사는 모두 교회를 섬기는 주님의 종들이고 서로 간에 위계질서는 존재하지 않는다. 이 직분의 평등성은 개혁교회의 매우 중요한 특성이다. 그러나 이것은 목사와 다른 직분들 사이에 아무런 차이가 존재하지 않는다는 것을 의미하는 것은 아니는다. 목사의 직위가 다른 직분자들보다 높지는 않지만 목사의 직무는 다른 직무에 비해서 가장 중요한 직무이다. 그것은 목사가 하나님이 말씀을 맡았기 때문이다. 그렇기 때문에 목사의 임직은 다른 직분들과 아주 중요한 차이를 가질 수밖에 없다.

임직에 있어서 목사는 다른 직분자들과 본질적인 요소(소명, 은사, 선출, 교육, 임직 등)에 아무런 차이가 없지만 임직방식에는 현저한 차이를 가지고 있다. 가장 큰 차이는 장로나 집사의 임직이 개체 교회에서 이루어진다면 목사의 임직은 노회에서 이루어진다는 점이다. 또한 목사는 회중이 선출하는 것이 아니라 청빙을 통해서 임직을 하게 된다. 집사와 장로를 회중 가운데서 선출하여 임직할 수 있다면 목사도 회중 가운데서 선출하여 임직할 수 있지 않을까? 이 점에서 회중 정치와 노회 정치가 구분된다.

목사의 임직은 교육에 있어서도 비교할 수 없는 큰 차이를 보인다. 현재의 제도 하에서 목사는 일반적으로 다음과 같은 교육 과정을 거쳐야 한다. 1) 4년제 대학을 졸업하여야 한다. 2) 신학교에 입학하기 위해서는 당회와 노회의 추천을 받아야 한다. 3) 신학교 3년 과정을 밟아야 하며 매년 노회의 교육 계속 허락을 받아야 한다. 4) 신학교 졸업 후 총회의 강도사 고시를 거쳐야 한다. 5) 강도사 고시 2년 후에 목사 고시를 거쳐야 한다. 6) 목사 고시에 통과하고 임지가 있어야 목사로 임직할 수 있다. 장로나 집사와 비교할 수 없는 교육 기간은 목사의 직무가 그만큼 엄중하기 때문이다.

어떤 이들은 이와 같은 신학 교육 과정이 인간이 만든 제도라면서 별 의미를 두지 않기도 한다. 심지어 "예수님이 제자들을 교육하기 위해 신학교를 세웠는가?"라고 어리석은 질문을 하기도 한다. 만약 예수님을 목사 임직의 모델로 삼아야 한다면 목사들 중에서 절반 이상은 어부들 중에서 임직해야 할 것이다. 물론 현재의 신학교 제도가 완전한 교육 제도는 아니다. 예전처럼 목사 혼자 도제식(徒弟式)으로 후보생들을 교육시킬 수도 있고, 목회학 석사와 같은 문교부 학위 없이 교육 시킬 수도 있을 것이다. 그러나 실제로 그렇게 한 경우 오히려 신학 교육의 부실화를 가져오는 경우가 많았으며, 이것은 곧 목사의 질적 하락으로 이어졌다.

임직에서 가장 중요한 순서는 서약이다. 그러나 가장 소홀하게 다루어지는 것 또한 서약이다. 다른 임직과 마찬가지로 목사의 임직은 이 서약에 근거하여 최종적으로 이루어지게 된다. 목사는 자신의 내적 소명을 회원들 앞에서 공식적으로 입으로 고백함으로 가시화시킨다. 고신교회의 예전예식서에 따르면 목사는 다음과 같은 사항을 서약한다.

1) 성경이 정확무오한 유일의 법칙으로 믿는가?

2) 웨스트민스터 표준문서를 성실한 마음으로 믿고 따르겠는가?

3) (고신교회의) 관리표준인 교회정치, 권징조례 및 예배지침을 정당한 것으로 승낙하는가?

4) 주 안에서 형제들(노회원)에게 순종하겠는가?

아쉽게도 필자가 보기에 장로교회의 목사들은 이 서약을 대부분은 건성으로 하고 있다. 특별히 2번에 대한 서약이 그러하다. 2번에 순종하기 위해서는 신앙고백서를 본인 스스로 공부해야 하고, 교리문답을 부지런히 믿음의 자녀들에게 가르쳐야 하는데 그렇게 하지 않을 뿐 아니라 어떤 경우에는 아예 공개적으로 비난하거나 폄하하는 경우도 많다. 심지어 오늘날에는 그와 같은 식으로 목회를 하면 목회가 안 된다고 자신있게 말하는 이들도 보았다. 자신이 어떤 서약을 하고 무엇을 위해서 목사가 되었는지에 대한 인식이 전혀 없는 것을 스스로 증명하고 있는 것이다. 정말로 그렇게 생각한다면 그 교회를 떠나는 것이 맞고, 그 교회에 남기를 원한다면 자신의 무지와 부족함과 게으름에 대해서 회개해야 할 것이다.

목사 임직의 회복: 몇 가지 제안

목사의 임직을 회복하기 위해서는 무엇보다 목사의 참된 권위가 세워져야 한다. 오늘날 권위는 희생과 섬김을 통해서 확보된다. 목사는 대접받는 자리가 아니라 희생하고 봉사하는 자리라는 인식이 자리 잡아야 목사의 임직도 제대로 시행될 수 있다. 그러나 이런 일은 시간이 많이 걸리기 때문에 몇 가지 간단한 제안을 하고자 한다.

저녁 임직식

예전과 달리 오늘날 목사 임직에 성도들이 거의 참석하지 않는다. 목사 임직은 노회의 직무이지만 그렇다고 해서 성도들과 분리되어서는 안 된다. 오늘날 대부분의 성도들은 목사가 어떻게 세워지는지를 알지 못한다. 이것은 교회의 건덕(健德)을 위해서 결코 바람직하지 않다. 성도들이 많이 참석하도록 하기 위해서는 저녁에 임직식을 할 것을 제안한다. 수도권의 경우 저녁에 임직식을 실제로 시행하고 있는 노회들이 있다. 노회 규모가 커서 안수할 사람이 많아 장소가 협소하다면 가을과 겨울에 나누어서 시행하면 된다. 가장 좋은 방법은 모든 노회 회원들이 거의 다 참석하는 노회 개회식을 임직식과 함께 하는 것이다. 그렇게 되면 정말 은혜로운 임직식이 되리라 생각한다. 몇 가지 해결해야 할 절차적 문제가 있지만 얼마든지 해결할 수 있는 문제이다.

부목사의 지위 향상: 설교와 성례

앞에서 언급하였듯이 목사의 지위와 임직은 같이 간다. 오늘날 부목사 임직식이 되어 버린 것을 돌이킬 수 없다면 대안은 부목사의 권위를 향상시키는 것이다. 목사의 권위는 말씀과 성례의 봉사에서 나오기 때문에 부목사에게도 설교와 성례의 기회를 줄 것을 제안한다. 직무에 있어서 강도사와 부목사의 본질적인 차이는 성례의 집행 유무이다. 만약 목사가 되어도 성례를 집행하게 할 필요가 없다면 굳이 목사로 임직할 이유가 없다. 현재의 상황을 볼 때 교회가 목사를 임직은 하면서 목사가 해야 할 본질적 일은 맡기지 않고 있다. 아주 이상한 상황이다. 부목사의 권위를 가장 쉽게 높이는 방법은 재정적 예우와 더불어 부목사에게 정기적으로 (3개월에 한 번 정도) 오전 공예배 설교를 맡기는 것이다. 또한 세례나 성찬 집례도 맡길 수 있을 것이다. 이렇게 되면 성도들이 부목사를 보는 시각이 달라질 것이다. 오늘날 성도들은 부목사를 목사로 보기 보다는 행정 직원으로 보는 경우가 많은데 이것은 교회의 건덕을 위해서 결코 바람직하지 않다.

임직식에서의 사례 문제

목사의 임직은 노회가 당연히 해야 할 일이다. 따라서 임직식에서 설교나 기타 봉사를 했다고 해서 돈을 지불하는 것은 적절치 않다. 지불해야 한다면 그것은 노회가 공식적으로 지출해야 한다. 아직도 임직 받는 자들이 임직식 순서 맡은 자에게 감사의 예를 표시하는 인습이 자리를 잡고 있는데 이것은 하루 속히 시정되어야 할 것이다. 목사가 세례를 주었다고 해서 그 당사자에게 개인적으로 사례비를 받지 않듯이, 목사가 될 사람에게 임직을 했다고 해서 개인적으로 돈을 받아서는 안 된다. 직분은 주님께서 주시는 선물이기 때문이다. 선물을 받았다고 해서 돈을 주는 순간 직분은 성직매매로 전락하게 된다. 목사의 시작인 임직은 철저하게 하나님의 은혜에서 시작되어야 하며, 돈을 통해서 그 신성함이 더럽혀져서는 안 된다.

PART 3

교회 회의

01
교회에는 왜 회의(會議)가 많은가?

성희찬

우리는 장유유서(長幼有序)라는 유교 문화와 가부장적 권위의 영향으로 민주주의의 꽃인 회의(會議)에 그렇게 익숙하지 않다. 위에 있는 사람이 결정하면 아래에 있는 사람은 이의(異意)가 있어도 거기에 따르는 것을 미덕으로 배워 왔기에 우리 문화의 문법에서는 모든 사람이 동등한 권리를 가지고 참여하는 회의라는 것이 오히려 불편하고 거추장스럽게 느껴진다.

이러한 우리가 속한 교회에 유독 회의가 많다. 당회, 시찰회, 노회, 총회와 같은 치리회도 있고 제직회, 공동의회도 있으며, 심지어 교회마다 각 기관이나 부서에서도, 나아가 여러 종류의 교회 연합회에서도 회의가 있다. 회의가 익숙하지 않은 문화에서 살아가는 우리가 교회의 여러 회의를 통해 신앙생활에서 유익한 점을 얻는 것을 부인할 수는 없다. 그러나 소수에 의해 끌려가는 등의 파행적인 회의 진행, 회의의 결정에 불복하는 자세 등으로 인하여 교회와 신자의 신앙생활에 끼치는 악영향과 부작용 역시 지대하다는 것을 말하지 않을 수 없다. 오죽하면 농담조로 "교회에 간증이 많이 있는 것보다 회의(會議)를 많이 하면 회의(懷疑)에 든다"는 말이

나오겠는가? 그래서 회의 무용론을 말하는 자들도 주변에서 볼 수 있다.

이 글은 우선 교회에 왜 이렇게 회의가 많이 있는 것인지에 대해 초점을 맞추고자 한다. 우리에게 회의에 익숙하지 않고, 한 사람의 결정이 회의에서 나온 결정보다도 더 나을 수가 있고, 회의가 미치는 여러 악영향에도 불구하고 회의는 왜 꼭 해야 하는 것일까? 회의가 신자의 교회생활에서 그렇게도 중요한 것일까?

교회의 연합과 화평을 위해서이다

무엇보다 교회는 그리스도의 몸으로서 유기체(有機體)이고, 신자는 그 그리스도의 몸에 붙은 지체들로서 서로 연결되고 연합되어 있기 때문이다. 바로 이러한 영적인 연합을 유지하고 또 바른 교훈과 성결한 생활을 함께 보전하여 교회를 세우고 교회의 유익을 위하여(웨스트민스터 신앙고백서 31장) 각 개체 교회 내에서 뿐만 아니라 개체 교회들의 연합체에서 회의는 필수적이라 할 수 있다. 지체들이 동등하게 참여하는 회의라는 방식을 통해 영적 연합이 구현될 수 있기 때문이다.

또 신자는 예수 그리스도가 십자가에서 흘리신 피로 인하여 하나님과의 관계에서는 물론이고 신자 사이에서도 화평의 은혜를 선사받았다. 따라서 주께서 주신 이 화평을 교회에서 힘써 지키기 위해서 신자들은 회의를 통해 서로 의견을 나누며 개진하게 된다.

모든 신자는 교회에서 동등한 권리를 가지고 있기 때문이다

교회에 회의가 많은 것은 신자는 누구나 근본적으로 교회에서 모두 동등한 권리를 가지고 있고, 또 그 회의를 통해 자기의 권리를 행사할 수 있기 때문이다. 왜냐하면 신자는 예외 없이 누구나 동일한 하나님의 은혜로 말미암아 믿음으로 의롭게 되는 복을 입었기 때문이다. 교회 안에서 조금이라도 자기의 공로로 이 은혜를 입은 자는 아무도 없다. 이 점에서 모든 신자는 동등하다고 할 수 있다. 목사든 장로든 교인이든 모두 같은 은혜를 인하여 이신칭의(以信得義)의 복을 받았다.

따라서 교회생활에서 신자 상호 간에 있는 이 동등의 원리가 깨지면 교회의 본질인 성도의 교제는 약화되고 왜곡될 수 있다. 적어도 교회의 회의는 성도의 교제권 안에서 동등의 원리가 가장 실천될 수 있는 하나의 장이다.

이러한 동등의 원칙에 의해 신자는 각 회의에서 회원으로서 동등한 권리를 가지고 회의에 임하여 그 권리를 행사할 수 있다. 따라서 교회 회의에서 슈퍼 회원이 있어서 그 회의를 독점할 수 없다. 소수가 발언을 독점하거나 어떤 일을 독단적으로 결정할 수 없다.

사실 당회장이나 노회장, 총회장이나 제직회장, 공동의회 회장이나 각 기관과 단체의 장은 그 회를 대표하는 사람(President)이라기 보다는 모두 그 회의체의 회의를 인도하는 의장(Moderator)에 더 가깝다고 말할 수 있다. 바로 이 점을 염두에 두고 각 치리회의 장을 선출할 때 회의를 잘 인도하고 운영할 수 있는 사람을 고려하는 것이 바람직하다.

교회에서 모든 것을 품위 있게 하고 질서 있게 하기 위해서이다

장로교회에서 당회, 노회, 총회와 같은 치리회는 없어서는 안 될 중요한 회의체이다. 이것으로써 다른 교회정치 형태를 가진 교회들, 즉 감독정치 형태를 가진 로마 가톨릭교회와 감리교회, 순복음교회, 회중정치 형태를 가진 교회들과도 구별이 된다. 16세기 종교개혁을 통해 교회는 교회의 권세가 교인들이 아니라 '장로들의 회'를 통해 행사되는 것이 성경적이라는 것을 발견하였다. 교회의 직원들은 그리스도가 자기들에게 주신 그들의 직무와 권세에 의해 회의를 통해 믿음에 관한 논쟁을 판단하며 하나님께 드리는 공예배와 교회의 치리를 더 잘 정비하는 데 필요한 법칙과 지침을 제정하고, 행정오류에 대한 불평을 접수하여 권위 있게 재판도 할 수 있다(웨스트민스터 신앙고백서 31장). 그래서 비록 다른 교파의 교회 안에도 회의가 없는 것은 아니지만, 장로교회만큼 당회와 노회와 총회라는 회의체를 존중하는 곳은 없다. 그 이유는 교회 안에서 일어나는 모든 것이 질서와 품위를 유지해야 하기 때문이고(고전 14:40), 회의를 통해 이것이 가능하기 때문이다.

회의를 통해 하나님의 소명과 뜻을 이루어가기 때문이다

그렇다면 당회와 노회, 총회와 같은 교회 직원의 회인 치리회나 제직회 외에 교인들은 자기들의 권리를 행사할 수 있는 회의체가 없는가? 아니다. 있다. 무엇보다 공동의회를 통해 교인은 직원의 선출하는 권리를 가짐으로써 직원을 부르시는 하나님의 소명을 이루는 데 기여할 수 있고, 당회와 노회, 총회의 결정이 성경에 위배된다고 판단될 때에는 교회의 성결과 화평을 위해 이의를 제기할 수 있고 또 적법한 절차를 밟아서 상소할 수 있다. 또 교회의 예산과 결산뿐 아니라 교회의 기본 재산의 취득과 처분에 관한 사항도 다룰 수 있다. 이와 같이 교인은 공동의회를 통해 하나님의 소명을 이루어가기도 하고 하나님의 뜻을 이루어갈 수 있다.

02
당회, 제직회, 공동의회

황대우

치리회인 당회, 그리고 교회 회의인 제직회와 공동의회

당회는 장로교회의 세 가지 치리회, 즉 당회와 노회와 총회 가운데 개체 교회의 유일한 치리회에 속한다. 반면에 제직회와 공동의회는 치리회가 아닌 교회 회의에 속한다. 오늘날 수많은 개체 교회 안에서 이러한 구분과 차이가 점점 사라져가는 것이 안타까운 현실이다. 더욱 안타까운 것은 이런 구분이 왜 필요하고 어떤 의미가 있는지조차 모른다는 사실이다. 여기서 다루고자 하는 것은 대한예수교장로회 고신교회의 헌법에서 규정하고 있는 당회와 제직회와 공동의회이다.

 당회가 개체 교회의 유일한 치리회라는 것은 당회 이외에는 교회의 어떤 기관과 회의도 치리권, 즉 교회를 다스릴 수 있는 권한이 없다는 뜻이다. 특히 공동의회조차 치리회가 아니라는 사실은 중요하다. 제직회와 공동의회는 현안을 논의하고 결의하는 모임이지, 누군가를 또는 어떤 사건을 심리하고 판결하는 모임이 아니다. 당회는 "시무목사와 시무

장로로 구성"되고, 제직회의 회원은 "그 개체 교회 시무목사, 장로, 집사, 권사로 하고 당회의 결의로 강도사, 전도사, 서리집사에게 회원권을 줄 수 있다." 공동의회의 회원은 "그 개체 교회 무흠 세례교인(입교인)"으로 규정되어 있다.

치리회로서 당회

당회의 구성원은 "시무목사와 시무장로"다. 시무목사란, 담임목사와 부목사 등과 같이 교회의 공식적인 청빙절차를 따라 노회의 허락을 받아 시무하는 목사를 의미하고, 시무의 현장에서 떠난 은퇴목사와 원로목사 및 다른 기관에 소속된 기관목사나 시무처가 없는 무임목사 등은 시무목사에 포함되지 않는다. 시무장로에는 휴무장로, 무임장로, 협동장로, 은퇴장로, 원로장로가 포함되지 않는다. 그러나 헌법은 이 가운데 원로장로만 당회에 언권을 가진 자로 참석할 수 있도록 규정했는데, 이것은 원칙 뿐만 아니라 형평성에도 어긋난 규정이다. 원로장로에게만 당회의 언권을 줄 이유가 없기 때문에 반드시 개정되어야 할 규정이다.

헌법에는 당회의 회집을 "매년 1회 이상"으로 규정하고 있는데, 이 규정도 너무 지나치게 느슨하다. 장로회의 당회는 아무리 줄여도 "매달 1회 이상"으로 정해야 한다. 물론 "매년 1회 이상"의 규정에 "매달 1회 이상" 회집하는 것이 가능하다. 반대로 그 규정은 1년에 1번만 당회를 해도 무방하다는 의미다. 이것은 기본적으로 "장로회" 정신에 어긋난 것이다. 공동의회가 "1년 1차 이상 정기적으로 회집"하도록 되어 있는데 어떻게 당회가 1번만 소집될 수 있겠는가? 역사상 장로교가 시작될 때 당회는 교회의 대소사를 책임지고 있었기 때문에 교회를 위해 반드시 매주 소집하도록 되어 있었다. 그만큼 당회원의 헌신이 장로교에 결정적이라는 의미였다. 이런 희생과 헌신이 담보되지 않고서는 장로교 당회원의 자격이 없다고 보았던 것이다. 오늘날 도장만 찍으려고 하는 당회의 자세와는 사뭇 대조적이다.

    당회는 치리회이기 때문에 교인의 "도덕과 영적인 사건"을 교회법에 따라 심의하고 판결할 수 있다. 또한 교회의 질서와 행정에 관한 최종적인 결정을 내릴 수 있는 권한을 가진다. 오늘날 이런 일들의 최종 결정권이 마치 공동의회에 주어진 것처럼 잘못 알고 있는 경우도 허다하다. 당회의 직무로는, "교인들의 신앙과 행위를 총찰; 제반예배 주관; 각종 헌금의 실시와 재정 감독; 소속기관과 단체, 부설기관 감독 지도; 교회의 기본 재산 관리" 등으로 되어 있다. 이 많은 일들을 감당해야 하는데 고작 1년에 3~4번 모이는 정도로 과연 그 모든 책임을 완수할 수 있을까? 아마도 한두 사람에 의한 독재적 권력이 발휘되지 않고서는 불가능할 것이다. 그렇다면 한국장로교에 속한 수많은 교회는 명칭만 장로교이고 실상은 결국 1~2명의 독재적 권력에 의해 좌지우지되는 감독체제와 유사한 모습이 아닐까?

    이런 독재적 권력의 폐해 때문에 교회는 당회를 신뢰하지 않게 되었고, 당회의 입지는 점점 좁아지고 있는 것이 현실이다. 그래서 교회의 중요 사안들에 대한 최고 결정권을 당회보다는 오히려 제직회가 갖는 교회들도 점점 늘어가고 있다. 또한 가장 중요한 사안에 대한 결정권은 공동의회의 권한으로 인식하는 경우가 보편적이다. 아마도 이러한 현상은 민주주의 사회의 영향이기도 할 것이다. 물론 공동의회는 개체 교회의 가장 중요한 교회적 현안을 의논하고 결정할 수 있는 모임인 것은 사실이다.

공동의회

공동의회의 의결 사항으로는 "당회가 제시한 사항; 개체 교회 예산과 결산 사항; 개체 교회 기본 재산의 취득과 처분에 관한 사항; 직원의 선거 사항" 등이다. 마지막에 "상회가 지시한 사항"이라는 것이 첨가되어 있는데, 아마도 여기서 "상회"라 함은 노회와 총회를 의미하는 것으로 보인다. 하지만 공동의회의 상회는 없다. 노회와 총회는 헌법상 당회의 상회다. 그러나 "당회가 제시한 사항"이라는 규정이 있기 때문에 굳이 "상회가 지시한 사항"이라는 문구는 불필요하다. 당회는 노회나 총회의 지시사항을 반드시 다루어야 하고, 만일 공동의회를 거쳐야 하는 일이라고 판단될 때에는 공동의회에 제시하면 된다.

공동의회의 회원 자격은 해당 교회의 "무흠 세례교인(입교인)"이다. 그런데 오늘날 대부분의 교회들은 공동의회에 세례 받거나 입교한 청소년들을 참석시키지 않는 경향이 강하다. 이것은 반드시 개선되어야 할 부분이다. 그들에게 자신의 교회가 구체적으로 어떤 상황에 처해 있는지, 무슨 문제가 있고 어떻게 개선되는 것이 좋을지 알리고 동참하게 함으로써 미래의 교회에 대해 함께 고민하도록 책임감을 갖게 할 필요가 있다. 그래야 교회를 쉽게 떠나는 젊은이들을 한 사람이라도 붙들 수 있지 않을까?

제직회

제직회는 제직회장이 필요로 할 경우, 그리고 제직회원 3분의 1 이상의 요청이 있을 때 당회장이 제직회의 당연직 회장이므로 당회장이 소집할 수 있다. 제직회의 의결 사항은 "공동의회에서 의결한 예산집행 사항; 예산 추가경정 사항; 보통재산과 특별헌금 관리 사항; 기타 중요 사항"으로 되어 있다. 여기서 애매한 것은 "기타 중요 사항"이다. 이런 조항에 의해 제직회의 권한은 강화되겠지만, 당회와 공동의회의 권위를 약화시키는 결과를 초래할 수 있고, 제직회가 교회의 제정에 관한 회의라는 본래 취지를 벗어나 월권을 행사할 수도 있다. 그리고 나머지 조항들도 구체적이지 않아 의결권의 한계가 애매하다.

제직회의 본래 취지를 더욱 애매하게 만드는 것이 바로 위에서 언급된 제직회 회원의 구성이다. 제직회의 본래 취지와 의결권이 무주공산(無主空山)이다 보니 "회원권"도 무주공산이다. 안타깝게도 제직회가 돈을 관리하는 집단이라 그런지 무슨 권력의 자리인양 착각하는 경향이 매우 강하고 심각하다. 교회의 재정 관리를 위해서는 가능한 제도적인 안전장치를 마련하는 것이 시급하다. 그래야 돈과 관련된 여러 가지 잡음과 불행을 미연에 방지할 수 있다. 엑셀프로그램을 도입한다든가, 이것을 재정부원 전체가 공유하게 한다든가, 반드시 당회의 최종 허가를 받도록 하는 등과 같은 안전장치 마련이 필요하다. 꼼꼼한 관리감독이 아닌, 그냥 도장만 찍어주는 구조라면 차라리 만들지 않는 것이 낫다. 꼼꼼한 관리감독이 일을 원활하게 추진하는 최대의 방해물이 된다면 이것 역시 문제일 것이다.

원론적으로 제직회장은 목사나 장로가 아닌 집사 중 한 명이 맡아야 하고, 소집을 당회에 청원하여 허락을 받는 형식이 본래 제직회의 취지에 합당하다. 그리고 제직회는 교회재정을 잘 관리하고 공동의회에서 결의된 예산안을 합당하게 집행하는 것이 가장 중요한 임무여야 한다. 추경 등 예산에 포함되지 않거나 특별한 재정지출 문제는 반드시 당회와 의논하던지 당회에 보고하여 허락을 득한 후에 추진하고 처리해야 한다. 이 과정에서 당회는 공동의회를 소집할 문제인지 아닌지를 판단하고 결정해야 할 것이다. 그러나 현재 헌법상으로는 의결 사항과 의결 권한의 구분이 명확하지 않기 때문에 이런 자연스러운 시스템을 구축하기가 쉽지 않다. 또한 교회가 지나치게 대규모이거나 그렇지 않더라도 전체 교인들 사이에 지체로서의 교류가 이루어지지 않을 경우, 그와 같은 합리적인 시스템 구축이 어려울 것이다.

올바른 교회법 제정

이 외에도 지금 고신교회의 헌법은 사실 여러 가지 모순과 허점을 안고 있다. 교회법은 제정의 역사가 유구하다. 그러므로 교회법의 역사를 알아야 법정신에 입각한 교회법을 바르게 제정하고 개정할 수 있다. 또한 교회법의 제정과 개정의 의도가 순수해야 한다. 그래야 교회법이 공명정대(公明正大)하게 바로 설 수 있다. 교회의 당회와 제직회와 공동의회가 각기 고유한 역할을 바르게 감당할 때 교회는 불편부당하지 않을 수 있다. 모든 회원들이 사심이 아닌 공심을 발휘할 때, 사람 앞에서가 아니라 하나님 앞에서 일을 처리하려고 할 때, 지상 교회는 비록 불완전하지만 건실하게 세워져 갈 것이다.

03
노회, 장로교 회의의 꽃

안재경

최근 들어 노회무용론이 제기되고 있는데 독립 교회들이 늘어나고 있는 것이 이런 현상의 구체적인 예라고 하겠다. 노회가 개체 교회를 도와주기는커녕 쓸데없이 개입하려고 하기 때문일 것이다. 노회가 개체 교회를 돌아보고 그 교회들의 문제를 나누고 기도하며, 도와줄 방안을 찾기는커녕 상회비만 거두어 간다는 볼멘소리가 터져 나오고 있다. 개체 교회 교인들은 노회의 존재에 대해 아는 것이 거의 없다. 교회가 분쟁에 휘말릴 때에 겨우 노회의 존재를 알게 된다. 그리고 큰 교회가 노회 회원수로 중요한 결정을 좌지우지하기 때문에 노회가 교회를 관할하는 것이 아니라 큰 교회가 노회를 좌지우지하는 경우가 많은 것이 사실이다. 과연 노회가 필요한 것인가?

노회란 무엇인가?

장로교 정치에 의하면 노회(The Presbytery)는 당회(The Session), 총회

(The General Assembly)와 더불어 교회 치리회이다. 장로교 정치는 목사 한 사람의 치리가 아니라 목사와 장로가 회를 이루어 치리하는데 이런 의미에서 장로교회는 치리회를 무엇보다 중요하게 생각한다. 흔히들 치리라고 하면 권징을 떠올리는데, 치리 안에 권징이 들어가 있으며 치리는 훨씬 더 폭이 넓다. 치리란 말 그대로 다스림을 말한다. 교회는 그리스도께서 친히 다스리시는 기관이다. 교회의 주인은 오직 예수 그리스도시다. 그러므로 치리회는 그리스도 위에 있는 기관이 아니라 그리스도의 다스림을 대행하는 기관이다. 치리회 자체가 자동적으로 권세를 부릴 수 있는 것이 아니라 그리스도로부터 그 권세를 부여받는다. 각 나라에 파송된 대사의 권위를 생각해 보면 잘 알 수 있는 부분이다. 치리회가 그리스도의 다스림을 잘못 시행할 때 그 치리회는 자동적으로 권위를 박탈당한다.

개체 교회를 다스리는 치리회가 '당회'이고, 지역 단위의 개체 교회들을 다스리는 치리회가 '노회'이며, 전국 단위의 개체 교회들을 다스리는 치리회가 '총회'이다. 외국의 경우에는 노회와 총회 사이에 '대회'라는 것이 있기도 하다. 헌법(고신)에는 노회가 "일정한 지역 안의 시무 교회가 각기 다른 목사 30인 이상과, 당회 12개처 이상에서 파송한 장로로 조직한다"(교회헌법 제127조)라고 되어 있다. 노회는 최소한 30개처의 교회에서 목회하는 목사가 있어야 조직될 수 있다는 것을 알 수 있다. 물론 기관 목사 등이 있다면 교회 숫자가 좀 적어질 수도 있겠지만 말이다. 헌법에는 노회의 최대 규모가 어떠해야 하는지 언급하고 있지는 않다. 노회의 규모가 너무 크다면, 예를 들어 개체 교회가 100개처를 넘어가고 목사와 장로의 수가 수백 명이 된다면 노회가 제대로 살필 수 있을까? 개인적인 생각이지만 개체 교회수를 30개처에서 50개처로 잡으면 좋을 것 같다.

노회의 직무는 무엇인가?

교인을 치리하는 것이 당회의 고유한 특권이라면, 목사를 치리하는 것은 노회의 고유한 특권이다. 헌법(고신)에 보면 노회의 직무 중에 첫째로 언급하는 것이 "그 구역 안에 있는 당회, 개체 교회, 목사, 강도사, 전도사, 목사 후보생 소속기관 및 단체의 총찰"(교회정치 제132조 1항)이라고 언급하고 있다. 그렇다. 노회가 해야 할 가장 중요한 일은 목사를 세우는 것이다. 목사를 안수하는 일이 노회 고유의 일이다. 이것은 다른 그 어떤 치리회에서도 할 수 없는 일이다. 또한 개체 교회에 파송한 목사의 위임, 해임, 전임, 이명 및 권징 문제를 다룬다.

장로교회 목사는 노회를 떠날 수 없다. 목사를 세우기 위해 해야 하는 일들이 많이 있다. 먼저, 교회를 잘 돌아보아 목사 후보생이 될 사람을 찾고, 신학교에 목사 후보생을 추천하고, 목사 후보생을 시험하여 계속해서 학업을 하도록 하고, 강도사를 인허하는 일 등이다. 장로의 경우에는 노회에서 허락을 받아야 하지만 당회가 주관하여 선출하고, 노회의 시취를 거쳐서 개 교회에서 안수를 받는다.

노회는 목사를 치리할 뿐만 아니라 소속된 개체 교회와 당회를 치리한다. 또한 개체 교회 당회를 다스리는 일도 한다. 노회는 각 당회에서 제출한 소원, 상소 등을 접수하여 처리한다. 노회는 각 당회에서 제출한 건의, 청원, 문의 등을 접수하여 처리한다. 일반적으로 봄 정기노회는 '안건상정 노회'라고 부르곤 하는데 이것은 총회에 상정할 노회의 상정안건을 다룬다는 의미이다. 그런데 노회는 노회 회원들이 총회에 상정할 안건만 다루는 것이 아니라 개체 교회에서 상정한 안건을 다루어야 한다. 개체 교회는 노회에 행정적인 서류만 올리는 것으로 아는데 교회에서 당연한 문제들, 특히 교리와 예배와 교회정치에 관해 하나 됨을 확보하기 위해 질의와 필요한 안건들을 상정해야 할 것이다. 노회의 중요한 직무 중에 하나가 바로 '진리와 권징에 관한 해석'이기 때문이다.

노회는 개체 교회를 시찰해야 한다. 그래서 헌법(고신)에서는 다음과 같은 직무를 명시하고 있다. '교회의 신성과 화평을 위한 개체 교회 시찰'이 그중에 하나이다. 이것을 위해 노회 산하에 '시찰회'를 둔다. 개체 교회를 효율적으로 지도 관리하기 위해 노회 관내를 일정구역으로 나눈 것이 시찰회이다. 시찰회는 치리회가 아니지만 개체 교회를 시찰하고 중요 사건을 협의하여 지도한 후에 노회에 보고한다. 그래서 노회에는 항상 '시찰보고'가 들어간다. 시찰회는 당회가 노회에 제출할 것을 살펴서 전달한다.

노회는 개체 교회를 지도해야 할 책임을 지고 있다. 노회는 '개체 교회의 설립, 분립, 합병, 폐지 및 당회조직을 관장'하고, '개체 교회와 미조직교회의 전도사업의 지도권장과 교육 강화로 인한 영적유익 도모'와 '개체 교회 및 미조직교회의 재정 및 관리의 방침 지도'도 한다. 노회가 개체 교회의 모든 면을 관장한다고 해야 할 것이다. 이렇듯 장로교 정치에서 노회는 개체 교회에 대한 상당한 영향력을 행사하고 있다는 것을 알 수 있다.

누가 노회의 회원인가?

장로교 정치에 의하면 모든 치리회의 회원은 목사와 장로이다. 집사는 치리회원이 될 수 없다. 권사도 당연히 치리회원이 될 수 없다. 모든 목사는 치리회의 당연직 회원이다. 유럽의 개혁교회에서는 목사의 교적이 당회에 있다. 즉, 목사는 개 교회 소속이다. 장로교회의 경우에는 목사가 개 교회 소속이 아니라 노회 소속이다. 즉, 목사는 노회에서 안수하고, 노회 회원으로 있다가 개 교회에 파송된다. 이런 의미에서 노회는 목사의 신상에 대한 모든 문제를 처리하는 것이 가장 중요한 업무라는 것을 알 수 있다.

모든 장로가 노회의 당연직 회원이 되는 것은 아니다. 장로의 경우는 개 교회에서 총대를 파송하는데, 서기가 추천서를 접수하여 호명하면 회원권이 부여된다(교회헌법 제130조 4항). 여기서 말하는 추천서는 개 교회 당회가 총대장로를 선정하여 노회에 접수하는 문서를 말한다. 장로의 총대수는 개 교회 목사의 수와 동일하다. 최근에 총대장로가 노회 출석을 게을리하는 경우를 종종 본다. 이것은 공교회적인 의식이 부족하기 때문일 것이다. 장로들 중에 자신의 본업을 버리고 노회에 참석하는 것이 쉽지 않을 것이다. 그러나 총대라면 하루 휴가를 내서라도 노회에 필히 참석해야 한다. 노회에 참석할 수 없는 장로는 총대로 선출해서는 안 된다. 노회의 직무가 무엇인지를 안다면 노회에 출석하는 것이 노회 회원의 숫자를 채우는 것에 불과한 것이 아님을 알아야 한다. 노회의 결정이 개 교회에 너무나 큰 영향을 미치는 것을 안다면 노회 출석을 게을리하는 것은 책망받을 일이다.

일반적으로 회원의 자격으로 발언권, 선거권, 피선거권, 의결권을 들 수 있는데 목사의 경우 시무 형편에 따라 회원의 자격이 일부 제한된다. 이것은 목사에 차등을 두는 것이 아니라 노회의 설립이 개 교회를 바탕으로 하고 있기 때문이다. 그래서 무임목사는 발언권만 있고, 은퇴목사는 발언권과 의결권만 있다. 은퇴목사의 경우 이미 은퇴했는데 의결권을 가진다는 것이 좀 어색하기도 하다. 한국적인 상황에서 예우(?)를 하는 측면이라고 생각된다. 은퇴목사의 수가 많아지면 의결권, 즉 투표를 할 때 큰 변수가 되기 때문에 문제가 되기도 한다. 여러 노회들에서 노회 임원선거나 총회 총대투표의 경우에 은퇴목사의 의견이 크게 작용한다는 소리가 나오고 있는 실정이다.

노회는 상설회인가?

장로교 정치에서 노회는 상설회이다. 그래서 노회를 대표하는 이를 노회장이라고 부른다. 누가 노회장이 될 수 있는가? 나이순으로 해야 하는가? 큰 교회를 담임하는 목사순으로 해야 하는가? 헌법(고신)에서는 "노회장은 조직 교회 담임목사에 한한다"라고 명시하고 있다. 조직 교회라면 치리회가 있는 교회를 뜻한다. 치리회의 장이 또 다른 치리회의 장이 될 수 있다는 뜻이다. 즉, 노회가 치리회라는 것을 분명하게 하고 있다. 이것을 해제해 달라고 해마다 총회에 상정안건이 올라가고 있는 실정이다. 조직 교회가 아닌 경우에는 교회가 작고 장로가 없는 것도 서러운 가운데 노회장이 될 수도 없다는 것은 큰 교회의 횡포라고 생각하기 때문이다. 기관목사의 경우는 어떠한가? 목사가 아닌 장로가 노회장이 될 수는 없는가? 사회적 경험이 많은 장로 중에서 노회장이 되면 회의를 훨씬 더 잘 이끌 수 있을 것이다. 그러나 우리는 노회가 치리회라는 것을 분명하게 인식하는 것이 중요하다.

어떤 회이든지 교권이 형성되기 쉽다. 당회독재라는 말을 심심찮게 들을 수 있고, 노회와 총회의 임원들이 교권을 형성하는 경우를 종종 볼 수 있다. 선거를 위해 돈을 쓰는 경우도 부지기수이고 말이다. 과거처럼 서로 임원을 맡지 않겠다고 해서 추대하는 모습을 볼 수 없을까? 그래서 대부분의 장로교단들은 교권을 형성하지 못하도록 노회장을 한 해만 하도록 규정하고 있다. 노회장은 노회에 속한 모든 목사와 교회들을 돌아보아야 하는 무거운 책무를 지고 있기 때문에 그의 믿음과 성경 해석이 무엇보다 건전해야 할 것이다. 그렇지 않으면 목사와 교회들이 입는 피해가 크다. 노회장을 하고 나면 총회 임원을 하고 싶어하는 이들이 있는데, 가장 중요한 것은 상설치리회인 노회라는 것을 알아야 하겠다.

당회와 노회는 상설회이다. 따라서 당회와 노회는 회원들이 원하면 언제든지 모일 수 있다. 편의상 한국 교회는 대부분 연 2회의 정기노회를 가진다. 정기노회는 연 2회(봄 및 가을) 이상 예정된 시일과 장소에서 회집하되 개회 2주 전까지 통지하여야 한다(교회정치 제128조). 임시노회는 노회임원회 결의나 시무처가 다른 목사회원 2인과 장로총대 2인 이상의 청원으로 소집할 수 있다. 이렇듯 헌법(고신)에서는 정기노회와 임시노회를 구분하고 있기는 하지만 이것은 편의를 위해서이다. 노회 임원회는 노회가 위임해 준 사항이며, 목사의 변동 사항, 그리고 교회의 형편을 돌아보기 위해 적극적으로 일해야 할 것이다. 교회 문제에 무작정 개입하고 간섭하라는 것이 아니라 개 교회와 목사를 돌아보는 일에 최선을 다해야 한다는 뜻이다. 노회는 교회를 세우는 것만이 아니라 교회의 하나됨을 위해서 할 수 있는 모든 노력을 경주해야 할 것이다.

이상에서 우리는 노회에 대해 살펴보았다. 노회는 단순한 회가 아니라 치리회이다. 장로교회에서 중요한 것이 치리회이다. 치리회가 어떻게 회의하느냐에 의해 교회의 모습이며 신자의 삶이 결정된다고 해도 과언이 아니다. 그런데 작금에 노회가 목사들의 이익집단이 되었다는 소리도 이곳저곳에서 터져 나오고 있다. 목사의 비위를 보호하는 방패막이라는 지적이다. 장로들은 노회에 참석할 이유를 찾지 못하고 있다. 이런 모습들은 장로교 정치의 꽃인 노회에 결코 합당하지 않다. 목사와 장로가 서로 대립하는 모습도 노회에 치명적이다. 노회는 총회를 바라보는 치리회가 아니라 노회 본연의 직무인 목사와 개체 교회 당회를 치리하는 일에 온 힘을 쏟아야 할 것이다. 노회가 어떤 사안을 결정할 때 개체 교회가 기쁨으로 받을 수 있도록 늘 성경에 유의해야 할 것이다. 노회가 노회다워야 목사가 목사다울 수 있고, 심지어 개체 교회들이 하나 되어 아름답게 서 갈 수 있다.

04
회의는 누가 어떻게 인도해야 하는가?

임경근

회의가 드는 회의?

회의(會議)에 회의(懷疑)를 느끼게 되는 경우가 없지 않다. 회의가 불필요하게 오래 진행되거나 싸움터가 되는 경우도 있다. 장로교회는 회의로 다스리는 정치제도를 가지고 있다. 회의 제도가 하나님의 뜻을 알아가는 가장 성경적인 방법이지만, 동시에 효율적이지 못한 경우도 없지 않은 것이 사실이다. 그래서 회의가 많이 필요 없는 감독 제도를 부러워하는 장로 교인들도 없지 않다.

그러나 회의가 마냥 비효율적이지만은 않다. 운영을 잘 하기만 하면 교회 건설을 위해 질서 있는 과정을 만들 수 있다. 이런 회의를 위해 회의에는 의장이 있다. 회의를 인도하는 의장의 역할이 중요하다. 이 글은 누가(who) 어떻게(how) 회의를 인도해야 하는가에 대한 것이다.

회의의 의장은 누구여야 하는가?

장로교회 헌법에 보면 이렇게 정리하고 있다.

> "각 치리회는 사무를 질서 있고 신속하게 처리하기 위하여 회장을 선정하되 목사가 회장이 된다."(고신헌법 교회정치 제102조 치리회의 회장)

장로교회의 공식적인 회의의 의장은 모두 담임목사이다. 제직회의 의장도 담임목사, 당회와 공동의회의 의장도 담임목사이다. 뿐만 아니라 시찰과 노회와 총회의 의장도 목사가 맡는다. 왜 목사만 회의의 의장이 되는가? 목사가 장로보다 더 높은 지위이기 때문인가? 만약 그렇다면 장로는 열등한 직분이란 말인가? 그렇지 않다. 목사와 장로의 높고 낮음 때문이 아니다.

목사가 회의의 의장이 되는 것은 목사가 말씀을 맡은 자이기 때문이다. 회의는 철저하게 하나님의 말씀 안(in)에서, 말씀의(of) 회의가 되고, 하나님의 영광을 위한(for) 회의가 되어야 한다. 그러기 위해서는 말씀의 교사인 목사가 회의를 맡는 것이 좋다. 만약 불가피한 상황이 되면 장로가 맡을 수도 있겠지만, 목사가 회의의 의장이 되는 것이 자연스럽다. 교회 역사도 목사가 회의를 인도하는 것을 받아들이고 있다.

의장의 임무와 권한

그러면 의장의 임무와 권한은 무엇일까? 의장의 권한은 강력하다. 의장의 권한은 회의를 잘 인도하기 위해 주어진다. 그러므로 의장은 자신의 권한을 잘 활용해 회의가 질서 있고 신속히 진행되도록 도와야 한다. 그래야 회의에 회의(?)가 들지 않을 것이다. 장로교회 헌법은 이 부분을 잘 정리하고 있다.

> 치리회 회장의 권한은 다음과 같다.
> 1. 그 회의 규칙에 따라 회의를 소집하여 개회와 폐회 주관
> 2. 회무의 질서를 유지하며, 의안을 처리하기 위한 일체의 권한 보유
> 3. 규칙 준수 및 질서유지를 위한 제반조치
> 4. 회원 상호 간의 언권 침해행위 방지
> 5. 회원 상호 간의 모욕 또는 풍자적인 언행금지 조치
> 6. 안건 심의의 숙의와 신속한 처리
> 7. 회의 중 이석(離席)의 제지
> 8. 안건 설명과 결정 공포
> 9. 비상 정회 선포
> (고신헌법 교회정치 제103조 치리회 회장의 권한)

의장이 해야 할 일

의장이라는 직분, 곧 임무, 부름, 의무, 일은 세 부분으로 나눌 수 있다.

첫째, 의장은 회의에서 무슨 안건을 다룰 것인지 사전에 알아야 한다. 의장은 다루어야 할 의제를 미리 정리하고 어느 정도 파악하고 있어야 한다. 그렇다고 의장이 모든 문제를 해결해야 할 책임을 가지고 있다는 말은 아니다. 의장의 역할은 회의가 신속하고 질서 있게 결정에 이르도록 안건을 제시하고 회의를 인도하는 것이다.

한편 의장은 자신의 의견을 주도해서는 안 된다. 자신의 의견을 회의에 강요해서도 안 된다. 왜냐하면 결정은 그 회(會)가 하는 것이기 때문이다. 그렇지만 의장은 안건을 토론할 때 지혜롭게 인도하며 결정의 고삐를 쥐고 있어야 한다. 만약 의장의 지혜와 회의 진행 요령이 없으면 회의가 고통스럽게 변할 수 있다.

둘째, 당회에서 목사가 회의를 주제할 때에는 가능한 회원들의 의견을 최대한 청취해야 한다. 물론 필요할 경우 의장이 의견을 내놓을 수 있을 것이다. 그러나 시찰이나 노회 그리고 총회에서 의장의 역할은 회의를 인도하는 것으로 제한되어야 한다. 의장은 가능한 자신의 의견을 개진하지 않아야 한다. 물론 너무 과한 것이 아닌가 생각할 수 있지만, 의장의 역할을 생각할 때 그것이 맞다. 의장에 대한 호칭 혹은 명칭으로 'chairman', 'speaker', 'president'가 있지만, 'moderator'라는 단어가 가장 적절해 보인다. 즉, 의장은 '중재자'의 역할을 해야 하기 때문이다. 의장은 의논을 해서 바른 방향으로 중지(衆智)를 모아 극단적인 의견을 조화 있게 만들어 나가는 사람이다.

물론 어떤 경우는 의장도 의견을 낼 수 있다. 그럴 경우에 의장은 부의장에게 자신의 자리를 위임하고 잠시 평회원으로 내려가서 발언할 수 있다.

또 의장은 제안된 의제에 관해서만 토론이 되도록 주의를 기울여야 한다. 난상공론(爛商公論)이 아닌 경우 의견이 여러 방향으로 가지 않도록 할 의무가 있다.

그리고 회의를 공정하게 인도해야 한다. 한 사람이 많이 말해서 다른 사람은 발언하지 못하는 일이 없도록 해야 한다. 물론 발언하는 사람이 주제 밖으로 벗어나는지 혹은 예의를 지키는지 살피고 그 선을 넘어가면 중단시키는 역할도 해야 한다. 어떤 모임에서는 한 주제에 대해 두 번만 발언하도록 제한하기도 한다. 물론 토론이 충분히 진행되지 않았다고 판단되면 또 발언권을 줄 수 있다. 만약 토론이 상당히 진행되어 더 이상의 토론이 필요 없다고 판단되면, 그때까지 개진된 의견들을 일목요연하게 요약하여 정리해야 한다. 그리고 의장은 여러 의견을 하나로 일치되도록 먼저 애를 써야 한다. 만약 그 노력이 불가능하게 될 경우 표결에 붙여 결정한다. 표결에서 적은 표를 얻는 쪽은 많은 표를 얻는 의견을 따라야 한다.

셋째, 토론을 어렵게 만드는 경우에 대한 조치이다. 회의를 하다 보면 의장을 힘들게 만드는 사람이 있다. 거친 말로 다른 사람을 기분 나쁘게 하기도 한다. 늘 말싸움 하기를 좋아하는 사람도 있다. 이런 사람에게는 의장이 경고한 후 발언권을 주지 않거나 침묵을 명할 수 있다. 일반적으로 가벼운 경고면 충분하다. 가벼운 경고가 효과가 없을 경우 의장은 자중을 명령할 수 있다. 그래도 듣지 않으면 발언을 중지시킬 수 있다. 그렇게 했는데도 의장의 제지에 복종하지 않으면 벌을 줄 수 있다. 이 벌은 수찬정지나 출교를 의미하는 것이 아니다. 회의에서 발언을 하지 못하도록 하는 벌을 말한다. 의장은 필요한 경우 회의장에서 나가도록 조치를 취할 수 있다. 그것이 벌인 셈이다.

만약 의장이 잘못을 범한 경우에는 부의장이 그 자리를 대신한다.

의장의 권한 기간

의장의 역할과 권한은 회의가 끝남으로 종료된다. 너무나 당연한 말이다. 그런데 한국 교회에는 '당회장'이라는 호칭이 '담임목사'라는 명칭보다 훨씬 많이 애용된다. 이는 당회의 의장을 지칭하는 '당회장'을 오해하여 부르는 호칭이다. 당회장은 당회가 열리는 시간에만 해당되는 명칭이다. 당회가 폐회되면 당회장으로서의 역할은 끝이다. 의장은 모임의 일시적인 역할만 할 뿐이다. 의장은 지속적인 권한이 없다. 회의가 열리는 시간에만 권한이 있다.

의장은 어떤 특정한 사람이 지속적으로 가질 수 없다. 로마 가톨릭교회의 교황이 그렇게 하고 있다. 물론 회의를 마치고 의장이 몇 가지 일을 처리할 수 있다. 그러나 조건이 있다. 그 회의가 그렇게 하도록 위임한 경우이다. 영구적이고 지속적인 의장은 개신교회에는 없다. 한 주 혹은 한 달 동안 의장인 경우도 존재할 수 없다. 만약 그렇게 된다면 로마교회의 위계 계급이 생겨나게 될 것이다. 직분의 계급화를 막기 위해 의장은 돌아가면서 하도록 하는 것이 좋다. 시찰이나 노회의 경우도 그렇다.

05
회의를 개회하기 전에 미리 공고해야 하는 이유

황원하

교회 회의는 개회 전에 미리 공고해야 한다. 이는 교단 헌법에 명확히 나와 있다. 고신교단 헌법에는 교회정치 제10장(당회) 제116조(당회의 소집요건)에 "당회를 소집하고자 하면 당회장은 시무하는 당회원 전원이 소집 사항을 인지하도록 통보하여야 한다"라는 내용이 명시되어 있다. 그리고 제11장(노회) 제128조(노회의 회집) 1항에 "정기노회는 연 2회(봄 및 가을) 이상 예정된 시일과 장소에서 회집하되, 개회 2주 전까지 통지하여야 한다"라는 조항이 있다.

또한 고신교단 헌법 제13장(교회 회의 및 소속기관) 제150조(공동의회) 2항(소집)에는 "공동의회는 다음과 같은 경우와 당회의 결의로 당회장이 소집하되, 일시, 장소, 안건을 1주일 전에 공고한다"라는 내용이 있으며, 교회정치 제13장 제151조(제직회) 4항(개회 성수)에는 "제직회 개회는 교회에 공고한 후, 예정한 시간에 출석한 자로 개회한다"라는 내용이 있다.

그러므로 회의를 주관하는 의장(주로 목사)은 회의의 시간과 장소 그리고 안건(특히 공동의회의 경우) 등을 반드시 사전에 공지해야 한다. 특히 이것을 구두로 할 것이 아니라 주보 등에 문서화하여 증거를 남겨야 한다. 그렇다면 회의를 개회하기 전에 미리 공고해야 하는 이유는 무엇일까? 그 이유는 다음과 같다.

모든 회원들에게 회의에 참석할 수 있는 기회를 주기 위해서이다

일부 회원들에게만 혹은 기습적으로(?) 회의가 열린다는 사실을 알리는 것은 바람직하지 않다. 긴급을 요하는 경우라면 모를까 그렇지 않은 일반적인 경우에는 모든 회원들에게 회의가 열린다는 사실을 제대로 알려야 한다. 사전에 알리지 않거나 일부 회원들에게만 알리는 것은 떳떳하지 않은 의도, 즉 불순한 의도가 포함되어 있음에 틀림없다. 회의는 모든 회원들의 의견을 충분히 그리고 차등 없이 묻기 위하여 열린다. 따라서 모든 회원들이 회의 개최 사실을 사전에 알 수 있도록 충분히 그리고 정확하게 알려야 한다.

필시 회의를 주관하는 의장은 모든 회원들에게 회의 시간과 장소와 안건 등을 분명하고 정확하게 고지하여 회원 모두가 참석할 수 있는 기회를 제공해 주어야 한다. 회의 소집 사실을 듣고도 참석하지 않는 것은 어쩔 수 없는 일이며, 그런 가운데 결정된 사안에 대해서는 회원이 이견을 말할 수 없다. 그것은 참석하지 않은 회원 본인의 과실이다. 그러나 회의 소집 사실을 모든 회원들에게 알리지 않고서 사안을 결정해 버리면 책임 소재가 모호해진다.

회의에 참석하는 사람들이 상정된 안건에 대해서 충분히 기도하고 생각할 수 있는 시간을 주기 위해서이다

의장은 회의가 열릴 것이라고 미리 알려서 회원들이 상정된 안건의 정보를 취득하고 분석하여 자기의 입장을 정리할 수 있게 해야 한다. 더욱이 교회 회의는 하나님의 뜻을 묻기 위한 것이므로 교인들이 사전에 이 사안에 대해서 충분히 기도할 수 있게 해야 한다. 그리고 그렇게 하면 보다 좋은 회의 결과가 도출될 수 있다. 회의에 참석하는 이들이 영문도 모르고 갑자기 회의에 참석하면 최상의 의견을 내기 어렵고 의견의 대립이 있을 때 조율하기도 쉽지 않다.

더욱이 그렇게 충분히 숙고하지 않은 채 결정된 의견은 나중에 교회를 더 어렵게 만들 수 있다. 보다 좋은 상황을 만들려고 회의를 하는데 더욱 악화된 상황을 초래할 수 있는 여지가 생기는 것이다. 실제로 비록 결정된 안이 좋은 의도를 가지고 있다 하더라도 선하게 비춰지지 않고 순수하게 받아들여지지 않는 경우도 있다. 그러므로 의장은 회원들에게 안건을 충분히 기도하고 생각할 수 있는 시간을 주기 위해서 회의 소집을 사전에 공고해야 한다.

회의 개회를 미리 알리는 것은 교인의 권리를 존중하는 행동이다

고신교단의 '헌법해설' 제148문에는 교인의 권리에 대한 언급이 다음과 같이 나온다.

"교인의 권리는 종교개혁을 통해 비로소 다시 회복되는데, 이는 누구나 예수 그리스도의 십자가로 인하여 믿음을 통해 하나님의 은혜로 의롭게 되는 권리를 가지는 데서 비롯된다…… 그중 가장 중요한 기능은 목사, 장로, 집사를 선출할 수 있는 권리였고, 둘째는 집사들이 집행하는 교회재정 문제와 관련해서도 참관인으로 참여하여 자기 의견을 개진할 수 있는 권리이며, 셋째는 소극적이지만 치리회가 시벌을 결정하고 이를 공적으로 선포하기 이전 모든 교인에게 동의를 구해야 했다."

따라서 회의를 미리 알리는 것은 교인들의 권리를 존중하는 행동이다. 교회는 결코 목사나 장로나 특정인의 전유물이 아니다. 모든 교인들(입교인들)이 교회의 의사 결정에 참여할 수 있어야 한다. 특히 최근에 어떤 교회는 공동의회에 만 18세 이상의 세례교인만 참석할 수 있다는 식으로 정관을 만들어서 시행한다는데, 이것은 좀 생각해 볼 필요가 있는 문제이다. 교단의 헌법은 교회 회원에 대해서 말할 때 '세례를 받은 자'로 규정하는데 거기에다 나이 제한을 추가하는 것은 헌법을 어기는 것이 되고, 더욱이 세례의 의미를 약화시키는 것이 된다. 그런 식으로 정관을 만들면 언젠가 너무 나이가 많은 사람도 공동의회 회원이 될 수 없다는 조항이 나올지 모른다. 어쨌거나 교회는 모든 교인들(나이를 떠나서)의 권리를 존중해 주어야 한다.

회의는 위임된(상정된) 안건만을 다루어야 하기 때문이다

각종 회의는 고유한 성격과 권한을 가진다. 즉, 당회와 제직회와 공동의회 등은 각각 다룰 수 있는 안건이 한정되어 있다. 결코 한 회의가 모든 안건을 자유롭게 다룰 수 있는 것이 아니다. 이에 대해서 고신교단 헌법해설 제419문은 이와 같이 언급하고 있다.

"공동의회에서 공고된 안건 외에 다른 기타 안건을 다룰 수 있는가?"라는 질문에 대해서 다음과 같이 대답한다. "없다. 공동의회는 소집 일시와 장소와 안건을 미리 1주일 전에 공고해야 하기 때문에 공동의회 중 회원이 새로운 안건을 제안할 수 없다. 공동의회에서는 기타 토의 시간이 없다."

그리고 고신교단 헌법해설 제427문 1항에는 "제직회는 헌법이 허용한 직무의 범위를 넘어 공동의회나 당회의 고유 직무를 침범하는 어떠한 결의도 할 수 없다. 따라서 제직회는 '기타 중요 사항'이 의결 사항에 있다고 해서 예를 들면, 목사 청빙이나 장로 및 기타 직원의 선거 문제를 다룰 수 없다"는 내용이 있다. 그러므로 회의를 미리 공고하여서 다룰 수 있는 안건만을 다루게 해야 한다. 회의의 권한을 넘어선 안건을 다루거나 의결하는 것은 불법의 소지를 가진다. 필시 회의는 정확하고 세밀하게 진행되어야 한다.

회의 결과로 시험에 들지 않게 하기 위해서이다

타락하고 연약한 인간들은 공적인 회의 결과에 승복하지 않고 끝까지 자신의 주장을 견지하려는 경향성을 가진다. 실제로 교회에서 회의를 마친 후에 의결에 불복하거나 마음에 들지 않아서 불평과 불만을 가지는 경우가 있다. 그런 사람들은 교회의 결의에 협조하지 않거나 부정적으로 대한다. 특히 이들은 회의의 과정과 절차 등에 이의를 제기하여 회의 결과를 무효로 만들려 하기도 한다. 이것은 안타까운 모습이며 결코 일어나지 않아야 할 일이지만 현실에서는 실제로 일어난다.

　따라서 의장은 회의 진행 과정에 문제가 없도록 세심하게 살펴보고 주의 깊게 판단해야 한다. 우선 회의를 개회하기 전에 회의 일시와 장소와 안건 등을 미리 알리는 것은 아무리 강조해도 지나치지 않다. 그리고 회의를 마치기 전에 교인들 전체가 이 결정에 대해서 어떠한 이의를 가지고 있지 않은지 재차 확인해야 한다. 그렇지 않으면 회의 결과 때문에 오히려 분란이 일어나고 시험이 있을 것이다. 필시 회의가 잘 마쳐져도 불만을 제기하는 이들이 있기 마련인데, 회의 절차와 과정이 합법적이지 않은 경우에는 자칫 큰 문제가 일어날 수 있다.

06
회의를 통해 결정된 내용은 어디까지 따라야 하는가?

성희찬

교회 회의를 통해 결정된 내용은 어디까지 따라야 하는 것일까? 예를 들어서 교인은 당회와 노회, 총회의 결정을 무조건 따라야 하는 것일까? 교인이 치리회의 결정에 대해 이의를 제기할 수 있을까? 노회와 총회의 결정은 개체 교회의 공동의회를 통해서 인준되어야 효력이 발생하는 것 아닐까?

교회 회의의 결정에 대한 바른 자세: 존경과 복종의 자세

교회 치리회의 결정에 대한 자세에 대해서 장로교회의 신앙고백서인 웨스트민스터 신앙고백서 31조는 다음과 같이 말하고 있다:

"법령과 결정 사항은 하나님의 말씀에 부합되는 한 존경과 복종의 자세로 받아야 하는데, 이것들이 말씀과 합치되기 때문만이 아니라 그것들을 결정한 권세 연고로도 하나님의 규례, 곧 말씀으로 그렇게 정한 규례로 받아야 한다."

위 고백에서 말하는 것처럼 교회 회의의 결정에 대해 신자가 가져야 할 바른 자세는 존경과 복종의 자세이다. 그 이유는 다음과 같다.

첫째, 교회 회의의 결정이 하나님의 말씀에 부합되기 때문이다.
교회와 교회 회의의 궁극적인 권위는 다른 데 있지 않고 오직 하나님의 말씀에 있다. "법령과 결정 사항은 하나님의 말씀에 부합되는 한" 존경과 복종의 자세로 받는다. 왜냐하면 말씀으로 교회를 통치하시는 그리스도께서 교회의 머리요 왕이시기 때문이다.
따라서 교회 회의의 모든 결정은 성경에 기초를 두어야 한다. 치리회 결정의 권위는 성경에 있다. 비록 결정이 투표를 통해서, 그리고 다수의 투표를 통해서 이루어지지만 이것이 치리회의 결정에 전제가 되어서는 안 된다. 오직 성경의 다스림을 받아야 한다. 투표를 통해서 의견이 갈라지는 것은 바람직하지 않으나 그럴 경우에 성경에 위배되지 않는 한 다수의 결정에 따라야 한다.
뿐만 아니라 교회 회의는 교회적 사안만을 다루어야 한다. 비상시국에 겸허한 청원이나 국가 공직자의 요청을 받아 양심상 행하는 조언 외에는 국가와 연관된 시민적 사안에 개입하지 말아야 한다(웨스트민스터 신앙고백서 31장 4조).

둘째, 교회 회의 특히 치리회에 주신 권한 때문이다.
교회 회의 중에서도 치리회는 교회의 머리요 왕이신 주 예수께서 그 직원들에게 치리를 맡기시고 그들에게 천국의 열쇠라는 거룩한 권한을 주셨기 때문이다(웨스트민스터 신앙고백서 30조). 교회 직원들은 치리회를 통해서 천국을 열어 줄 권한과 닫을 권한을 행사한다. 물론 이 권한의 성격은 세상 나라의 통치자가 가진 권한의 성격과는 전혀 다른 영적인 것이며 섬김의 성격을 가진다.

그런데 소위 회중 교회는 노회와 총회에 이러한 권한이 주어졌다는 것을 인정하지 않는다. 이들에게 노회와 총회는 단지 조언을 하는 곳에 불과하다. 당회의 결정이라 할지라도 교인의 인준이나 동의를 거친 후에야 가능하다. 따라서 회중 교회에서 상회는 공동의회(혹은 교인총회)이다. 그러나 개혁주의는 이를 성경에 상치되는 것으로 본다. 주께서 직원을 세워서 직원의 손에 치리를 맡기셨다고 믿는다. 교인은 직원의 치리를 인정하고 순종해야 한다. 그래서 교인은 세례를 받을 때 공적 신앙고백을 하면서 교회의 치리와 관할에 복종하겠다고 서약을 한다.

개체 교회가 노회와 총회와 같은 치리회의 결정을 따를 수도 있고 거절할 수도 있을까? 즉, 개체 교회가 인준(ratification)의 권리를 가지고 있을까?

결론적으로 말하면 인준(ratification)의 권리는 장로교회의 정치원리에서는 용납될 수 없다. 그 이유는 다음과 같다:

첫째, 노회와 총회에 파송하는 총대는 각 개체 교회의 회중을 대표하여 그 교회로부터 토의와 투표의 권한을 위임받았기 때문이다.

둘째, 노회와 총회의 존재는 교회가 하나라는 것을 전제한 것이다. 그래서 어느 치리회의 결정은 곧 전국 교회의 결정이 된다. 성경에 위배되지 않는 한, 노회와 총회의 결정에 따르는 것은 교회가 하나인 것을 유지하는 길이다. 하회는 상회의 결정이 오류라는 판단이 날 때까지는 상회의 결정을 구속력 있는 것으로 받아야 할 책임이 있다. 왜냐하면 각 지역 교회들은 서로 신뢰하고 서로 받아들인 신앙고백의 토대에 서 있는 교제로 구성되기 때문이다.

셋째, 대신 개인과 개체 교회와 하회에 속하는 치리회는 상회인 치리회의 결정에 이의를 제기하고 상소할 수 있는 권리가 있다.

치리회 결정에 이의를 제기할 수 있는가?

가능하다. 사람의 전적 타락으로 교회 회의 역시 과오를 범할 수 있기 때문이다. 비록 성경에 근거하여 결정을 내렸다고 할지라도 그 결정이 오류를 범할 수 있다. 웨스트민스터 신앙고백서 31장에서도 "모든 대회와 공회의는 사도 시대 이후부터 총회이든 지방회이든 간에 오류를 범할 수 있었고 많은 회의들이 실로 오류를 범하였다"고 말하고 있다.

그래서 교회는 성경에 근거하여 '양심의 자유'(이는 웨스트민스터 신앙고백서 20장과 교회정치원리 첫째 원리에서 말하고 있다)를 가지고 순차대로 상소할 수 있는 권리를 가진다. 장로교회의 헌법 교회정치나 권징조례에서 이것을 매우 강조하고 있다. 교인은 누구나 예수 그리스도께서 십자가에서 이루신 사역을 믿음으로써 하나님의 은혜로 말미암아 하나님의 의와 하나님과의 화평이라는 권리를 획득하였다. 이것은 모든 신자의 권리의 기초가 된다. 따라서 신자의 양심을 구속할 이는 하나님과 성경 이외에 없다. 신자가 성경에 상소할 수 있는 것은 신자에게 있는 양심의 자유이다.

교회 회의의 결정에 양심의 자유를 가지고 순차대로 상소하는 것은 하나인 교회의 성결과 화평을 도모하기 위해서이다. 하나님의 의와 법이 실행되므로 화평이 회복되기 때문이다. 하나님은 재판장이시다. 재판장을 사용하는 분이시다. 교회의 성결과 화평을 도모하는 것은 세례를 받을 때나 입교할 때(공적 신앙고백)에 서약한 내용이기도 하다. 예장 고신 교회정치는 다음과 같이 말하고 있다:

"치리회는 교회의 질서와 행정에 대하여 분별할 필요가 있을 때 성경의 교훈대로 교회의 성결과 화평을 도모한다."(교회정치 9:96:2)

순차대로 상소할 수 있는 권리(당회-노회-총회)는 개혁주의와 장로교회정치에서 아주 중요한 원리로서 교인과 당회를 노회와 총회의 부당한 교권으로부터 보호하는 길이다. 최고법정까지 상소할 수 있으나 순차대로 상소해야 한다. 순차대로 상회에 상소할 수 있는 권리를 강조하는 것은 회중 교회를 염두에 둔 것이기도 하지만, 또 로마 가톨릭교회를 염두에 둔 것이기도 하다. 왜냐하면 상소는 치리회의 결정에 오류가 있다는 것을 전제하기 때문이다.

그러나 상소권을 남용해서는 안 된다. 우선 성경에서 충분한 동기와 근거를 찾고 교회정치 조항에서 동기와 근거를 찾으며, 빌립보서 2장의 말씀대로 나에게 겸손과 온유와 사랑이 있는가를 확인하고 언제라도 화평할 준비가 되어 있는지를 자신에게 질문해야 할 것이다.

교회 회의 결정이 신앙생활에 주는 해독과 유익이 있다면 무엇일까?

웨스트민스터 신앙고백서 31장(3조)은 모든 교회 회의의 결정이 역사를 통해 오류를 범할 수 있었고, 또 많은 회의들이 실로 오류를 범했기 때문에 회의를 믿음과 생활의 법칙으로 삼지 말고 믿음과 생활의 보조 수단으로 사용하라고 말하고 있다. 오류를 범한 교회 회의의 예를 든다면 조선예수교장로회 제27회 총회(1938년)가 신사참배가 우상숭배가 아니라는 잘못된 결정을 내린 것에서 쉽게 찾을 수 있다.

따라서 비록 신조와 교회 회의의 결정이 성경에서 비롯되었다고 할지라도 성경과 나란히 둘 수 없고 더구나 위에 둘 수는 더더욱 없다. 따라서 우리는 교회 회의의 결정을 대할 때 이를 성경을 대하는 것처럼 절대적인 자세를 가져서는 안 되며, 또 타인이나 교회에 절대적인 순종을 강요해서도 안 될 것이다. 이러한 태도는 로마 가톨릭교회의 자세이다. 이들은 교황의 권위 아래 교회 회의의 결정과 교회정치의 조항, 신조, 성경을 나란히 두므로 성경의 권위를 훼손하고 있다. 종교개혁 당시 루터가 로마 가톨릭교회의 교회법령을 불태운 것은 바로 이러한 의미에서이다. 교회의 법령이나 교회 회의의 결정을 펴기 전에 그 문제에 대해 성경이 무엇을 말하고 있는지를 먼저 살피는 것이 중요하다.

개혁주의는 성경과 신조, 교회법령과 교회 회의를 유기적 관계에서 이해하고 있다. 로마 가톨릭교회처럼 일치도 아니고 그렇다고 해서 분리도 아닌 유기적 관계이다.

07
회의록은 어떻게 작성해야 하는가?

성희찬

교회 회의에서 회의록 작성은 서기의 임무 중 하나이다. 각 치리회의 서기는 회의록을 상세하게 기록할 것을 예장고신의 경우 교회정치 제105조에서 규정하고 있다. 뿐만 아니라 이 회의록은 1년에 1차씩 상회의 검사를 받아야 한다고 말하고 있고(당회록의 경우는 제123조, 노회록의 경우는 제133조를 보라), 제106조는 회의록의 검사 기준에 대해 말하고 있을 뿐 아니라 제107조는 상회가 하회의 회의록을 검사하여 잘못된 부분이 발견되면 해당 하회로 하여금 시정하도록 지시할 수 있고, 그 하회는 지체 없이 이를 시정한 후 그 결과를 상회에 보고해야 한다고 정하고 있다. 따라서 교회 회의와 더불어 회의록은 교회생활에서 아주 중요한 비중을 차지하고 있다.

회의록이 왜 그렇게 중요한 것일까?

첫째, 교회나 교회들이 그때 그 상황에서 결정한 사항을 정확하게 알기 위함이다(치리회의 결정 하나하나가 교회생활에 유익하고 중요하다).

둘째, 동일한 사안에 대해 불필요하게 다루어지는 것을 예방하기 위해서이다. 노회와 총회에서 가끔 이런 경우를 볼 수 있다.

셋째, 지금 우리가 지난 세대 믿음의 선진들이 내린 결정을 통해 많은 유익을 얻는 것처럼, 나중 세대 역시 우리의 결정에서 큰 유익을 얻도록 하기 위해서이다. 역사의 교훈은 너무나 소중한데, 이는 교회정치의 영역에서도 예외가 아니다.

이 점에서 최근 16세기 종교개혁 당시 개혁가 칼뱅과 함께 종교개혁의 꽃을 피웠던 제네바 교회의 당회록이 연구되고 있고, 또 한국 교회에서도 교파 및 교단별로 헌법연구가 이루어지고 있는 것은 아주 고무적인 일이다.

예장고신교회와 자매교회인 네덜란드 개혁교회(해방파)의 경우 16세기 최초의 노회 회의록을 시작으로 최근에 이르기까지 모든 총회의 회의록과 타 교단은 물론 영어권의 자매 및 교류 교회의 총회 회의록까지 소속 교단 홈페이지에서(www.gkv.nl) 쉽게 볼 수 있게 하였고, 또 주제별로 내용을 검색할 수 있도록 하여 교회생활에 큰 유익을 주고 있다. 예를 들면, '이혼'이라는 주제를 검색하면 이와 관련한 모든 교회(자기 교단 뿐 아니라, 자매교회를 포함하여) 회의의 결정 뿐 아니라, 이와 관련된 중요한 글까지 찾을 수 있다.

서기가 중요하다

이같이 중요한 회의록을 작성하는 것은 그 회의의 서기가 해야 할 중요한 임무이다. 서기는 그 회의의 결정 사항에 대해 정확히 기록하고, 파악하며 또 보전할 수 있어야 한다. 예장고신의 경우 교회정치에서 서기의 직무를 다음과 같이 세 가지로 말하고 있다:

첫째, 결정 사항 및 회의록을 정확하게 기록한다.

둘째, 회의록 및 각종 서류를 보관한다.

셋째, 회의록 일부에 대한 등본을 청구할 시에 교부한다(이때 서기가 날인한 등본을 각 치리회에서는 원본과 같이 취급한다).

위 세 가지 중에서 회의록을 작성하는 것이 가장 기본적인 일이라고 할 수 있다.

회의록을 어떻게 작성하는가?

첫째, 당회 회의록의 경우는 결의 사항, 즉 최종적으로 결정된 사항만을 명백히 기록한다(예장고신 교회정치 제123조). 최종적인 결론이 나오기까지 오랜 시간 토의를 한 그 상세한 과정은 기록하지 않는다는 뜻이다. 그래서 어떤 사안에 대해 동의한 사람, 재청한 사람, 이의를 제기한 사람, 또 의견을 주고받은 자세한 토의 과정에 대해서 기록하지 않는다.

둘째, 그러나 노회 및 총회 회의록의 경우는 당회록과 달리 결의 사항 뿐 아니라 그 회의의 회무처리 전체를 명백히 기록한다(예장고신 교회정치 제133조). 또 공적인 결의 사항을 담은 요약(촬요)을 작성하여 각 치리회가 관할하는 교회들로 보낸다.

셋째, 필자가 속한 노회에서는 당회록을 작성할 때 다음과 같이 일반적인 유의 사항을 강조하고 있다. 참고하기를 바란다:

- 일련번호가 있는 장부를 사용하여 기록하십시오.
- 첨부 및 첨삭이 가능한 끈으로 묶는 장부 등은 사용하지 말아주십시오.
- 당회에 참석한 참석 회원 명단 및 불참한 회원 명단을 기록해 주십시오 (숫자만 기록하면 안 됩니다).
- 모든 기록 내용은 빈 줄로 여백을 두지 말고 계속 이어서 기록하십시오.
- 회의 기록이 끝났다고 하여 뒷장으로 넘기지 말고, 아래에 빈 공간이 있다면 이어서 다음 회기 기록을 기록해 주십시오.
- 기록 중 오자가 발생하면 종이를 붙이거나 수정액을 사용하지 말고 2줄로 그은 후 날인하고 몇 자 수정이라고 여백에 기록하십시오.
- 내용 기록이 끝난 후 끝난 단어의 뒤에 "-끝-"이라고 기록하십시오.
- 당회장과 서기의 확인 인을 하신 후 제출하십시오.
- 재정처리 사항은 기록하지 마십시오.
- 별지는 별지 철을 별도로 만들어서 보전하십시오.

회의록은 1년 1차씩 검사를 받아야 한다

1) 장로교회에서 교회 회의는 곧 그리스도가 주신 거룩한 권한을 가지고 그리스도의 치리를 대신하는 치리회이기에 하회의 교회들을 치리하는 일환으로 당회의 회의록과 노회의 회의록을 검사할 수 있다.

예장고신의 경우 다음과 같이 각 치리회가 하회의 회의록을 검사하는 기준에 대해 다음과 같이 규정하고 있다(교회정치 제106조):

- 기록 사항이 사실대로 되어 있는지의 여부
- 규칙대로 되었는지의 여부
- 결정이 교회의 법에 합당한지의 여부
- 결정이 지혜 있고 공평하며 교회에 덕을 세우도록 되어 있는지의 여부

2) 또 상회는 하회의 회의록을 검사하여 잘못된 부분이 발견되면 해당 하회에 대해 다음과 같이 어떤 조치를 취할 수 있다:

- 사소한 착오의 경우에는 회의록 하단에 착오된 사실을 기록하고 추후에 재발하지 않도록 계책하는 내용을 기록한다.
- 중대한 착오의 경우에는 해당 하회로 하여금 시정하도록 지시할 것이며, 그 하회는 지체 없이 이를 시정한 후 그 결과를 상회에 보고하여야 한다.
- 만일 해당 기일 내에 시정하지도 않고 또 보고도 하지 아니할 경우 상회가 직접 이 문제를 다루어서 결정한다.

3) 상회는 이와 같이 개체 교회 당회나 노회의 회의록을 살피는 중에

그 개체 교회와 노회가 지금 직면한 문제를 파악할 수 있고, 그리스도의 몸의 통일성과 화평을 위해 해당 교회와 노회를 지도함으로 함께 교회를 세우고 하나님 나라를 세워가는 것에 기여를 하게 된다.

PART

4

....

기도

01
기도, 언약적 대화

임경근

기도와 언약

'언약'은 하나님이 인간과 만나 교제하시는 방법이다.

"내가 내 언약을 세우리니"(창 6:18).

하나님께서 노아와 맺은 언약이다. 그 외에도 아브라함 언약, 시내 산 언약, 모압 언약, 세겜 언약, 다윗 언약 같은 것들이 있다. '언약을 세우다' 혹은 '언약을 맺다'라고 할 때 동사 '맺다'는 뜻은 '사람이나 실이나 밧줄을 얽어서 매듭 짓는 것'을 말한다. 또 '언약을 맺다'의 '맺다'는 '자르다'라는 뜻으로 짐승을 칼로 잘라 피의 언약을 맺는다는 것과 관련이 있다. 하나님이 아브라함을 부르셔서 언약을 맺으셨다. 그때 짐승을 잘라 피를 내고 반으로 나눠 놓았다. 그리고 그 사이를 하나님 혼자 지나가셨다. 이렇게 짐승을 잘라 피를 흘림으로 하나님과 사람의 관계를 맺으시려는 하나님의 방법이 언약이다.

　이 언약의 주도권은 하나님께서 가지고 계시다. 언약을 시작하신 분도 하나님이시고 언약의 체결도 혼자 쪼갠 짐승 사이로 지나가셔서 이루시고 그 후 새 언약의 중보자로서 언약의 요구까지 예수 그리스도 안에서 하나님께서 이루신다. 그런 점에서 언약은 하나님 스스로 하신 자기 백성을 향한 맹세인 셈이다.

　이 언약의 관계에 들어간 당사자인 사람도 하나님의 언약에 동참하기 위해 믿고 순종해야 한다. 이 언약을 맺은 사람은 하나님의 언약 백성으로 특별한 혜택과 은혜를 누린다. 하나님의 보호를 받고 복을 누린다. 그 표로 이스라엘 백성에게 '할례'를 주셨다. 할례도 '잘라내다'라는 동사에서 유래했다. 곧 피를 내는 의식이다. 언약 자체도 피를 흘리고 그 표도 피를 흘린다. 구약에서 행해진 모든 피 흘리는 제사는 바로 이 언약적 의미가 들어 있다. '피 흘림이 없이는 죄 사함도 없다'는 의미가 들어 있다.

　이 모든 옛 언약은 새 언약의 그림자이다. 언약의 중보자이신 예수 그리스도께서 나타나셔서 옛 언약을 완성하사 새 언약을 만드신다. 이제 더 이상 피 흘리는 언약 행사인 할례와 성전 제사를 계속할 필요가 없게 되었다. 하나님께서 예수 그리스도를 통해 '하나님의 큰 일(Magnalia Dei)'을 행하셨다. 그러므로 우리는 예수 그리스도 안에서 새로운 관계를 맺게 된다. 이렇게 하나님께서 먼저 자기 백성을 찾아오셔서 불러 주시고(소명) 언약을 통해 특별한 관계를 맺어 주시고(언약) 표와 인을 새겨 주신다(할례와 세례).

　기도는 언약적 관계에서 사귐의 차원에서 보아야 한다. 기도는 하나님과의 특별한 사귐을 위해 주신 복이다. 우리의 소원을 기도로 얻을 수 있기 때문에 기도가 은혜의 방편이라는 생각은 기도의 일부분만 표현한 것이다. 본질상 진노의 자식인 죄인이 하늘나라의 시민이자 하나님 아버지의 자녀로서 담대하게 온 우주의 왕이신 분에게 나아가 기도를 드릴 수 있게 된 것 자체가 은혜이다! 은혜의 보좌 앞으로 나가는 방법이 바로 기도이다. 기도를 통해 그 복을 누릴 수 있기 때문에 은혜의 방편이다.

한국인의 기도?

한국어 '기도(祈禱)'는 '신(이나 절대적 존재)에게 바라는 바가 이루어지기를 빈다'는 뜻이다. '빌 기(祈)'와 '빌 도(禱)'가 합쳐진 말이 '기도'다. 한국인에게 기도는 글자 그대로 '비나이다 비나이다'이다. 수능 시험 치기 전날 절에서 부처님께 자식이 대학에 합격하게 해 달라고 '비나이다 비나이다' 하는 의미의 기도이다.

이런 전통적 기도의 의미가 그대로 그리스도인에게도 들어와 있다. 기도를 단순히 우리의 필요와 요구를 하나님께 고하고 구하고 부탁하는 것으로만 생각한다면 성경적 기도와는 다르다.

기도, 언약적 대화!

성경이 말하는 기도는 무엇일까? 기도는 언약의 위치에서 등장하는 은혜를 받는 방법이다. 성경의 언약은 그 기원에 있어서 일방적인 하나님의 작품이지만, 그 시행에 있어서는 쌍방적이다. 언약에는 하나님의 약속이 중요한 위치를 차지한다. 하나님이 자신의 백성과 언약을 맺으시고 명령하시고 약속하신다. 그러면 언약 백성은 기도로 반응한다. 기도는 하나님이 우리에게 말을 걸어오시는 데 대한 인간 쪽에서의 반응이다. 하나님과 사귀는 방법이 바로 기도인 셈이다.

기도는 하나님과의 대화이다. 기도라는 히브리어, 헬라어, 심지어 라틴어 단어까지 모두 대화와 관련이 있다. 히브리어 '아마르(amar)'는 '말하다' 혹은 '대화하다'라는 뜻이다. 신약성경의 헬라어 '프로슈코마이(proseuchomai)'도 '누구에게 말하다'라는 뜻이다. 라틴어 단어 '오라러(orare⟨oratio⟩)'도 '대화하다, 말하다'라는 의미이다. 그런데 유독 한국어만 '기도'가 '비나이다 비나이다'(祈禱)라는 뜻이다. 기도는 언약 백성이 언약의 주권자이신 하나님과 사귀며 의사소통하는 통로이다. 기도는 말하며 대화하는 것이다.

기도, 일방통행 대화가 아니다

많은 경우 기도를 일방적으로 쏟아 놓는 것으로 생각한다. 일단 기도를 시작하면 자기의 생각과 소원을 쏟아 놓는다. 사람끼리도 대화할 때 자기 말만 늘어놓는 사람들이 의외로 많다. 그것은 올바른 대화가 아니다. 대화는 듣고 말하는 것이다. 듣지 않고 자기 말만 하는 사람은 상대방을 무시하는 것이고 보이지 않는 폭력을 행하는 것이다. 그런 관계는 좋아질 수가 없다. 종종 금식기도는 '단식투쟁'이 되기 일쑤고, 철야기도는 '철야농성'이 된다. 40일 금식기도의 경우도 그렇다. "지성이면 감천이다"라는 전통 샤머니즘적 기도가 우리 가운데 들어온 것이다. 이런 형태의 기도는 성경의 가르침과 다르다.

기도, 언약에 대한 믿음의 반응

기도는 하나님의 언약 가운데 약속에 대한 믿음의 반응이다. 우리가 "믿음이 있다"라고 말할 때 그것은 무슨 의미일까? "하나님을 믿는다"는 말은 하나님을 나의 구주로 믿는다는 뜻이겠지만, 정확하게 말하면 "하나님의 약속을 믿는다"(창 15:4-6 참고)는 말이다. 아브라함의 몸에서 한 아이가 나게 될 것인데 그 아이를 통해 하늘의 별과 같이 많은 자손이 태어나게 될 것이라는 약속을 주셨다. 아브라함은 하나님을 믿었는데 정확하게 말하면 하나님의 약속을 믿었다. 약속이 없는 믿음은 헛것이다. 막연하게 자신이 원하는 '소원이 이루어질거야'라고 생각하는 믿음은 헛된 믿음이다. 성경에서 말하는 믿음은 하나님의 약속에 대한 믿음이다. 우리가 그 믿음에 대해 하나님을 향해 반응하는 표현이 기도이다. 기도는 당연히 대화의 방식으로 이루어진다. 그래서 기도가 '말하다' 혹은 '대화하다'라는 뜻이다. 믿음의 표현이 기도인 셈이다. 기도는 말씀, 곧 약속과 분리할 수 없다. 말씀이 없는 곳에 기도가 있을 수 없다. 기도만 있고 말씀이 없으면 자기도취에 빠질 위험이 있다. 자기만의 종교를 만들게 된다.

그래서 '기도'는 반드시 약속인 말씀, 곧 성경을 읽고 난 후 하는 것이 좋다. 교회 기도회를 보면 반드시 말씀이 있다. 설교 말씀이 있고 난 후 기도한다. 어떤 사람은 기도회에 왜 설교가 있느냐고 불평하지만, 말씀이 언약의 약속이기에 그 언약의 말씀에 대한 반응으로 기도한다는 의미가 숨어 있다.

기도의 내용

무엇을 기도해야 할까? 기도는 내 소원을 하나님께 일방적으로 쏟아내는 것이 아니라, 하나님의 약속을 믿는다고 고백하는 신앙고백의 표현이다. 하나님께서 우리에게 내려 주신 복을 다시 외는 것이 기도이다.

많은 사람들이 자주 묻는 질문이 있다. "무슨 기도를 해야 하죠?" "어떻게 기도해야 하나요?" 기도는 대화이며 하나님의 약속에 대한 믿음의 표현, 곧 신앙고백이다. 그러므로 읽은 성경 말씀과 배운 교리(교훈)를(을) 기억하며, 믿음으로 받고 자신의 말로 신앙을 고백하면 된다. 그것이 기도의 내용이 되어야 한다.

기도는 우리의 소원만 하나님께 아뢰는 것이 아니다. 오히려 기도는 일차적으로 하나님의 소원에 우리가 믿음으로 반응하는 것이다. 그런 의미에서 기도는 내 뜻을 관철시키는 것이 아니라, 하나님의 뜻에 내가 복종하게 해 달라고 하는 내용을 포함해야 한다.

기도는 관계 지향적이어야

하나님과 사귀며 대화하기 위해서는 관계가 우선한다. 그리고 그 관계를 유지하기 위해서는 상대방을 알아야 한다. 하나님께서 우리에게 원하시는 것이 무엇인지 알아야 한다. 일방적으로 내 요구를 털어놓는 것이 아니라, 하나님께서 기뻐하시는 것이 무엇인지 알아야 한다. 하나님의 말씀이 우리 가운데 있어야 기도가 제대로 된다. 예수님이 말씀하시는 기도의 내용을 보자.

"너희가 내 안에 거하고 내 말이 너희 안에 거하면 무엇이든지 원하는 대로 구하라. 그리하면 이루리라"(요 15:7).

우리가 예수 안에 있고, 그분의 말씀이 우리 안에 있어야 기도할 수 있다. 하나님과의 언약적 관계가 이루어져야 한다는 말이다. 하나님과의 언약 관계에 있다는 말은 하나님의 말씀, 곧 약속이 우리 마음속에 새겨진다는 뜻이다. 하나님의 말씀이 우리 마음과 머릿속에 가득해야 한다. 그때에야 비로소 바른 기도를 할 수 있고 그분의 뜻에 맞는 기도를 할 수 있다. 내 욕심을 내려놓고 하나님의 나라와 그 의를 구할 수 있다.

여기서 이방 종교의 기도와 기독교의 기도가 차이가 난다. 이방 종교의 기도는 일방적으로 자신의 소원을 말하는 것이다. 그러나 기독교의 기도는 하나님과 인격적 관계가 먼저이다. 그리고 살아 계시고 참되신 하나님의 뜻이 무엇인지에 관심을 가진다. 그분이 무슨 말씀을 하시고 그분을 기쁘시게 하는 것이 무엇인지에 관심을 가지는 것이 기도이다. 하나님께서 우리를 향하여 가지고 계신 뜻이 무엇인지 들어야 한다. 그렇게 약속을 듣는 것이 우선이고 그 이후에 우리가 그 약속에 반응하는 것이 기도이다.

기도에서 죄를 고백해야 하는 이유!

우리는 하나님께 나아가 대화를 할 때 죄를 고백해야 한다. 하나님의 약속의 말씀을 들은 그리스도인은 하나님의 거룩하신 본성과 의로우신 율법에 자신들의 삶이 일치하지 않는다는 것을 보고 느낀다. 기도자는 자신의 처지를 바라보고 회개해야 한다. 우리의 죄와 그 죄로 인한 비참한 처지를 고백하고 하나님의 은혜가 아니면 한 순간도 삶에 의미가 없다는 것을 고백해야 한다. 그리고 그분의 말씀대로 살기로 다짐해야 한다.

이 경우 우리는 그리스도 안에서 우리의 죄를 용서하시는 하나님의 사랑을 믿어야 한다. 믿음이 없이는 회개할 수 없다. 만약 우리의 죄를 용서해 주신다는 하나님의 사랑에 대한 믿음이 없다면 회개하지 못할 것이다. 그러므로 회개하는 자는 믿음이 반드시 필요하다. 하나님의 사랑과 예수 그리스도의 은혜와 성령님의 교통을 믿는 자는 회개한다. 회개하는 자는 믿음이 있는 자이다. 이렇게 기도 시간에 우리는 우리의 죄를 회개하며 용서를 구한다. 자신의 죄를 고백하고 하나님과 사람 앞에 겸손히 머리 숙이고 살아가는 사람만큼 아름다운 모습이 어디 있겠는가!

교회는 자신의 세속적 실력과 성공을 자랑하며 노래하는 곳이 아니다. 교회는 자신의 죄와 비참함을 인정하고 고백하며 하나님의 성공과 일하심을 자랑하며 노래하는 곳이다. 교회는 자신의 지식을 드러내며 자랑하는 곳이 아니다. 자신의 무지를 드러내며 슬퍼하는 곳이다. 동시에 우리의 죄가 용서되고 해결되었다는 소식을 듣는 것만큼 기쁘고 복된 소리가 또 있겠는가? 우리는 우리의 죄를 자비하신 하나님 앞에서 기도 가운데 고백하고 그분이 우리의 죄를 위해 십자가에서 죽으셨으며, 그 죽으심이 우리가 기도 가운데 고백하는 바로 그 죄를 위한 것임을 인정하고 믿음으로 회개하는 자들에게 죄를 용서해 주시는 그 크신 은혜를 누리게 된다. 이것이 기도 가운데 죄의 고백으로 말미암아 누리는 복이다.

바로 이 지점에서 기도가 언약적 대화라는 성격을 잘 보여 준다고 하겠다. 기도는 그냥 일방적으로 내뱉는 요청이 아니라, 하나님께 우리의 죄를 고백하고 하나님께서 우리의 죄를 용서하셨음을 믿음으로 받고 기뻐하는 교제이다.

기도, 은혜의 방편

전통적으로 개신교회에서는 은혜의 방법을 세 가지로 얘기한다. 바로 말씀과 성례와 기도이다. 하나님께서는 말씀의 설교를 통해 우리에게 믿음을 불러일으키신다. 또 하나님께서는 성례를 통해 불러일으키신 믿음을 굳세게 하신다(HC 65문). 그런데 기도도 하나님께서 우리에게 은혜를 주시는 방법일까? 성경을 잘 요약한 웨스트민스터 소요리문답이 이 점에 대해 이렇게 정리했다.

> 88문: 그리스도께서 우리에게 구속의 은덕을 끼치는 데 쓰시는 통상적인 방도는 무엇입니까?
> 답: 그리스도께서 우리에게 구속의 은덕을 끼치는 데 쓰시는 통상적인 방도는 그분이 정하신 것인데, 특히 말씀과 성례와 기도입니다.

그렇다면 어떤 의미에서 기도가 하나님께서 우리에게 주시는 은혜의 방편일까? 웨스트민스터 신앙고백(14장 1항), 소요리문답(88문)과 대요리문답(154문)은 기도가 은혜의 방편이라고 말한다. 그러나 왜 은혜의 방편인지에 대해서는 설명하지 않는다. 그러니 기도의 정의에서 그 의미를 유추할 수밖에 없다. 웨스트민스터 대요리문답 178문은 기도에 대해 이렇게 정의했다.

> "기도는 그리스도의 이름으로, 성령의 도우심으로 말미암아, 우리의 소원을 하나님께 아뢰는 것인데, 우리 죄에 대한 고백과 그분의 긍휼을 감사히 인정함으로 해야 합니다."(대요리문답 178문)

우리는 기도가 은혜의 방편이라는 것을 이해할 때 대체로 소원과 희망사항을 하나님께 빌면 하나님께서 응답해 주시기 때문에 기도를 은혜를 받는 '통로' 혹은 '방법'이라고 생각한다. 한마디로 기도는 소원을 이루는 '만병통치' 혹은 '만사형통'의 방법으로 이해한다. 수많은 기도에 대한 책들이 출판되었고 그런 책들은 베스트셀러다. 보통 사람들은 그런 의미에서 기도가 은혜를 받는 방법이라고 믿는다. 과연 성경도 기도에 대해 그렇게 말하고 있을까? 성경은 기도가 은혜의 방편이라는 의미를 다른 의미로 가르친다.

인간은 본질상 진노의 자식이며 멸망할 죄인이다. 그런데 어떻게 인간이 거룩하시고 의로우시며, 선하시고 인자하시고 진실하신 하나님과 관계를 맺을 수 있단 말인가? 하나님의 죄인(롬 3:10-18)은 거룩한 하나님과 소통할 수 없고 스스로 하나님께 나아갈 수도 없다. 그런데 그런 죄인이 하나님과 만나 사귈 수 있게 되었다. 그것이 기도를 통해 가능하게 되었다. 그것은 '그리스도 안에서' 가능하다. 우리는 '예수님의 이름으로'(in the name of Jesus Christ) 기도할 수 있다. 그리스도 안에서 기도를 통해 하나님과 만나 말씀을 듣고 얘기할 수 있다는 의미에서 기도는 은혜의 방편이다.

기도, 성령님의 도우심으로!

우리는 과연 그분의 뜻대로 기도할 수 있을까? 불가능하다. 우리의 육체가 원하는 것은 욕망과 욕심과 탐욕일 뿐이다. 그런 것을 기도해 봐야 하나님께 올라가지도 않는다. 잘못된 기도이다. 그러므로 우리는 하나님께 나아가 기도할 때 성령님의 도우심을 받아야 한다. 우리 가운데 계신 성령 하나님의 도우심을 의지해야 한다. 성령 하나님께서 우리의 필요를 아시고 우리를 통치하시고 다스리신다(롬 8:26-27). 그러므로 우리는 그분의 도움을 받아 기도할 수 있고 또 그렇게 해야 한다.

기도, 우리의 소원을 하나님께 아뢰는 것

이제 기도의 최종 정의에 대해 알아보자.

> "기도는 그리스도의 이름으로, 성령의 도우심으로 말미암아, 우리의 소원을 하나님께 아뢰는 것"(대요리문답 178문)

이제 우리는 우리가 보통 생각하는 기도의 정의에 가까이 왔다. 곧 기도란 '우리의 소원을 하나님께 아뢰는 것'이다. '그러면 그렇지, 우리는 우리 속에 있는 소원을 하나님께 마음껏 기도할 수 있군요'라고 생각할 수 있다. '기도는 관계니 뭐니 말했지만, 역시 내 소원을 말하는 것이 기도야!'라고 생각할 수도 있다. 이방 종교에서는 그런 것만을 기도라고 생각한다. 자신의 소원을 지극정성으로 기도하면 하늘이 들어줄 것으로 믿는다. 실제로 그런 기도가 이루어지는 것 같기도 하다. 100일 동안 기도했더니 소원이 성취되었다고 좋아한다. 자녀의 대학입시를 위해 부처에게 기도한 사람의 자녀들도 대학에 붙는다. 그러면 그들은 기도가 이루어졌다고 행복해 한다.

그러나 성경이 가르치는 기도는 그런 의미가 아니다. 우리가 아뢸 소원이 무엇이어야 할까? 기도의 내용은 "그의 나라와 그의 의"(마 6:25,31-33)이다. 우리가 구할 것은 '우리의 소원'이지만, 그 소원은 사실 하나님의 뜻이며 그분의 나라여야 한다. 우리의 소원 같지만 사실은 하나님의 소원을 말하는 것이 기도이다. 성경은 자신의 욕심과 욕망을 위해 기도하라고 하지 않는다. 잘못된 기도는 하나님의 소원을 우리 수준으로 낮추는 것이다. 우리는 하나님의 소원을 알고, 그분의 소원을 기도 가운데 복창해야 한다. 그것이 기도의 바른 의미이다. 그러니 기도는 우리의 소원을 하나님께 아뢰는 것이지만, 우리의 세속적 욕망을 들어 달라고 떼쓰는 것을 말하는 것이 아니다. "뜻이 하늘에서 이루어진 것처럼 땅에서도 이루어지이다"라고 기도해야 한다. '내 뜻이 아니라, 하나님의 뜻이 이루어지게 해 주십시오'라고 기도하는 것이다.

기도, 감사!

이제 기도의 또 다른 면을 살펴보자. 그것은 기도를 감사의 차원에서 생각하는 것이다. 어떤 사람은 기도를 감사가 아니라 공로로 생각한다. 열심히 기도하면 그 공을 봐서라도 들어주실 것이라는 착각이다. 기도 자체가 선을 쌓는 공덕이라고 생각한다. 기도의 고행과 노력을 통해 하나님의 복을 받고 싶은 것이다. 밤낮으로 차가운 바닥에 엎드려 몇 시간이고 울면서 기도한다. 수도원의 수도승들이 울면서 중얼거리는 장시간의 기도는 감사의 기쁨에서 나오는 믿음의 표현이 아니라, 공로이다. 그들에게 기도는 하나님께 바치는 그 무엇일 뿐이다. 기도를 통해 하나님으로부터 받으려고 하지 않고 뭔가 드리겠다는 것이다. 이렇게 기도를 통해 인간이 스스로 노력하면 하나님께서 그 나머지를 책임지신다는 공로사상은 성경에서 가르치는 기도가 아니다.

기도는 감사이다. 기도와 감사가 어떻게 연결될 수 있을까? 기도를 우리의 소원을 하나님께 부탁하는 것으로 생각한다면 기도의 단계에서는 아직 감사가 나올 수 없다. 기도의 소원과 요구가 응답되고 성취되었을 때 '감사'가 나올 것이기 때문이다. 아들이 아빠에게 "아빠, 출장 갔다 올 때 꼭 레고 사 오세요!"라고 요구한 것이 기도라고 한다면, 레고를 잊지 않고 사 온 순간 "아빠, 감사해요!"라는 감사가 나온다. 만약 아빠가 레고를 사 오지 않았으면 감사가 나올 리 없다. 기도가 단순히 소원 성취라면 감사는 조건적이다. 그러나 기도 자체가 감사인 것은 기도가 영광스런 하나님과의 대화이기 때문이다. 본질상 진노의 자녀인 우리에게 말을 걸어 주시고 어마어마한 은혜를 주신 그 하나님께 기도하는 것 자체가 감사의 표현이다.

고대 그리스 지역에 있던 교회에서는 예수님을 믿고 교리를 배워 세례를 받고 처음 성찬에 참여하게 될 초신자에게 이렇게 가르쳤다고 한다. "그대여, 이제 하나님의 자녀가 되어 하늘에 계신 우리 아버지라고 부르게 된 것이 참으로 영광스러운 일이오! 이제 하나님께 기도할 때 무섭고 두려운 마음이 아닌 담대함으로 나아가십시오. 다시 말하면, 기도할 때 주 안에서 주님을 믿음으로 말미암아 담대함과 확신을 가지고 하나님께 나아가십시오(엡 3:12 참고)."

실제로 성찬예식에서 '주기도문'으로 기도하기 전에 이렇게 기도했다고 한다. "주님! 우리가 하늘에 계신 하나님을 기쁨과 자연스러움으로 '아버지'라고 감히 부를 수 있도록 해 주시옵소서! (주기도문으로 기도가 이어짐) 하늘에 계신 우리 아버지……" 이 기도문에서 '감히'라는 단어가 돋보인다. 우리가 천지의 창조주이시며 하늘에 계신 전능하신 하나님을 "우리 아버지!"라고 부를 수 있도록 긍휼을 베풀어 주신 것은 참으로 감사할 일이다. "아빠 아버지"라고 부를 수 있는 것, 기도할 수 있는 것 자체가 감사할 일이다. 우리가 하나님 아버지께 다가가 대화하고 관계를 맺을 수 있음이 감사할 일이다.

하나님께 나아가 기도하는 사람은 하나님께서 우리에게 베풀어 주신 은혜가 얼마나 크며, 우리의 죄와 비참이 얼마나 심각한지를 아는 사람이다. 그리고 지금도 여전히 하나님의 죄 용서와 긍휼하심이 필요하다는 것을 아는 사람이 기도의 자리로 나아간다. 그러므로 기도는 감사의 가장 중요한 표현임에 틀림이 없다. 기도하는 사람은 하나님께 감사하는 사람이다. 감사하는 사람은 기도하는 사람이다. 하나님께 감사하기 원하는가? 기도의 자리로 나아가라. 기도가 감사이기 때문이다. 기도하지 않는 사람은 어떤 사람인가? 감사하지 않는 사람이다.

성전, 기도하는 집!

우리는 기도를 '그리스도 안에서' 해야 한다는 의미를 이사야 56장 7절 말씀에서도 유추할 수 있다.

"내 집은 만민이 기도하는 집이라 일컬음이 될 것임이라."

여기서 '내 집'은 성전이다. 성전이 왜 기도하는 집일까? 성전에서 하나님과의 사귐이 있기 때문이다. 죄인이 하나님과 사귀려면 죄 문제를 해결해야 한다. 성전에서 죄의 고백과 피 흘림의 제사가 있고 하나님과 평화를 누린다. 이렇게 성전에는 하나님과의 사귐이 있으니 성전을 '기도하는 집'이라고 할 수 있다. 우리는 성전 되신 그리스도 안에서 기도한다. 우리는 그리스도 안에서 기도함으로 성전에서 이루어지는 하나님과의 사귐을 나눌 수 있다. 예수 그리스도 안에서 기도하는 사람은 성전에서 기도하는 것과 같은 하나님과의 사귐을 나눌 수 있다. 우리는 반드시 '예수 그리스도 안에서' 기도해야 한다.

기도, 향을 피우는 것!

성경은 기도를 성전에서 분향하는 것, 곧 향을 피우는 것으로 표현한다. 요한이 환상 가운데 본 것을 기록한 요한계시록을 보자.

> "네 생물과 이십사 장로들이 그 어린양 앞에 엎드려 각각 거문고와 향이 가득한 금 대접을 가졌으니 이 향은 성도의 기도들이라"(계 5:8).

성전의 성소에서 제사장이 향을 불살라 향기로운 냄새를 풍기는 것을 생각해 보자. 이 향연(香煙)이 곧 기도이다. 기도는 이처럼 우리의 기분을 좋게 한다. 당연히 하나님을 기쁘시게 한다. 이런 아름다운 교제가 가능하게 되는 것이 기도이다.

> "아론이 아침마다 그 위에 향기로운 향을 사르되 등불을 손질할 때에 사를지며, 또 저녁 때 등불을 켤 때에 사를지니, 이 향은 너희가 대대로 여호와 앞에 끊지 못할지며, 너희는 그 위에 다른 향을 사르지 말며 번제나 소제를 드리지 말며 전제의 술을 붓지 말며"(출 30:7-9).

기도로 하나님과의 아름다운 교제를 하라는 말이다. 절대로 세속적인 다른 생각을 넣어서는 안 된다. 하나님께서 정해 주신 향으로 살아야 했던 것처럼, 하나님의 말씀으로만 기도해야 한다. 하나님의 뜻이 이루어지기를 기도해야 한다. 그것이 아름다운 향기를 발하는 참 기도이다. 다윗도 시편 141편 2절에서 이렇게 노래했다.

"나의 기도가 주의 앞에 분향함과 같이 되며"

기도는 하나님께 향기로운 향과 같다. 구약 시대에 성소에서 아침과 저녁으로 향을 피웠다. 이것은 하나님과 죄인인 인간의 향기로운 교제를 말해 준다. 기도는 일방적으로 우리의 소원을 쏟아 붓는 것이 아니라, 하나님과 죄인의 아름다운 교제이다. 그래서 하나님께서는 우리에게 "쉬지 말고 기도하라"(살전 5:17)고 요구하신다. 하나님과의 교제를 끊지 말고 계속하라는 뜻이다. 쉬지 말라는 말은 죽도록 힘에 부치도록 열심을 내어 금식하며 결단하고 기도하라는 뜻이 아니다. 어떤 곳에는 365일 24시간 동안 쉬지 않고 기도하는 단체가 있다. 가정과 직장을 내팽개치고 말이다. "쉬지 말고 기도하라"는 말씀을 지킨다고 생각하지만, '쉬지 말고'라는 말의 의미를 글자 그대로 적용해서는 안 된다. 기도는 하나님과의 교제이니, 하나님과의 대화를 쉬지 말라는 뜻이다.

기도, 하나님이 기뻐하시고 우리에게 좋아!

하나님과 우리의 관계는 좀 특별하다. 하나님께서는 우리를 보시지만, 우리는 하나님을 볼 수 없다. 대화가 쉽지 않다. 기도로 대화할 수 있지만, 우린 이교적 기도의 습성에 젖어 우리 얘기만 늘어놓기 일쑤다. 이것저것 달라고만 한다. 기도해 놓고 기다리지도 않는다. 너무 많은 것들을 달라고 했기 때문에 기억도 나지 않는다. 그러나 하나님께서는 우리의 기도를 다 듣고 계시다. 하나님께서는 우리와 대화하기 원하신다. 그래서 우리에게 기도하라고 명령하신다. 기도는 하나님의 영광과 우리의 기쁨을 위해 필요하다. 기도를 통해 하나님과 우리의 사이가 좋아진다.

> "여호와께서는 자기에게 간구하는 모든 자 곧 진실하게 간구하는 모든 자에게 가까이 하시는도다"(시 145:18).

하나님은 기도로 대화하는 자를 가까이 하시다. 기도는 언약 백성에게 좋은 것이다.

02
기도는 섭리신앙의 시금석인가? 은혜를 받는 방편인가?

성희찬

기도는 섭리신앙의 표현 혹은 시금석인가? 아니면 은혜를 받는 방편인가?

기도는 섭리신앙의 표현인가, 은혜를 받는 방편인가? 이는 신자의 영적 생활에서 중요하면서도 미묘한 질문이라고 할 수 있다.

어떤 신자는 섭리신앙의 표현으로 생각하고 행복할 때나 불행할 때나, 풍년의 때나 흉년의 때나, 비가 올 때든 가뭄이 올 때든 이 모든 때가 하나님 아버지의 은혜로운 섭리라 여기고 이에 대한 응답으로 감사의 기도를 드린다. 그런데 은혜를 얻기 위해서는 기도를 거의 하지 않는다. 즉, 은혜의 방편으로서 기도를 거의 사용하지 않는다. 그런데 이렇게 은혜를 얻기 위한 기도는 하지 않으면서 하나님의 섭리에 대한 신앙으로서 감사의 기도만을 드리는 자는 예수님이 비유 중에 책망하신 바리새인의 기도에 비교할 수 있다. 바리새인은 가슴을 치며 죄를 고백하는 세리와 달리 감사의 기도를 하였지만 책망을 받았다.

반면 어떤 신자는 하나님의 은혜로운 섭리에 대한 감사의 기도는 전혀 없이, 오직 은혜를 얻기 위해 결사적으로 간구하는 기도를 한다. 이것 역시 한쪽으로 치우친 기도라고 할 수 있다.

기도는 섭리신앙의 표현인가, 은혜를 받는 방편인가? 이 질문에 대한 대답을 얻기 위해 먼저 다음의 주제에서 시작하자.

기독교와 교회의 위기

신앙의 위기는 무엇보다 기도의 부족에서 그 원인을 찾을 수 있고, 나아가 기독교 신학에서 기도를 다루지 않은 것에서도 더 근본적인 원인을 찾을 수 있다.

네덜란드 아펠도른(Apeldoorn) 신학교에서 교회사를 가르치다가 은퇴한 판 엇 스페이커르(W. van't Spijker) 교수는 오늘날 기독교와 교회의 위기, 신앙의 위기를 무엇보다 기도가 부족한 성도와 교회의 현실에서 찾았다. 나아가 신학의 중심이라 할 수 있는 교의학(조직신학)에서도 기도를 거의 다루지 않는 것을 날카롭게 지적하였다. 그 실례로 심지어 헤르만 바빙크(Herman Bavinck) 같은 훌륭한 개혁주의 진영의 신학자조차도 그의 『개혁 교의학』에서 기도를 다루지 않고 다만 하나님의 작정(예정)과 섭리를 말할 때에 겨우 기도를 언급하고 있다고 비판하였다. 그 논점은 분명하다. "하나님께서 모든 것을 예정하셨는데 기도가 왜 필요한가?"이다. 바빙크는 그의 책 『개혁 교의학』 제2권 §39 〈하나님의 섭리〉를 다루는 항목에서 하나님의 작정은 목적뿐 아니라 수단도 포함한다고 말하였다: "하나님께서는 자기 자녀들의 기도에 대한 자신의 응답을 작정과 연결하였습니다. 하나님께서 가뭄에 비를 내리기로 작정하셨다면 그분은 자기 백성이 그것을 위해 기도할 것을 작정하셨고 또한 동시에 그런 기도에 대한 응답으로 친히 비를 내리실 것을 작정하셨다는 것입니다."(황대우 역, 기도 묵상 시련, 37)

벌코프(H. Berkhof)는 기도가 교의학에서 거의 잊혀진 것은 바빙크뿐 아니라 칼뱅 이후 나온 대부분의 교의학 교과서에 해당한다고 지적하였다. 물론 이에 대해 고려신학대학원 교의학 교수인 유해무 박사가 두커스(L. Doekes)의 책을 인용하여 벌코프의 이런 발언이 어느 정도 과장된 발언이라고 변호하고 있기는 하다(개혁교의학, 526). 두커스는 "기도하는 교회"라는 논문집에 기고한 그의 논문("칼뱅 이후 개혁의 교의학에 나타난 기도")에서 개혁주의 진영에서 기도가 지속적으로 신학의 주제였고 또 경건생활에서도 지속적으로 존중되었음을 강변(强辯)한 적이 있다.

그러나 부인할 수 없는 것은 바빙크와 카이퍼(Abraham Kuyper)는 기도를 신학이 아니라 윤리학에서 다루어야 할 주제로 보았고, 오히려 벌코프나 칼 바르트(Karl Barth) 같은 이들이 기도를 신학의 출발점으로 제시하고 있다는 점이다. 기도를 신학이 아니라 윤리학에서 다루었다는 것은 기도를 신자가 하나님께 마땅히 행할 의무로만 보았다는 것이다. 이는 기도를 은혜의 방편, 즉 기도함으로 하나님의 은혜를 얻는 것으로 본 칼뱅과 청교도들의 입장과 크게 달리 하는 것이라고 할 수 있다.

기도는 은혜의 방편 이전에 우선 은혜의 증거요 은혜의 열매이다

무엇보다 기도는 은혜의 방편 이전에 하나님께서 신자에게 주신 은혜의 증거요 은혜의 열매라고 할 수 있다.

기도하지 않는 신자, 이는 도무지 생각할 수 없는 일이다. 이는 마치 영혼이 살아 있는데 그 영혼이 숨을 쉬지 않는 것과 같다고 할 수 있다. 한마디로 기도가 없는 곳에는 은혜가 아니라 영적 죽음이 머문다고 말할 수 있다. 사도 바울이 회심한 장면을 보면 하늘의 빛이 그를 강하게 비추었을 때 그에게 일어난 일을 다음과 같이 주님께서 다메섹에 사는 아나니아라 하는 제자에게 증거해 주셨다:

"그가 기도하는 중이니라"(행 9:11).

기도하는 바울을 알리시면서 이만큼 회심의 증거가 어디 있느냐고 하시며 안심하고 그를 찾아가라고 아나니아에게 하신 말씀이다.

중생(重生, 거듭남)의 생활에서 여러 증거를 생각할 수 있겠으나 가장 분명한 증거는 기도다. 기도는 성령이 역사하시는 가장 큰 증거요, 중생 받은 마음의 증거요, 하나님이 주신 은혜의 증거요, 은혜의 열매라고 할 수 있다. 기도와 중생의 관계에서 볼 때 기도는 은혜의 열매이지, 은혜의 방편이라고 말할 수 없다. 중생의 은혜는 기도해서 주어진 기도의 열매가 결코 아니다. 즉, 중생의 은혜가 먼저 있고 그 증거로서 주어진 것이 기도다.

또 신자가 드리는 기도는 그가 하나님의 자녀로서 하나님 아버지의 섭리라는 은혜 아래에 있다는 확실한 증거요 열매이다. 행복할 때든 불행할 때든 모든 시간과 모든 때와 모든 상황에서도 천부의 섭리를 믿는 신앙의 시금석은 신자가 드리는 감사 기도에 있다고 말할 수 있다. 물론 신자도 때로는 죄 중에 있을 때 마치 약하고 병든 자가 숨을 잘 쉬지 못하듯이 기도의 영적 호흡이 참으로 약할 수 있다. 그러나 죽은 자가 호흡을 할 수 없듯이 영적으로 죽은 자는 결코 작은 호흡도 할 수 없다.

기도는 성령이 역사하시는 증거라고 할 수 있다.

"성령도 우리의 연약함을 도우시나니 우리는 마땅히 기도할 바를 알지 못하나 오직 성령이 말할 수 없는 탄식으로 우리를 위하여 친히 간구하시느니라"(롬 8:26).

이 말씀의 뜻은 성령께서 신자를 통해 기도하신다는 뜻이 아니라, 도리어 신자가 연약한 중에 있을지라도 우리를 도우시는 성령을 통해 신자가 기도한다는 뜻이다.

기도, 은혜의 방편

그럼에도 기도는 은혜의 증거요 열매일 뿐 아니라 또한 나아가 기도를 통해 하나님의 은혜를 얻는 은혜의 방편이기도 하다.

웨스트민스터 대교리문답(154), 소교리문답(88문답)은 말씀과 성례와 함께 기도가 그리스도께서 그분의 교회가 그분의 중보의 은덕을 전달하는 외적이고 통상적인 방편들이라고 말하고 있다.

기도가 은혜의 방편이라고 할 때 대체 이를 어떻게 이해해야 하는 것일까? 유해무 박사는 그의 책에서 다음과 같이 말하고 있다.

첫째, 기도는 무엇보다 하나님이 우리에게 자신을 계시하시는 방편이자, 삼위 하나님과 교제하는 방편이기 때문이다.

왜냐하면 무엇보다 우리 기도가 오직 성령의 도움을 받아, 예수 그리스도의 이름으로 가능하기 때문이다. 성령은 우리의 연약함을 도우사 우리를 위해 간구하시기에 우리 기도의 선생이라고 할 수 있다. 이 점에서 우리는 어떤 기도보다 성령을 구하는 기도를 드릴 수 있다. 또 기도가 신자의 의무요 신앙의 응답 이전에 은혜의 방편으로서 은혜의 또 다른 방편인 '말씀'을 효력 있는 방편으로 삼아 말씀을 깨닫게 하여 죄인을 책망하고 회개하게 하시며 구원에 이르도록 하시는 분이 성령이시기 때문이다(소교리문답 89). 또 중보자 그리스도가 십자가에서 이루신 구속도 성령께서 우리에게 효력 있게 적용하시어 우리가 그 구속에 참여하는 자가 되게 하시기 때문이다(소교리문답 29).

따라서 기도가 성령의 도움을 구하고 천부의 은혜를 구하고 중보자 예수 그리스도의 이름으로 이루어진다는 점에서 기도는 삼위 하나님과의 교제요, 하나님이 자신을 우리에게 계시하시는 방편이요 그래서 은혜의 방편이라고 말할 수 있다. 기도가 은혜의 방편이라고 할 때 바로 이 점을 간과하고 오로지 결사적으로 하나님의 은혜를 얻기 위해 기도의 방편을 사용한다면 다른 종교의 기도와 크게 다를 바가 없을 것이다.

둘째, 기도가 은혜의 방편이라는 것은 기도가 신자의 영적 생활을 강화시키는데 중요한 방편이 되기 때문이다.

이는 칼뱅과 청교도의 기여라고 유해무 박사가 강조하고 있다. 칼뱅은 그의 책 『기독교강요』 제3권 20장의 표제에서 기도를 "우리가 매일 하나님의 은덕들을 받는 방편"이라고 하였다. 그래서 기도는 하나님 보좌 앞에 있는 금 제단에 드려진 거룩한 향기라고 말하였다(계 5:8). 이는 시편 141편 2절의 말씀과 부합되는 말씀이다.

"나의 기도가 주의 앞에 분향함과 같이 되며 나의 손 드는 것이 저녁 제사 같이 되게 하소서."

이 말씀은 신자의 기도가 하나님이 보시기에 얼마나 소중한지를 잘 보여 주고 있다. 또 여호와의 이름을 부르며 기도하는 것은 견고한 망대로 달려가서 안전함을 얻는 것과 같은 것이다(잠 18:10), 주님 앞에 우리의 심정을 통한 것이며(삼상 1:15), 또 긍휼하심을 받고 때를 따라 돕는 은혜를 얻기 위하여 은혜의 보좌 앞에 담대히 나아가는 것(히 4:16)이라고 할 수 있다. 또 우리 염려를 주께 다 맡기는 것(벧전 5:7)이라고 할 수 있다. 따라서 기도는 한편으로 하나님께서 신자에게 주시는 명령이요 신자의 경건한 의무이기도 하지만 다른 한편으로는 신자의 영적 생활을 강화시키는 가장 유익한 방편이라고 할 수 있다.

기도가 은혜의 방편이라는 점은 기도와 기도응답의 관계를 성경이 아주 긴밀하게 말씀하고 있다는 점에서 볼 수 있다.

"구하라 그리하면 너희에게 주실 것이요 찾으라 그리하면 찾아낼 것이요 문을 두드리라 그리하면 너희에게 열릴 것이니 구하는 이마다 받을 것이요 찾는 이는 찾아낼 것이요 두드리는 이에게는 열릴 것이니라"(마 7:7-8).

"너희가 얻지 못함은 구하지 아니하기 때문이요"(약 4:2).

성경이 이같이 우리에게 가르치기 때문이 아니라 일상에서 우리의 경험에서도 기도하는 자가 하나님의 복을 누리는 것을 얼마든지 볼 수 있다. 그래서 신자에게 최고의 때는 곧 신자가 기도생활을 최고로 할 때라고 말할 수 있다.

마치 우리가 들숨과 날숨을 통해 신선한 공기를 마시어 건강하듯이, 우리 영혼도 기도를 통해 성령의 숨이라는 도움을 받아 하나님의 은혜를 받아 영적 건강이 유지될 수 있다. 기도를 쉬지 말라고 하신 뜻이 여기에 있다.

어떻게 조화를 이룰 것인가?

기도가 은혜의 증거로서 섭리신앙의 표현이자 신자의 의무이면서 동시에 은혜의 방편이라는 점이 서로 조화를 이룰 수 있을까?

사실 하이델베르크 교리문답 제116문답은 기도가 가지고 있는 두 가지 요소를 잘 정리해서 고백하고 있다:

> "그리스도인에게 왜 기도가 필요합니까? 기도는 하나님께서 우리에게 요구하시는 감사의 가장 중요한 부분이며, 또한 하나님께서는 그의 은혜와 성령을 오직 탄식하는 마음으로 쉬지 않고 구하고 그것에 대해 감사하는 사람에게만 주시기 때문입니다."

첫째, 기도는 하나님께 드리는 감사의 가장 중요한 부분이라고 하였다. 이는 기도가 신자가 은혜를 받은 증거요 열매라고 말할 수 있다. 그래서 우리는 감사기도를 신자가 하나님의 섭리라는 은혜 아래에 있는지를 확인하는 시금석으로 생각할 수 있다.

둘째, 기도는 그의 은혜와 성령을 오직 탄식하는 마음으로 쉬지 않고 구하고 또 그것에 대해 감사하는 사람에게 주시기 때문이라고 하였는데, 이는 기도가 은혜를 받은 방편이라는 것을 잘 보여 주는 표현이다.

겉으로 보기에는 이 둘이 서로 교리적으로 상충하는 것처럼 보인다.

한편으로 기도가 은혜의 증거요 열매라고 하면서, 다른 한편으로 은혜를 얻기 위해 기도하라고 하는 것일까? 즉, 한편으로는 은혜가 먼저 나오고 기도가 나중에 나오지만, 다른 한편에서는 기도가 먼저 나오고 은혜가 나중에 나온다. 과연 이 둘을 어떻게 조화시켜야 하는 것일까?

우리는 다음과 같이 조화를 이룰 수 있을 것이다.

기도가 은혜의 증거요, 열매라는 것은 신자가 새로운 생명을 얻고 중생을 얻는 자로서 또 하나님 아버지의 섭리라는 은혜 아래에 있는 신자의 '존재'와 관련해서 이해할 수 있고, 반면 기도가 은혜를 얻는 방편이라는 것은 신자가 새로운 생명을 계속 '유지하고 강화시키는' 것과 관련해서 이해할 수 있다. 신자의 '존재'와 관련해서 기도는 엄밀하게 말하자면 은혜의 증거이다. 그러나 신자의 생활을 유지하고 강화하는 것과 관련해서 볼 때 기도는 은혜의 방편이다.

기도, 신자의 고백

결론을 내린다면 신자는 기도를 통해 신자로서 존재를 가장 잘 표현할 수 있다. 특별히 하나님 아버지의 섭리를 믿는 하나님의 자녀로서 그 존재를 드러내는 것이 어떤 상황에서도 하나님 아버지의 섭리를 믿고 감사의 기도를 드리는 여부에 있음을 잊어서는 안 될 것이다.

또 다른 한편으로 신자는 날마다 자기의 연약함을 고백하며 하나님이 약속하신 은혜를 얻어서 신자로서 영적 생활을 유지하고 견고하게 하기 위해 쉬지 말고 기도해야 할 것이다.

03
대표기도, 어떻게 해야 하는가?

안재경

공예배에서 가장 중요한 요소로 무엇을 들 수 있을까? 찬양, 기도, 설교를 드는 이들이 많을 것이다. 그런데 이렇게 중요하게 생각하는 요소들이 의외로 예배를 어려움으로 몰아넣기도 한다. 예배 전 찬양인도나 예배 중의 찬양이 문제가 되는 경우가 있는데 이것보다 더 문제가 될 수 있는 것이 대표기도와 설교이다. 대표기도자의 기도가 기도문을 작성하지 않고 즉석에서 하는 기도일 때 그 기도가 문제가 되곤 한다. 목사의 설교가 설교문을 작성하여 하더라도 설교 중간에 감정에 사로잡혀 즉흥 발언을 하여 문제가 될 때가 종종 있다. 직분자가 예배 순서를 잘 준비하여 인도하지 않을 때 찬양만이 아니라 은혜가 되어야 할 설교와 기도가 문제가 될 수 있다. 여기서는 예배시 대표기도의 중요성과 그 기도의 내용이 어떠해야 하는지를 살펴보자.

대표기도의 중요성

하이델베르크 요리문답 103문에서는 주일에 드리는 예배의 순서를

"하나님의 말씀을 경청하고 성례에 참여하며, 주님을 공적으로 부르고 가난한 자들에게 기독교적 자비를 행하는 것"이라고 말하고 있다. 이 문답은 설교와 성례, 기도와 헌금을 예배의 중요한 요소로 언급하고 있다. 이것이 예배의 요소와 순서를 다 언급한 것은 아니지만 예배에서 빠질 수 없는 요소를 언급한 것이라고 볼 수 있다.

기도는 예배 순서에 있어서 중요한 요소이다. 구약 시대에 성전은 '기도하는 집'(사 56:7)이라고 불렸고 하나님께서는 그곳에서 하는 기도에 귀 기울이겠다고 말씀하셨다(대하 7:15 참고). 바벨론 유수 이후에 유대인들이 회당을 세워 예배를 드릴 때에도 기도가 회당예배의 중요한 요소로 자리 잡았다. 오순절 성령강림으로 세워진 신약 교회도 예외가 아니었다. 초대 교회는 사도들의 가르침을 받아 모일 때마다 기도하기에 힘썼을 뿐만 아니라(행 2:42 참고) 핍박받는 구체적인 상황을 하나님께 아뢰었다(행 4:24, 12:5 참고). 사도들은 기도하는 일과 말씀 전하는 일에 힘썼을 뿐만 아니라 안수를 겸한 기도를 통해 직분자들을 세웠다(행 6:4,6 참고).

중세 로마교회는 기도를 성직자의 전유물로 만들었다. 로마교회는 미사를 할 때 성직자만이 고정된 기도문을 낭송했다. 사제는 회중을 등지고 웅얼거리며 기도했기에 무엇을 기도하는지 알아들을 수 없었다. 사제들은 일부러 회중이 들을 수 없도록 낮은 소리로 웅얼거리며 기도하므로 신비한 느낌을 가지도록 만들었다. 로마교회는 신자들에게 개인적으로 열심히 기도할 것을 요구하지 않은 것이 아니다. 문제는 그런 기도를 '선행'이라고 가르친 것이다. 즉, 기도는 하나님의 은혜와 그리스도의 은덕을 획득할 수 있는 수단이 되었다. 더군다나 중세 교회는 성인(聖人)들의 중보를 강조했기에 신자들은 성인들과 성모 마리아의 이름을 빌어서 기도했다. 그것이 하나님께 쉽게 나아갈 수 있는 길이라고 생각했다.

종교개혁자들은 공예배 시에 드리는 기도, 즉 공기도가 얼마나 중요한지를 재발견했다. 종교개혁자들도 공예배시 목사가 모든 회중들을 위해서 기도하는 것이 중요하다고 보았다. 직분자가 예배 시에 하는 기도는 회중의 기도를 인도하는 것이라고 이해하였다. 종교개혁자들이 기도문을 완전히 배척하지 않은 것은 훈련받지 않은 회중들을 위해서였다. 회중들은 기도문을 통해 기도에 좀 더 쉽게 접근할 수 있었기 때문이다. 물론, 기도문이 아닌 자유로운 기도도 허용했다. 기도하도록 하시는 분은 우리 마음속에 임한 성령님이기 때문이다. 종교개혁은 공예배를 개혁했고, 공적 기도를 개혁했다.

공예배의 몇 가지 기도들

종교개혁가들은 공예배에 세 번의 중요한 기도를 배치했다. 첫째는 '죄 고백의 기도'인데 예배 시작 부분에 십계명을 읽고 난 다음 하나님께 죄를 고하는 기도였다. 둘째는 설교 전에 하는 기도인데 '조명을 위한 기도'라고 부른다. 이 기도는 말씀을 여는 것과 성령께서 그 말씀 선포를 통해 우리의 생각과 마음을 조명해 달라는 기도이다. 마지막 세 번째 기도는 설교 후에 하는 기도인데 '중보하는 기도'이다. 이 세 번째 기도에 들어가야 할 세 가지 중요한 기도의 영역이 있다. 회중의 구체적인 필요를 위해 구할 뿐만 아니라 정부를 위한 기도(딤전 2:1-4 참고), 복음을 대적하는 이들을 향한 기도(마 5:43-48 참고) 그리고 복음전파를 위한 기도(엡 6:19,20 참고)가 포함되어야 한다. 이 기도는 설교 전의 기도보다 긴데 소위 말하는 '기독교의 모든 필요를 구하는 기도'가 여기에 속한다.

종교개혁의 기운이 확산되면서 공예배와 공기도에 대한 변화가 일어났다. 점차로 설교 전에 하는 기도가 즉흥기도로 바뀌었고, 길이도 길어지게 되었다. 잉글랜드와 스코틀랜드의 청교도와 독일의 경건주의자들은 기도문으로 기도하는 것을 싫어하고 마음으로부터 우러나오는 즉흥기도를 강조했다. 기도문으로 기도하는 것은 죽은 기도이며 성령의 감동으로 즉흥적으로 기도하는 것만이 살아 있는 기도라고 주장했다. 그 결과 예배 시 주기도문을 사용하는 것조차도 꺼렸다. 17세기 말에는 길게 기도를 이어갈 수 있는 '기도의 은사'를 받은 이들이 교회 직분자로 선출되는 일이 벌어졌다.

종교개혁 시에는 죄를 고백하는 기도와 조명을 구하는 기도, 그리고 중보하는 기도가 각각 제 역할을 분명하게 했다. 요즘에는 설교 전에 하는 대표기도를 통해 이 세 가지 기도를 한꺼번에 통합해서 해 버리는 경우가 많다. 이 세 기도들은 예배 시 차지하는 독특한 자리들이 있고, 초대 교회 때부터 내려오는 전통에 근거하고 있기에 각각의 독특성을 살리는 것이 좋겠다. 대륙의 개혁교회들에서는 기도의 실제적인 성격을 고려하여 중보하는 기도를 설교 후에 넣고, 목사가 이 순서를 담당한다. 하나님의 말씀의 선포를 들은 후에 그 말씀에 근거해서 우리의 소원과 간구를 하나님께 올려드리는 것이 자연스럽기 때문이다.

목사는 공예배 시에 기도를 인도해야 할 책임이 있다. 한국 교회는 중보하는 이 기도를 일반적으로 '목회기도'라고 부른다. 그리고 설교 전에 장로의 대표기도라는 것도 있다. 요즘에는 공기도도 직분 사역의 중요한 장이라는 말이다. 우리는 교회를 영적으로 감독하는 장로도 기도를 인도할 수 있다고 본다. 한국 교회 전통은 설교 전에 이 기도를, 그것도 장로가 대표기도하는 것이 일반화되어 있는데 이런 전통을 무시할 필요가 없다는 말이다. 그리고 이 공기도가 그냥 단순한 대표기도가 아니라 목회기도라는 것을 알아야 하겠다. 장로도 목사와 함께 교회를 목양하기 때문에 이 기도를 할 수 있는 것이다.

잘 준비된 고백적인 기도

대표기도를 잘 살펴보면 나이 든 직분자들은 대체로 즉흥기도를 하고, 젊은 직분자들은 기도문을 만들어서 기도하는 경우가 많다. 이때 교인들의 반응이 나뉜다. 즉흥기도를 하는 이들이 기도 시간을 길게 만들기에 따분해 한다. 즉흥기도라는 것도 반복되면 늘 똑같은 문구로 기도할 수밖에 없기 때문이다. 반면에 기도문을 작성하여 하는 기도가 신선하기는 하지만 반복하다 보면 그 내용이 크게 다르지 않다. 그렇다면 기도 내용이 늘 새로워야 하는가? 그렇지 않다. 우리는 기도의 내용이 항상 바뀌어야 한다는 부담감을 가질 필요가 없다. 어떻게 보면 우리의 필요는 크게 바뀌지 않고, 그래서 우리는 늘 똑같은 것을 구해야 하니 말이다. 고백도 하나이니 기도도 하나라고 말할 수 있다.

아직까지도 즉흥기도, 그리고 아주 길게 기도하는 것을 영적인 것으로 생각하는 경향이 있다. 기도문을 적어서 기도하는 것을 신앙이 깊지 못하다는 증거로 생각하기도 한다. 이런 생각은 다분히 경건주의적이다. 종교개혁자들은 로마교회식의 정형화된 기도문과 재세례파(Anabaptists)의 성령의 감동으로 인한 즉흥기도 둘 다를 경계했다. 성령의 인도가 중요하지만 교회의 구체적인 필요를 구하는 치밀함도 중요하다. 즉흥기도를 하다가 신앙고백과 배치되는 기도를 하기가 쉽고, 기도문을 준비해서 그것을 읽는 것에만 익숙해져서 성령의 인도를 무시할 수도 있다. 공적 기도에서 자유가 주어져야 하고, 그렇다고 그것이 질서를 무시하는 것이 되어서는 안 된다.

공적 기도는 설교시간이 아니다. 종종 공적 기도를 교인들을 가르치는 시간으로 착각하는 경우가 있기에 하는 말이다. 설교자가 하나님을 대신하여 하나님의 말씀을 선포하는 시간이 따로 있다. 공기도 시간은 성도를 대신하여 하나님께 간구하는 시간이다. 공기도를 통해 성도들이나 목사, 더 나아가 교회 전체를 가르치려고 하는 경우를 종종 볼 수 있다. 공기도는 같이 죄인의 입장에 있기에 죄인임을 고백하면서 하나님의 크신 긍휼과 자비를 구해야 할 것이다. 그렇다고 죄인이기 때문에 하나님께 아무것도 구할 수 없다는 무기력함에 사로잡혀서는 안될 것이다. 우리는 예수 그리스도의 이름으로 무엇이든지 하나님께 구할 수 있고, 하나님께서는 그런 기도에 넘치도록 응답하시기 때문이다.

공적 기도는 철저하게 성경적이고 신앙고백적이어야 한다. 모든 성도들이 함께 하나님 앞에 나아가는 공예배 시에 드려지는 기도는 사적인 기도와는 성격이 다르다. 공적 기도는 직분자 개인의 주관적인 체험이나 주관적인 사상을 드러내는 시간이 아니다. 지구상에서 일어난 재난이나 성도들에게 일어난 일들도 언급할 수 있겠지만 공적 기도는 철저하게 성경 말씀과 언약에 대한 반응이어야 한다. 즉, 기도 인도자는 성경과 고백을 재해석해서 읊조려야 한다. 고백의 한 방식이 공기도이다.

기도는 오직 예수 그리스도의 이름으로 하나님께 구해야 한다. 어떤 경우에도 은혜에 반하여 신자들의 의와 열심에 근거하여 구하는 것이 되어서는 안 될 것이다. 공적 기도를 할 때는 표현과 용어조차도 신중하게 고려하여 자극적이고 극단적인 표현을 삼가고 이해하기 쉬운 단어와 표현을 사용하여 모든 성도들이 아멘으로 화답할 수 있어야 하겠다(고전

14:15,16 참고). 공적 기도가 하나님께서 주신 말씀을 우리의 방식으로 복창하는 것이 될 때 사탄의 나라가 무너지고, 하나님의 나라가 굳게 설 것이다. 기도가 삼위 하나님을 신학하는 것이 될 때 교회와 신자의 믿음이 굳세어질 것이다.

아래 기도문은 대륙의 개혁교회들에서 하는 대표적인 기도문 중 하나이다. 이 기도문은 예배때 구할 수 있는 모든 필요를 잘 보여준다. 대표 기도자들은 이 기도문을 참고하면 좋겠다.

기독교의 모든 필요를 구하는 기도

전능하시고 자비로우신 하나님, 우리는 감히 하나님 앞에 나아올 자격이 없는 자들임을 고백합니다. 우리의 양심이 우리를 고소하고, 우리의 죄가 우리를 향해서 소리치고 있습니다. 하나님은 주의 명령을 어기는 모든 죄들을 처벌하시는 의로운 심판자가 아니십니까!

그러나 주님, 주님은 우리의 모든 필요를 주님께 구하라고 명령하셨고, 우리의 간구에 귀 기울이시겠다고 약속하셨습니다. 이것은 우리의 의로움에 근거한 것이 아니라 우리의 중보자요 변호자이신 우리 주 예수 그리스도의 덕에 기인한 것입니다. 그러므로 우리는 주의 자비로우심 외에는 다른 모든 도움을 버릴 것이며, 다른 그 어떤 것도 우리의 피난처로 삼기를 거부합니다.

하늘에 계신 아버지여, 주님은 우리가 이해할 수 없고 셀 수도 없는 수많은 복을 내려 주셨습니다. 특별히 감사하옵는 것은 주님의 진리의 빛과 거룩한 복음의 지식으로 우리를 인도하셨습니다. 그러나 우리는 계속해서 주님의 은총을 저버렸고, 주님으로부터 떠났고, 우리 자신의 욕망을 따랐습니다. 우리는 마땅히 하나님을 존경할 만큼 존경하지도 않았습니다. 우리는 주님을 향해 심각한 죄를 지었습니다. 주님이 우리를 심판에 붙이신다면 우리는 저주와 영원한 죽음을 당할 수밖에 없습니다. 그러나 주님, 주님의 기름 부음 받은 자의 얼굴을 보소서. 주님의 눈을 우리의 죄로부터 감아 주옵소서. 그리스도의 중보를 통해 주님의 진노를 제거하옵소서. 우리의 죄악된 본성을 날마다 죽여갈 수 있도록, 우리의 삶이 날마다 새로워질 수 있도록 우리 가운데 성령으로 강력하게 역사하옵소서.

우리가 모든 인류를 위해 기도하는 것을 기뻐하시는 주님, 거룩한 복음의 선포를 복 주시사 온 세상에 주의 말씀이 선포되고 받아들여지기를 간구합니다. 온 세상이 하나님을 아는 지식으로 가득 차기를 기도합니다. 어리석은 자들을 지혜롭게 하시고, 연약한 자들을 강건하게 하옵소서. 모든 이들이 말씀과 행위로 주의 거룩한 이름을 높여드리기를 원합니다. 이것을 위해 추수할 신실한 종들을 보내 주시고 그들이 그들의 직분 사역을 잘 감당하도록 준비시켜 주옵소서. 또한 간구하옵는 것은 하나님의 거룩한 이름과 사람들의 구원을 바라는 것보다 자신의 명예와 유익을 도모하는 모든 거짓 선생들, 잔인한 이리들, 삯꾼들을 멸망시켜 주옵소서.

이 세상에서 주님의 기독교회가 진실한 믿음과 거룩한 삶 가운데 연합하여 주의 나라가 날마다 임하게 하옵소서. 주의 나라가 완성되어 주님이 만유의 주님이 되실 때까지 사탄의 나라를 멸망시켜 주옵소서.

이 세상에서 소망도 주님도 없이 살고 있는 유대인들과 회교도들과 이교도들을 위해 기도합니다. 자신들을 기독교인이라고 부르지만 교리와 삶에서 주의 진리로부터 빗나간 자들에게 진정한 복음을 전하게 하옵소서.

모든 기독교 기관들과 관계자들을 기억하여 주옵소서. 하나님의 거룩한 말씀에 따라 주의 이름을 높이고, 주의 나라를 확장하고, 주의 뜻을 성취하고자 하는 모든 조직들을 축복하옵소서. 긍휼을 베푸는 모든 기독교 기관들에 함께하셔서 관계자들에게 충만한 사랑을 허락하여 주옵소서.

주님, 주께서 우리 위에 세우신 대통령과 정부와 지방자치단체의 모든 관료들을 위해 기도합니다. 그들의 직무수행을 통해 만왕의 왕께서 그들과 그들의 국민들을 통치하시기를 구합니다. 주의 종들인 그들이 불법의 나라인 사탄의 나라를 대항하도록 하옵소서. 그들의 통치의 보호 하에 우리가 모든 면에서 조용하고 평화로운 삶, 경건하고 존경할 만한 삶을 살게 하옵소서.

주의 이름과 우리 주 예수 그리스도의 복음을 위해 핍박당하고 있는 주의 자녀들을 위해 기도합니다. 주의 성령으로 그들을 위로해 주시고 대적들의 손으로부터 구해 주옵소서. 주의 이름을 부르는 자들을 남겨 주시고, 주의 이름을 모독하는 이들을 제거하여 주옵소서. 그러나 만약 핍박받는 기독교인들이 죽음으로 진리를 증거하고 주의 이름을 영화롭게 해야 한다면 그들의 고통을 위로하여 주옵소서. 그들이 하늘 아버지께서 내리시는 시련을 잘 받게 하시고, 주의 영광을 위해, 교회를 세우기 위해, 그들의 구원을 위해 사나 죽으나 굳게 서게 하옵소서.

주님, 이 시간 우리는 주께서 가난, 감금, 질병, 영적인 곤란으로 시련하시는 이들을 기억합니다. 질병에 걸린 이들을 치유하시고, 정신적으로 병에 걸린 이들에게 온전한 마음을 주시기를 구합니다. 육체적 장애나 정신적 장애를 가진 이들을 돌보시기를 원하고, 낙심한 이들을 일으켜 주시기를 구합니다. 주님, 홀아비의 위로자가 되어 주시고, 홀어미의 보호자가 되어 주시고, 고아들의 아버지가 되어 주옵소서. 외로운 자들에게 주의 사랑을, 연약한 자들에게 주의 능력을, 죽어가는 이들에게 주의 은혜를, 사랑하는 이를 잃은 이들에게 주의 위로를 허락하옵소서. 모든 시련이 의의 열매를 맺게 하옵소서. 하나님의 영원한 영광을 맛볼 이들이 믿음과 사랑과 인내로 주께 영광돌리게 하옵소서.

주님, 우리와 우리가 사랑하는 이들을 주께서 돌보시고 지켜 주옵소서. 우리 가족들을 돌보아 주옵소서. 산모들에게 힘 주셔서 출산에 어려움이 없도록 하옵소서. 남편과 아내, 부모와 자녀의 관계를 축복하옵소서. 주께서 뜻이 있으셔서 자녀를 허락하지 않은 부부에게 함께하여 주옵소서. 그들에게 복 주셔서 주의 집에서 복이 되게 하옵소서.

주님, 우리의 직장과 사업을 도우시고 우리가 여행할 때 보호하옵소서. 하나님 나라의 확장과 우리 조국의 유익과 우리의 발전을 위해 우리가 애쓰는 노력을 축복하옵소서. 또한 땅의 산물을 축복하옵소서. 좋은 날씨와 풍성한 소출을 주시기를 구합니다.

주의 뜻대로 살아가는 가운데 우리의 소명을 충실하게 감당하게 하옵소서. 주님으로부터 받은 달란트를 잘 사용하게 하시고, 하나님 나라를 위해 우리 삶을 증진시키게 도와주옵소서. 모든 유혹 가운데서 우리를 강건하게 붙들어 주셔서 믿음의 선한 싸움을 싸우고 승리하여 그리스도와 더불어 영생을 누리게 하옵소서.

이 모든 것을 우리의 신실하신 주님이시요 구세주이신 예수 그리스도의 이름으로 기도합니다. 아멘!

04
'대표기도'로 알고 있는 '목회기도'에 관하여

손재익

대표기도로 알고 있는 목회기도

상당수의 사람들이 잘못 알고, 잘못 행하고 있는 주일 공예배의 '대표기도'는 사실 '목회기도'다. '목회기도'란 말 그대로 목사가 자신이 목양하는 회중과 함께 예배 드리면서 그 회중과 더불어 하나님께 드리는 기도이다. 그래서 이 순서에는 목사가 기도한다. 평소 심방과 교회 안에서의 만남을 통하여 회중의 영적 형편을 알고 있는 목사가 온 회중을 대표하여 하나님 앞에 기도를 드리는 것이다.

그런데 아쉽게도 한국 교회에서는 이 명칭이 잘 알려져 있지 않다. 오히려 상당수의 사람들은 '대표기도'라고 표현하고 있고, 한국 장로교회의 상당수 헌법에는 '공식 기도'라는 표현을 사용하고 있다. 대한예수교장로회 합동총회 헌법(2006년 판) 예배모범 제5장은 그 제목으로 '공식 기도'라고 되어 있고, 예장 합신총회 헌법(2010년 판) 예배모범 제5장 제2항에도 '공식 기도'라고 되어 있다. 예장 고신총회 헌법 예배지침은 1992년 판에서는 제11조에서 '공식 기도'라고 표현했다가, 2011년 판에서는 제11조에서 '대표기도'라고 개정하였으니 이는 '목회기도'에 대한 현실의 이해를 반영한 것이다. 그런데 앞서 언급하였듯이 주일 공예배 중에 이루어지는 '기도'는 '목회기도'라고 하는 것이 바람직하다.

명칭과 정의에 있어서 가장 좋은 설명은 통합총회 헌법(2006년 판) '예배와 예식'에 잘 나와 있다. '2-1-1-2. 목회기도'에 보면 "목회기도는 예배를 위하여 하나님 앞에 나아와 있는 회중들의 죄 용서와 소원을 구하는 중보적 의미를 가진 기도로서 목사에 의하여 드려진다. 목회기도에는 경배, 감사, 자복, 간구, 중보와 같은 요소들이 있어야 한다"라고 되어 있어서 주일 공예배 중의 기도가 곧 '목회기도'라는 사실을 잘 드러내고 있다.

목회기도의 주체

목회기도는 누가 해야 할까? 당연히 '목사'가 주체다. 목회기도라는 명칭에 나와 있듯이 이 기도는 목사가 하는 기도다. 역사적으로 볼 때에 목회기도의 주체가 목사라는 사실은 매우 분명하다. 종교개혁 당시 회중이 기도하는 일은 없었다. 일반 신도가 공기도에 참여하는 일에 최근 가장 크게 영향을 미친 것은 오순절과 은사주의 운동의 확산이다.[31]

그런데 한국 교회에서는 이러한 이해가 거의 없다. 오늘날 거의 대부분의 한국 교회에서는 장로들이 이 순서를 맡는다. 그런데 이것은 교회 역사와 전통에서 전혀 발견하기 어려운 부분이다.[32] 그렇다면 왜 장로들의 기도가 생겨나게 되었을까? 정확하게 그 기원을 알 수는 없으나 아마도 장로들도 예배의 한 부분을 맡아야 되지 않느냐 하는 일종의 권위

의식에서 비롯된 것이지 않을까 생각된다. 또한 '예배의 순서'를 왜 목사만 맡느냐? 다른 직분자들도 하나씩 맡아야 하지 않겠느냐? 라는 의식에서 비롯된 것으로 생각된다. 어쨌든 중요한 것은 직분적 역할과의 관련성에서 기인한 것은 아니라는 사실이다. 그러다 보니 최근에는 장로뿐만 아니라 집사(항존직원으로서의 집사는 물론이거니와 서리집사까지도)나 권사가 이 기도를 하는 경우가 많이 있다. 그러나 목회기도의 주체는 분명 '목사'다.

이 기도를 목사가 하는 중요한 이유는 '은혜의 방편(means of grace, media gratiae)'으로서의 기도라는 측면이다. 개혁신학은 은혜의 방편으로 말씀, 성례, 기도(웨스트민스터 대요리문답 제154문답; 웨스트민스터 소요리문답 제88문답) 3가지를 언급한다. 그런데 말씀과 성례를 목사가 주도하듯, 기도 역시 목사가 하는 것이다. 목사는 목회기도를 함에 있어서 자신의 언어나 표현을 사용하기보다는 성경의 언어와 표현을 사용함으로써 마치 말씀을 증거하는 것과 같은 선 상에서 기도해야 하는 것이다.[33] 이렇게 함으로써 기도가 은혜의 방편으로서의 기능을 하게 하는 것이다.

목회기도는 은혜의 방편이다. 그래서 목사가 전하는 성경적으로 풍성한 공기도는 곤경에 처한 사람들을 위로할 수 있고 걱정이 많은 사람을 진정시킬 수 있으며, 의심하는 사람들에게 답을 줄 수 있고 불안하여 흔들리는 사람들을 고정시켜 줄 수 있으며, 완고하여 회개하지 않는 사람들을 깨뜨릴 수 있다. 그렇게 함으로써 더욱더 많은 상담 혹은 설교가 필요하게 되는 상황이 없어지게 할 수 있다.[34] 목회기도는 설교와 밀접하게 연관된 일종의 또 다른 강단설교다. 그래서 기도 시에 성경적인 언어와 암시적인 내용을 사용하는 것[35]은 매우 중요하다.[36]

장로교 정치에 언급된 목회기도의 주체

장로교 정치를 자세히 살펴보면 목회기도의 주체가 목사임을 쉽게 알 수 있다. J. A. Hodge의 『교회정치문답조례』 제142문을 보면 "교회 안에서 누가 기도하는가?"라는 질문에 대해, "목사가 직접 기도한다"라고 되어 있다. 그러면서 "그러나 목사가 합당하거나 필요하다고 여기면 본 교회 장로나 합당한 교인에게 예배의 한 부분인 기도를 부탁할 수 있고, 그렇다 하더라도 책임은 항상 목사에게 있다"라고 가르치고 있다.

고신총회의 헌법(2011년 판)에서도 마찬가지다. 예배지침 11조를 보면 비록 '대표기도'라고 표현하고 있긴 하지만, 이어지는 제13조에서는 "기도의 준비"를 언급하면서 "목사가 예배를 인도하기 전에 설교를 준비하는 것과 같이 기도도 사전에 준비해야 한다. 목사는 반드시 성경을 숙독하고 기도에 관한 서적을 연구 묵상하며 기도의 능력과 정신을 갖추도록 노력할 것이며 자신의 마음을 정돈하고 언어의 선택에도 유념하며 동참하는 성도들에게 유익을 주고 공감할 수 있도록 세심한 주의를 해야 한다"라고 말함으로써 사실상 대표기도가 아닌 '목회기도'이며 그 주체가 '목사'임을 분명히 한다.

합동총회 헌법(2006년 판)도 마찬가지이다. 예배모범 제5장 '공식 기도'의 제4항에도 보면 "이상과 같이 기도 제목은 그 범위가 넓고 종류가 많으니 그 택하는 것은 당직한 목사의 충성과 생각에 맡긴다. 우리 장로회가 공식 기도의 일정한 모범을 좇을 것은 아니나 목사가 예배석에 나오기 전에 반드시 그 강도를 준비하는 것과 같이 또한 기도할 것도 준비하는 것이 옳다. 목사는 반드시 성경을 숙독하고 기도에 대한 서책을 연구하고 묵상하며 하나님으로 더불어 교통함으로 기도하는 능력과 정신을 얻을 것이요, 그뿐 아니라 아무 때나 공식 기도를 하려 할 때는 그 전에 자기 마음을 안돈(安頓)하고 기도할 것 중 어떠한 말이 좋을지 마음 가운데 차례로 준비할 것이니 이렇게 하여야 기도하는 데 그 위엄과 예모를 갖추며 또 같이 예배하는 사람들에게도 유익이 될 것이요 무미하고 불규칙하며 부주의한 행동으로 중대한 예식을 오손(汚損)하지 말라"라고 말함으로써 명칭은 '공식 기도'라고 했지만 내용은 사실상 '목회기도'임을 분명히 하고 있다.

앞서 언급하기를 유일하게 '목회기도'라는 명칭을 제대로 사용하고 있는 통합총회 헌법(2006년 판) 제4편 '예배와 예식' 제2장 '예배의 기본 요소'에서는 '목회기도'라고 되어 있고, "목회기도는 예배를 위하여 하나님 앞에 나아와 있는 회중들의 죄 용서와 소원을 구하는 중보적 의미를 가진 기도로서 목사에 의하여 드려진다"라고 언급하고 있다.

장로도 목회기도의 주체가 되기 위한 조건

필자는 장로의 목회기도를 완전히 반대하지는 않는다. 앞서 언급하였듯이 목회의 주체가 목사만이 아니라 당회 전체라는 관점에서 본다면 장로의 기도도 충분히 가능하다.

사실 성경은 장로를 목회의 주체로 언급하고 있다(행 20:28; 딤전 3:5; 벧전 5:1-2 참고). 예장 고신 헌법도 성경의 가르침을 따라 장로의 직무(교회정치 제66조)에서 "목사와 협력하여 행정과 권징을 관리하는 일, 교회의 영적 상태를 살피는 일, 교인을 심방, 위로, 교훈하는 일, 교인을 권면하는 일, 교인들이 설교대로 신앙생활을 하는 여부를 살피는 일, 언약의 자녀들을 양육하는 일, 교인들을 위해 기도하고 전도하는 일" 등을 언급함으로써 장로가 목사와 다른 점은 설교와 성례를 맡지 않았을 뿐이지, 사실상 목회의 동반자임을 분명히 하고 있다.

그러므로 장로의 목회기도가 가능한 것은 장로가 목사와 함께 양 떼들을 돌보는 일을 할 때이다. 만일 장로가 그저 행정적인 일만 다루고 목회적 직무에 충실하지 않다면, 목회기도를 장로가 맡는 것에 대해서는 고려해 보아야 한다.

목사든 장로든 교인의 영적 상태를 살피고 교인을 심방, 위로, 권면, 교육할 때에 비로소 그들을 위해서도 기도할 수 있다. 그러한 기도만이 은혜의 방편이요, 예배의 한 순서로서 진정한 의미를 갖게 될 것이다.

05
기도문을 사용하여 기도하자

황원하

우리는 성경과 교회사에서 여러 다양한 기도문들을 볼 수 있다. 이러한 성경에 기록된 영감 어린 기도문들과 신앙의 위인들이 남겨 준 통찰력 있는 기도문들을 읽으면서 큰 감동과 교훈을 얻는다. 본시 예배란 하나님을 향한 경배인 동시에 인간에게 교훈을 주는 행위이기에, 예배의 중요한 요소인 기도 역시 하나님께 드려지는 간구인 동시에 우리의 신앙과 삶이 나아가야 할 방향을 가르쳐 주는 교훈이 된다. 따라서 우리가 더욱 성의 있고 바른 기도를 드리기 위해서 '기도문'을 사용하는 것은 매우 바람직하다.

이 글은 기도문을 사용하여 기도하자는 취지의 글인데, 그리스도인들이 개인의 기도문, 가정의 기도문, 교회의 기도문, 그리고 기타 공동체의 기도문 등을 작성하여 하나님의 자녀들이 항시 기도문을 읽으면서 하나님 아버지와 교제할 수 있으면 좋겠다. 그렇게 할 때 우리의 신앙과 삶은 더욱 하나님 지향적이 될 것이다. 그러면 기도문을 사용하는 것에는 어떤 유익이 있으며, 구체적으로 어떻게 기도문을 만들 수 있는지를 살펴보겠다. 아울러 예배 시간에 대표기도 하는 사람(직분자)이 어떻게 기도문을 작성하여 기도할 수 있는지도 언급하겠다.

기도문 사용의 유익

1) 개인이 기도문을 작성하여 읽으면서 기도하는 것은 매우 유익하다. 정성을 다하여, 진솔하게, 그리고 구체적으로 기도문을 작성하되 주 단위 혹은 월 단위로 내용을 조금씩 바꿀 수 있겠다. 기도문에는 하나님의 뜻이 이루어지기를 바라는 소원과 더불어 자신의 결단을 시행하게 해 달라는 간구를 담는 동시에, 필요한 것들('일용할 양식'으로 대표되는)을 언급하면 된다. 요즘은 대부분 스마트폰을 가지고 있으니 스마트폰에 기도문을 담아서 수시로 기도하는 것도 좋은 생각이다. 참으로 기도하는 사람은 하나님의 은혜를 많이 받는다. 기도하면 할수록 하나님의 구체적인 인도하심을 깨닫는다. 따라서 기도를 많이 할 수 있는 방법을 연구해야 한다.

2) 가정에 공동기도문이 있어서 가족이 함께 읽으면서 기도하는 것도 상당히 바람직하다. 필자의 집에는 가족 모두가 잘 볼 수 있는 곳에 가족 공동기도문이 붙어 있다. 그래서 가족들이 그 앞에 잠시 서서 기도문을 읽으며 기도한다. 이것은 가정의 공동신앙을 견실하게 해 줄 뿐만 아니라 가족들 상호에 대한 이해와 사랑을 더욱 증진시킨다. 기도문을 읽는데 시간이 많이 걸리면 어린 자녀들이 잘 읽지 않으려고 하니까, 간단하고 분명하고 구체적인 기도 문구를 적어서 붙여 놓는 것이 좋다. 이때 가장이 일방적으로 기도문을 만들지 말고 가족 모두가 모여서 함께 의논하여 기도문을 작성할 필요가 있다.

3) 교회의 공동기도문 역시 꼭 필요하다. 예배당에서 교인들의 눈에 잘 띄는 곳에 공동기도문을 큼지막하게 붙여 놓고 교인들이 오고 가면서 읽으며 기도하게 하면 된다. 또한 동일한 내용을 담은 작은 기도문을 예쁘게 코팅하여 만들어서 교인들에게 나누어 주고 성경책 사이에 끼워 두고 기도하게 하면 좋겠다. 가능하다면 기도제목을 스마트폰 앱으로 만들어 보급해도 괜찮다. 그럴 경우에는 교인들이 자율적으로 자신의 기도제목을 올릴 수 있게 하면 된다. 교회의 공동기도문은 교회의 공적인 신앙고백과 필요를 교인들 모두가 이해하게 하고 하나님께서 교회에 필요한 것들을 채워 주시도록 교인들 모두가 마음을 모아 기도하게 해 준다.

기도문을 작성하는 방법

1) 기도문을 작성하기 위해서는 무엇보다도 기도가 무엇인지를 알아야 한다. 기도에 대한 가장 좋은 가르침은 주기도문에서 발견된다. 주기도문을 제대로 공부하여 주기도문의 진의를 확인하면 기도가 무엇이며 어떻게 기도해야 하는지를 알 수 있다. 주기도문은 소위 '하나님 간구'와 '우리 간구'로 나누어진다. 곧 하나님은 우리가 하나님의 이름과 나라와 뜻을 구하는 것을 기뻐하신다('하나님 간구'). 그리고 우리가 죄 사함을 구할 때 무한한 사랑으로 우리의 죄를 용서해 주시며, 우리가 필요로 하는 것들을 겸손하게 그리고 간절히 구할 때 공급해 주신다('우리 간구'). 필시 기도에 대한 이러한 지식에 근거하여 훌륭한 기도문을 작성할 수 있다.

2) 기도문을 작성할 때에는 최대한 구체적으로 작성해야 한다. 개인과 가정과 교회와 사회에서 하나님이 기뻐하실 것들을 생각하고 소망하

면서 하나님의 영광이 드러나도록 기도문을 만들어야 한다. 그리고 자신과 공동체의 필요를 구체적이고 상세하게 적어야 한다. 하나님은 우리의 마음의 소원과 입술의 고백을 중요하게 여기신다. 즉, 하나님은 우리의 존재와 인격과 바람을 존중하신다. 그러므로 기도문을 매우 구체적으로 작성하여 기도하되, '담대하게, 간절하게, 지속적으로, 그리고 믿음으로' 기도해야 하다. 그러다 보면 어느새 하나님이 놀랍게 응답해 주시는 것을 경험할 수 있다.

3) 기도문을 작성할 때 밝고 긍정적으로 작성할 필요가 있다. 즉, 기도문에는 긍정적인 부분을 담는 것이 좋으며, 부정적인 부분을 말하는 것은 좋지 않다. 예를 들어, 교회를 위해서 기도할 때 가급적 긍정적이고 적극적인 측면을 구하는 것이 낫지, 교회의 문제점들을 나열하면서 해결해 달라고 하는 것은 옳지 않다. 부정적인 내용을 자꾸만 읽다 보면 기도하는 사람들이 불쾌하고 피곤해 한다. 그리고 결국 기도할 마음을 사라지게 만든다. 따라서 가급적 좋은 측면들을 적극적으로 간구하게 하는 것이 낫다. 그러다 보면 어느새 하나님의 은혜로 부정적인 부분들이 없어져 버린다. 기도문을 밝고 즐겁고 소망 지향적으로 작성하기를 바란다.

대표기도자의 기도문

1) 예배 시간에 대표기도하는 사람들은 필히 기도문을 사용하여 기도하기를 바란다. 필자는 교인들에게 기도문을 만들어서 기도하라고 수시로 권면한다. 기도문을 사용하여 기도하는 것과 그냥 기도하는 것은 매우 다르다. 기도문을 사용하여 기도하면 정리된 기도, 준비된 기도, 정

성이 깃든 기도, 그리고 하나님은 물론이거니와 함께하는 청중에게 예를 갖춘 기도를 드릴 수 있다. 실제로 대표기도하는 사람이 기도문을 읽으면서 기도할 때 예배가 산만해지지 않고 청중들의 마음이 단정해진다. 이것은 설교자가 준비된 원고를 가지고 설교하는 것과 같은 이치다.

2) 대표기도하는 사람은 기도문을 만들 때 공적인 내용을 적어야 하며, 사적인 내용이나 사사로운 감정을 넣어서는 안 된다. 무엇보다도 정치적인 내용이나 민감한 사회 현안을 포함할 때에는 극히 주의해야 한다. 교인의 비밀을 누설하지 않는 것은 기본 중의 기본이다. 특히 기도 시간에 성경적이지 않은 내용을 '대담하게' 말하는 이들도 있는데, 이는 하나님 앞에서나 동료 교인들 앞에서 큰 잘못을 범하는 것이다. 따라서 기도문을 작성하여 사전에 교역자나 장로에게 검토를 받는 것이 좋다. 지도자에게 검토를 받고 수정을 하면 훨씬 좋은 기도문을 만들 수 있다.

3) 기도 시간은 3~4분 정도가 적당하다. 너무 짧으면 성의가 없어 보이고 너무 길면 지루하다. 일반적으로 찬송가 한 곡 부르는 시간(3~4분)이 좋다. 그리고 목소리는 맑아야 하며, 발음은 분명해야 하고, 속도나 억양도 적당해야 한다. 그러니까 대표기도를 위해서 한 주간 내내 연습을 많이 해야 한다. 아울러 마이크를 어떻게 다루어야 하는지도 알아야 하는데, 음향 담당자의 도움을 얻어 미리 연습해 보아야 한다. 그리고 기도문을 성경책 사이에 끼워 두었다가 꺼내면서 소음을 내거나 갑자기 당황하여 지체하는 경우가 없도록 미리 기도문을 펼쳐 놓아야 한다. 대표기도를 위해서 정성을 많이 들이는 것은 하나님을 기쁘시게 하고 교인들을 존경하는 행동이다.

06
중보기도는 가능한가?

황대우

'중보기도'라는 표현은 잘못되었는가?

우리가 사용하는 '중보기도'라는 말은 '다른 사람을 위한 기도'를 의미한다. 중보기도(中保祈禱)의 네 개 한자는 각각 '가운데(중), 지키다(보), 빌다(기), 빌다(도)'를 의미하며 '중보'의 사전적 의미는 "두 사람 사이에서 일이 성사되도록 주선하는 사람"이다. 그러므로 누군가 다른 사람을 위해 하나님께 기도한다는 뜻으로 중보기도라는 말을 사용한다. 그런데 '중보기도'라는 용어 사용에 이의를 제기하는 사람들이 있다.

'중보기도'라는 용어를 못마땅하게 여기는 사람들은 그 용어 대신에 '도고기도'라는 용어를 사용해야 한다고 주장하는데, 이런 주장이 상당한 설득력을 얻고 있다. 그런데 사실 도고기도(禱告祈禱)라는 용어는 상당히 낯설고 어색할 뿐만 아니라, 네 개 한자의 의미가 각각 '빌다(도), 고하다(고), 빌다(기), 빌다(도)'라는 것을 고려하면 정확한 표현이라고 볼 수도 없다. '도고기도'보다는 조금 오해할 가능성이 없지는 않지만 '중보기도'

라는 용어를 사용하는 것이 더 나을 듯하다.

그들은 '중보'라는 단어가 신학적으로 오직 예수 그리스도께만 적용되어야 할 말이므로 '중보기도' 역시 그리스도께만 적용되어야 한다고 주장한다. 즉, 예수 그리스도께서 하나님과 사람 사이의 유일한 구원 중보자이시기 때문에 '중보'라는 용어를 예수 그리스도께만 사용하고 달리 사용할 수 없다고 주장한다. 또한 부활하시고 승천하신 그리스도께서 "하나님 우편에 계신 자요 우리를 위하여 간구하시는 자"(롬 8:34)로서 지금도 중보사역을 계속하시는데, 그리스도의 간구를 '중보기도'라고 하기 때문에 우리가 누군가를 위해 하나님께 간구하는 것을 동일한 '중보기도'로 표현하는 것은 말도 안 된다고 주장한다.

성령도 중보기도 하신다

정말 그럴까? 우리를 위해 아버지께 간구하는 중보기도는 성자 하나님만 하시는 것이 아니라 성령 하나님께서도 하신다.

> "성령도 우리의 연약함을 도우시나니 우리는 마땅히 기도할 바를 알지 못하나 오직 성령이 말할 수 없는 탄식으로 우리를 위하여 친히 간구하시느니라"(롬 8:26).

비록 성령 하나님께서 성자 예수님과 같은 중보자이신 것은 아니지만 예수님처럼 우리를 위해 탄식하며 기도하신다. 그렇다면 성령께서 중보자가 아니시기 때문에 우리를 위해 탄식하며 간구하시는 그분의 기도도 '중보기도'라 부를 수 없는 것일까? 아마도 성령의 간구를 중보기도로 부르는 것이 정확한 표현이 아니라거나 그렇게 하면 안 된다고 주장하는 사람은 아무도 없을 것이다.

사실 성자 예수님의 중보기도든 성령 하나님의 중보기도든 모두 하나님의 뜻과 부합된 기도일 수밖에 없다. 삼위 하나님의 공통적인 뜻이란 그분의 자녀로 택하신 백성을 사랑하시기 때문에 그들이 영적으로 잘 되기만을 간절히 바라는 것이다. 이처럼 하나님의 사랑이 중보기도의 알파와 오메가이다. 그래서 바울 사도는 이렇게 고백한다.

> "누가 우리를 그리스도의 사랑에서 끊으리요? 환난이나 곤고나 박해나 기근이나 적신이나 위험이나 칼이랴……내가 확신하노니 사망이나 생명이나 천사들이나 권세자들이나 현재 일이나 장래 일이나 능력이나 높음이나 깊음이나 다른 어떤 피조물이라도 우리를 우리 주 그리스도 예수 안에 있는 하나님의 사랑에서 끊을 수 없으리라"(롬 8:35, 38-39).

우리도 중보기도 할 수 있다

우리도 누군가를 위해 기도할 수 있다. 아니 기도해야 한다. 왜냐하면 우리는 하나님의 사랑을 받은 자, 즉 사랑에 빚진 자요 동시에 하나님의 사랑을 세상에 전해야 할 사람, 즉 사랑의 배달부이기 때문이다. 예수님은 우리에게 원수까지도 사랑하라고 명령하셨다.

> "너희 원수를 사랑하며 너희를 박해하는 자를 위하여 기도하라!"(마 5:44)

사실 원수는 미움의 대상이지 사랑의 대상이 아니다. 그래서 원수는 미워할 수밖에 없다. 그런데도 예수님은 원수를 사랑하라고 명령하신다. 그리고 원수를 사랑하는 비결은 기도, 즉 중보기도밖에 없다는 사실을 가르쳐 주신다. 이것이 중보기도다.

예수님께서는 심지어 십자가 위에서도 자신을 십자가에 못 박은 원수들을 위해 중보기도 하셨다.

> "아버지, 저들을 사하여 주옵소서. 자기들이 하는 것을 알지 못함이니이다"(눅23:34).

이것이 원수 사랑의 전형이다. 예수님께서는 원수를 어떻게 사랑해야 하는지 친히 보여 주셨다. 그리고 승천하신 후에 예수님은 사랑하시는 자신의 지체를 위해 중보기도 하신다. 그리스도의 중보기도는 지금도 하나님의 구원 역사를 일으키는 동력이다.

십자가의 사랑을 받은 그리스도인들도 예수님처럼 원수를 위해, 그리고 다른 지체를 위해 간구함으로 그리스도의 사랑을 실천해야 한다. 이것이 그리스도인의 중보기도다. 바울 사도 역시 예수님처럼 중보기도의 대가였다. 그는 자신이 세운 수많은 교회를 위해 매일 기도하기를 쉬지 않고 실천했다. 그리고 때론 자신을 위해 기도해 달라고 부탁하기도 했다.

> "또한 우리를 위하여 기도하되 하나님이 전도할 문을 우리에게 열어 주사 그리스도의 비밀을 말하게 하시기를 구하라"(골 4:3).

바울 사도의 전도 사역을 위해 골로새 교인들이 중보기도 하는 것 역시 바울을 향한 그들의 사랑 없이는 불가능하다.

우리가 사랑하는 마음으로 누군가를 위해 기도한다면 그것이 곧 중보기도다. 중보기도는 엘리야처럼 하나님의 위대한 역사를 일으킨다.

"그러므로……병이 낫기를 위하여 서로 기도하라. 의인의 간구는 역사하는 힘이 큼이니라"(약 5:16).

성도라면 다른 지체의 어려운 사정을 알 때 지체 없이 기도하기 시작해야 한다. 야고보 사도는 병든 자는 교회의 장로들을 청하여 기도를 부탁해야 하고 부탁받은 장로들은 그를 위하여 기도해야 한다고 가르친다(약 5:14 참고). 왜냐하면 "믿음의 기도는 병든 자를 구원"(약 5:15)하는 놀라운 능력을 발휘하기 때문이다. 이처럼 중보기도의 힘은 대단하다.

그러나 이 모든 중보기도의 대단한 능력은 사랑, 하나님의 사랑으로부터 나오는 것이지 기도하는 자의 무엇으로부터 나오는 것이 아니다. 중보기도는 "믿음의 기도"(약 5:15)이며, 사랑의 기도이다. 이 기도의 모든 능력은 오직 하나님께로부터만 나온다. 기도하는 사람에게서 나오는 능력은 아무것도 없다. 그러므로 만일 중보기도로 인해 대단한 능력의 결과가 나타났다 해도 중보기도한 사람이 자랑할 만한 자랑거리는 전혀 없다. "모든 영광은 오직 하나님께만 있습니다." 이것이 진실한 중보기도의 기본자세이다. 이런 중보기도는 교회의 보화이므로 잘 가르치고 강조해야 한다.

중보기도에 대한 오해

마지막으로, 성경이 가르치는 중보기도에 대한 오해를 지적하지 않을 수 없다. 오늘날 한국 교회가 앞 다투어 '중보기도팀' 혹은 '중보기도특공대' 등과 같은 이름으로 마치 중보기도를 기도에 열심 있는 몇몇 신자의 특권인 것처럼 조장하는 것은 기도, 특히 중보기도에 대한 성경의 가르침을 왜곡하고 호도하는 행위이다. 중보기도팀원 스스로도 마치 자신에게 특별한 기도의 재주가 있는 것처럼 착각하는, 그래서 자신이 영적으로 다른 사람들보다 탁월한 것처럼 여기고 교만에 빠질 가능성이 높다. 이 모든 것은 중보기도를 오용하는 것이라고 볼 수 있다.

그리고 부탁받은 중보기도의 내용은 다른 사람과 공유하지 않아야 하고 다른 사람이 듣도록 공적으로 기도하지도 말아야 한다. 기도를 부탁받은 사람만 그 내용을 알고 그를 위해 비밀스럽게 기도하는 것이 중보기도의 중요한 원칙일 것이다. 이런 원칙이 지켜지지 않아 발생하는 교회 문제도 상당히 심각하고 많다. 특히 성도가 목사에게 찾아와 개인적으로 기도 부탁한 것을 공개적인 자리에서 기도하는 일은 때론 그를 실족시키는 것이 될 수도 있기 때문에 매우 조심해야 한다.

07
성경이 말하는 방언

이성호

방언에 대하여 글을 쓰는 것은 늘 부담스럽다. 한국 교회에서 방언에 대한 논쟁은 쉽게 과열이 된다. 이와 같은 현상은 앞으로도 계속될 것이다. 모든 논쟁이 그렇듯이 방언에 대한 논쟁이 지나치게 과열되는 이유는 방언을 이해함에 있어서 각자의 기준이 다르기 때문이다. 그러다 보니 방언 자체에 대한 이해가 다르게 되고 동일한 단어를 사용하더라도 다른 내용을 말하다 보니 논의가 서로 엉켜서 나중에는 뭐가 뭔지 제대로 알 수가 없게 된다. 이 글은 방언에 대한 가장 기본적인 내용을 정리하기 위하여 성경에 근거하여 작성되었다. 방언에 대한 성경의 교훈은 고린도전서 14장에 집중적으로 나타나 있기 때문에 이것을 중심으로 서술하고자 한다.

방언 = 방언기도?

방언에 대한 가장 큰 오해는 방언을 일종의 기도라고 생각하는 것이다. 가장 큰 이유는 현상적으로 나타나는 거의 모든 방언이 기도의 형태로 나타나기 때문이다. 그러나 성경에는 "방언으로 기도하다"(14절 참고)라는 표현은 오직 한 번만 그것도 가정법의 형태로 나타나 있다. 그 외에 성경은 전부 "방언으로 말하다"는 표현을 사용하고 있다. 따라서 방언은 기도를 포함할 수는 있겠지만 방언의 주된 형식은 기도가 아니라 설교에 가까운 증언이라고 할 수 있을 것이다.

방언이 기도의 형식을 가질 수 있다고 하더라도 고린도전서 14장에서 말하는 기도는 개인 기도가 아니라 공적인 기도를 말한다. 26절에 분명히 기술하듯이 바울이 14장 전체에서 논증하는 문맥은 개인의 경건시간이 아니라 성도들의 공적인 예배이다. 14장은 사적인 방언기도에 대해서 침묵하고 있다. 성경이 침묵하고 있으면 성경을 따라 말하지 않는 것이 가장 좋다. 성경에서 기도라는 단어를 보면 자동적으로 공적인 기도가 아니라 사적인 기도를 머리에 떠올리는 것은 그만큼 현대의 개인주의가 우리의 성경 읽기에도 영향을 미쳤다는 것을 의미한다.

방언이라고 우기기?

일단 방언에 있어서 기도보다는 설교가 훨씬 더 큰 비중을 차지한다는 것, 그리고 기도라고 하더라도 개인 기도보다는 공적인 기도를 의미한다는 것을 성경을 통해 확인한다면 우리는 방언에 대한 수많은 소모적인 논쟁을 줄일 수 있을 것이다. 그러나 많은 이들이 자신이 경험한 독특한 언어적 현상을 방언이라고 확신하기 때문에 성경적 논의가 이루어지지 않고 있다.

성경적 근거가 희박한 사적인 방언기도를 옹호하는 대부분의 사람들은 자신의 방언이 성경이 말하는 방언이라고 절대적으로 확신하고 있다. 그러나 그것이 정말 방언인지 어떻게 구별할 수 있을까? 적어도 필자의 경험에 따르면 그것을 확신하는 근거는 자기 자신이거나 그를 지도하는 교역자이다. 간단히 말해서, 본인이나 지도자가 방언이라고 우기면 방언이 되는 것이다. 일단 그런 식으로 자신의 경험에 근거한 방언을 이야기하기 시작하면 더 이상의 성경적 논의가 불가능하다. 이들은 "성경에 방언이 있다고 분명히 말하는데 왜 방언이 없다고 말하는가?"라는 식으로 유치하게 질문을 한다. 논의의 핵심은 방언이 있다 없다가 아니라 성경이 말하는 방언이 도대체 어떤 것인가이다.

따라서 우리는 방언에 대한 구분이 필요하다. 진짜 방언과 거짓 방언, 방언처럼 보이는 이언(異言)이다. 특별히 세 번째 구분이 중요한데 방언에 반대하는 이들 중에 무조건 방언을 사탄이 준 것이라고 생각하는 사람들이 있기 때문이다. 방언을 무조건 옹호하는 것도 잘못되었지만 방언을 사탄이 준 것이라고 생각하는 것도 잘못되었다. 오늘날 일어나는 상당수의 방언은 종교적 현상으로 일어나는 방언처럼 보이는 이언이며, 그것은 그렇게 나쁜 것이 아닐 수도 있다.

방언의 정의

2절에서 명쾌하게 정의하고 있듯이 방언은 "영으로 비밀을 말하는 것"이다. 이것은 성경에서 말하는 방언에 대한 거의 유일한 정의이다. 따라서 방언에 대한 모든 논의는 이 정의에서 시작하는 것이 가장 성경적이다. 앞에서 언급했듯이 방언은 기도를 포함하여 공적으로 말하는 것이다. 말하는 방식은 "영으로"이고 말하는 내용은 비밀이다. 최소한으로 이 두 요소를 만족시키는 것을 성경이 말하는 방언이라고 규정할 수 있을 것이다.

"영으로"라는 말은 14장에서 시종일관 "마음으로"(더 정확하게 말하면 '지성으로')와 대조를 이루고 있는데 핵심적인 뜻은 "알아들을 수 없는 방식으로"이다. 또한 비밀은 알 수 없는 신비적 내용을 의미하지 않고 그리스도를 통해 계시된 구원의 도리를 의미한다.[37] 14장의 문맥에서 보았을 때 방언으로 말하는 것은 "알아들을 수 없는 (그러나 통역되면 알아들을 수 있는) 언어로 하나님께서 계시한 비밀을 공적으로 말하는 것"이라고 정의할 수 있을 것이다.

이 점에서 방언은 예언과 정확하게 대조를 이룬다. 예언은 하나님의 비밀을 알아들을 수 있는 언어로 말하는 것이기 때문이다. 결국 예언과 방언은 전달 내용에 있어서는 동일하고 전달 방법에 있어서 다르다고 할 수 있다. 물론 그것이 나타내는 결과도 다르다. 예언은 교회를 세우지만 방언은 자신을 세울 뿐이기 때문이다(4절 참고).[38] 방언을 이렇게 정의한다면 우리는 성경에서 말하는 진짜 방언과 거짓 방언과 방언이 아닌 이 언을 쉽게 구별할 수 있을 것이다. 방언이 진짜 방언이 되기 위해서는 전달 내용에 있어서 하나님의 계시가 되어야 하고, 전달 방식에 있어서는 통역될 수 있는 언어가 되어야 한다.

(통역 없는) 방언의 무익성

누구나 다 알고 있듯이 고린도전서 14장에서 바울이 말하고자 하는 핵심적인 의도는 예언이 방언보다 훨씬 더 뛰어나다는 것을 증명하는 것이다. 그것은 1절에서 명확하게 나타나 있다. 바울은 자신의 주장이 타당하다는 것을 입증하기 위해 14장 전체를 통하여 지속적으로 여러 가지 방식으로 방언의 무익성을 증명하고 있다. 따라서 14장을 통하여 어떻게 하든지 방언의 유익성을 증명하려는 시도는 바울의 주된 의도를 왜곡시킬 수밖에 없을 것이다.

바울은 어떤 식으로 방언의 무익성을 증명하는가? 바울에 따르면 예언과 방언의 핵심적 차이는 '알아들음'과 '알아듣지 못함'에 있다. 사도바울은 두 가지를 예로 들면서 알아듣는 것이 더 우월하다는 것을 증명한다. 하나는 인간의 보편적 경험이고 다른 하나는 구약적 근거이다. 첫 번째 예는 악기이다. 현악기와 관악기는 다른 소리를 내야 한다. 그렇지 않으면 구별을 할 수 없을 것이다. 나팔이 소리를 제대로 내지 못하면 전쟁을 제대로 준비할 수 없다. 마찬가지로 말하는 자가 혀로 분명한 뜻을 전달하지 못하면 아무런 유익이 없다.

우리에게 잘 알려지지 않은 것이 21절에 나타나는 두 번째 예이다. 사도 바울은 이사야 28장 11절의 성경적 예를 가지고 방언의 열등함을 증명한다. 잘 알려져 있다시피 방언은 불신자를 위한 표적이다. 문제는 어떤 의미에서 불신자에게 표적이 될 수 있는가이다. 이것은 이사야 28장과 연관해서 이해되어야 한다. 이사야 선지자 시대에 종교 지도자들은 선지자들이 전한 계시가 너무 쉽고 평이하다고 불평하면서 하나님의 계시를 무시하였다. 그러자 하나님은 아예 알아듣지 못하는 언어를 구사하는 아시리아 군대를 보내어 그들을 심판하셨다. 즉, 방언은 믿지 않는 이스라엘에게 심판의 표적이었다. 그러나 이 알아듣지 못하는 방언은 이스라엘을 전혀 회심시키지 않았을 뿐만 아니라 오히려 그들의 완악함을 공고하게 만들었다. 인간의 경험에서 볼 때 뿐만 아니라 이사야의 말씀(이스라엘의 역사)에 비추어 보았을 때에도 알아듣지 못하는 언어는 아무런 열매를 맺지 못하였다.

사도 바울이 예언을 방언보다 그토록 강조한 이유는 무엇인가? 그것은 고린도교회의 성도 중 많은 이들이 방언이 예언보다 낫다고 생각했기 때문이다. 이것은 오늘날도 마찬가지이다. 목사의 설교보다 방언이 훨씬 더 낫다고 생각하는 사람들이 의외로 많다. 우리는 사도 바울의 가르침을 알고 있기 때문에 예언이 방언보다 낫다는 것을 다 알고 있다. 그러나 그 당시 사람들은 그렇게 생각하지 않았다. 은사를 평가하는 기준이 없었기 때문이다. 그들은 알아듣는 언어보다는 알아듣지 못하는 신비한 언어로 말하는 것이 훨씬 더 대단한 은사라고 생각하였다.

고린도교회 성도들의 사고방식은 교회 역사 속에서도 계속 있었다. 초대 교회 시절부터 유행했던 영지주의(靈智主義, Gnosticizer)가 대표적인 예이다. 그들은 성경의 분명한 메시지보다는 잘 알 수 없는 신비적인 특별한 지식이 더 중요하다고 생각하였다. 중세 시대 로마 가톨릭교회는 일반 성도들이 알아들을 수 없지만 신비감과 종교심을 고양시키는 라틴어로 드리는 예배가 더 효과적인 예배라고 생각하였다. 이와 같은 거짓된 가르침에 대항하여 종교개혁자들은 참된 믿음은 하나님의 계시에 대한 분명한 지식에 근거해야 한다고 가르쳤다.

이해를 추구하는 믿음의 중요성

방언과 관련된 논쟁에서 바울은 이해와 깨달음이 얼마나 중요한지를 지속적으로 강조하고 있다. 사랑이 없으면 천사의 방언이라도 소음에 불과하듯이(고전 13:1 참고), 통역이 없는 방언 역시 아무런 열매를 맺지 못한다(14절 참고). 심지어 바울은 고린도에 있는 모든 사람들보다 방언을 더 말했으나 "교회에서 내가 남을 가르치기 위하여 깨달은 마음으로 다섯 마디 말을 하는 것이 일만 마디 방언으로 말하는 것보다 나으니라"(19절)라고 선언한다. '깨달음'은 바울이 방언보다 예언을 더 강조하는 본질적인 이유이다. 교회 역사 속에서 우리 신앙의 선조들은 "이해를 추구하는 믿음(faith seeking understanding)"을 확보하기 위해서 노력하였다. 지식이 없는 믿음은 맹목이며 믿음이 아니다. 오늘날 반지성주의가 만연한 한국 교회에서 고린도전서 14장의 방언에 대한 바울의 교훈은 말씀에 대한 분명한 지식이 교회를 세움우는 데 얼마나 중요한지를 잘 보여 준다.

PART 5

찬송

01

찬송의 의미

임경근

노래를 좋아하는 한국 그리스도인!

그리스도인의 특징 가운데 하나가 있다면 단연 찬송을 좋아하는 것이다. 그리스도인은 노래하기를 좋아한다. 2002년 네덜란드 유학 시절 대사관에서 표를 보내 주어 국립 합창단 공연을 관람할 수 있는 기회가 있었다. 로테르담(Rotterdam)까지 2시간이나 운전해 네덜란드 친구들과 함께 참석했다. 합창단 공연은 한마디로 최고였다. 한국에 살았다면 아마 이런 기회를 가질 수 없었을 영광스러운 자리였다. 2002년 월드컵을 앞두고 대한민국을 홍보하는 차원으로 세계 곳곳을 방문하는 공연이었다. 공연을 마치고 고국에서 온 합창단원을 찾아가 반가운 인사를 나눴다. 그때 놀란 것은 합창단원 거의 대부분이 그리스도인이라는 사실이었다. 어떻게 이런 일이 있을 수 있을까? 음악대학교에 가는 사람들이 대부분 그리스도인이란 말인가? 그렇진 않을 것이다. 그러나 그리스도인이 많은 것은 분명하다. 그리스도인이 아닐지라도 매주 교회 찬양대에 꼬박꼬박 참여하는 성악가들이 많다고 한다. 그러다 보니 '음악'하면 교회음악을 떠올려야 할 정도이다.

그리스도인은 찬송과 떼려야 뗄 수 없는 관계에 있다. 매주 예배에서 찬송을 몇 곡이나 부른다. 무슨 모임을 시작하기 전과 중간에 수시로 찬송을 부른다. 기도회 때에도 찬송은 반드시 있다. 가정예배에서도 찬송을 부른다. 개인적으로도 찬송을 수시로 부른다. 심지어 그리스도인은 장례식에서도 찬송을 부른다. 불신자들이 볼 때 장례식의 노래는 경망스럽게 느껴질 수 있다. 그러나 이제는 기독교 장례식은 그러려니 하고 받아들이는 분위기다.

감옥에서도 부르는 찬송

바울은 제2차 전도여행 중 빌립보 감옥에 갇혔다. 점치는 귀신 들린 여자를 구해 주었다는 이유로 억울하게 매를 맞고 쇠사슬에 묶였다. 그런데 이런 암울하고 칙칙한 옥에서도 바울과 실라는 찬송을 불렀다.

"한밤중에 바울과 실라가 기도하고 하나님을 찬송하매 죄수들이 듣더라"
(행 16:25).

바울은 또 다른 감옥에서 찬송을 불렀다. 그것은 에베소서에 잘 나타난다. 에베소서는 바울이 로마 감옥에 있을 때 기록한 편지다(기원후 60년경, 엡 3:1, 4:1, 6:20 참고). 바울은 로마 감옥에 죄인의 신분으로 잡혀 있을 때 찬송을 한 것이다.

"찬송하리로다! 하나님 곧, 우리 주 예수 그리스도의 아버지께서 그리스도 안에서 하늘에 속한 모든 신령한 복을 우리에게 주시되"(엡 1:3).

그리스도인은 슬픔과 고통스런 환경 가운데서도 찬송을 하는 특별한 사람들이다. 그러면 찬송은 과연 무엇일까? 그리스도인이 자주 부르고 좋아하는 찬송은 무엇인가? 우리는 찬송이 좋아서 부르긴 하지만, 찬송이 무슨 의미인지 잘 모를 수 있다. 성경에 나타난 찬송의 의미를 살펴보자.

'찬송'의 의미

도대체 '찬송'이 무엇이기에 그리스도인은 힘들고 어렵고 고통스러운 상황 가운데서도 기쁨으로 노래할 수 있을까? 바울이 '찬송하리로다'라고 말할 때의 헬라어는 '유로게토스(eulogetos)'이다. '유로게토스'는 '좋은 것을 말하다'는 의미에서 온 단어이다. 한글로 번역하자면, '덕담(德談)' 같은 것이다. '유로게토스'에 해당되는 단어가 구약 히브리어로는 '바룩(baruk)'이다. 이 단어들이 하나님 편에서 사용될 때는 '복을 주다'는 의미이다. 하나님께서 사람에게 좋은 말을 하시는 것이니, 복을 주신다는 의미가 된다. 그러나 사람 편에게 하나님을 향해 사용될 때에는 '찬송하다'라는 뜻이 된다. 사람이 하나님을 향해 좋은 것을 말하게 되니, 그것이 '찬양하다'라는 의미가 된다.

찬송은 감사

사람이 하나님께 드릴 것이 뭐가 있을까? 인간은 피조물로서 하나님께 드릴 것이 없다. 우리는 하나님께 나아갈 때 우리 스스로 만든 뭔가를 드릴 수 없다. 하나님으로부터 받은 것을 드릴 뿐이다. 우리는 주일마다 모여서 하나님께 예배한다. 그때 우리가 드리는 것이 '찬송, 기도, 봉헌'이다. 그 가운데 '찬송'은 하나님의 은혜를 받은 그리스도인이 드릴 수 있는 것이다. 히브리서 기자는 이렇게 말한다.

"그러므로 우리는 예수로 말미암아 항상 찬송의 제사를 하나님께 드리자. 이는 그 이름을 증언하는 입술의 열매니라"(히 13:15).

이 말씀에 나오는 "찬송의 제사"는 레위기 7장 11-15절에 나오는 '화목 제사'와 '감사 제사'와 같은 말이다. '감사하다'는 '찬양하다'는 말이고, '찬양'은 '감사'이다.

그러면 이스라엘 백성은 어떻게 감사와 찬양의 제사를 드렸을까?(레 7:11-15 참고) 제사를 드리는 자가 하나님께 먼저 번제(희생 제사)를 드린다. 그 위에 감사제물의 일부를 태운다. 그러면서 감사 제목을 말한다. 감사를 고백한다. 그렇게 희생 제사를 드릴 뿐만 아니라, 기름 섞은 무교병, 즉 이스트를 넣지 않은 딱딱한 빵도 드린다. 그리고 기름 바른 무교전병, 즉 이스트를 넣지 않고 기름을 발라 구운 맛있는 과자도 드린다. 마지막으로 고운 가루에 기름을 섞어 구운 또 다른 종류의 과자를 함께 드린다(12절). 그것으로 끝나지 않는다. 이스트를 넣어 구운 빵도 감사 제사를 할 때 드린다(13절). 이 모든 것들을 '거제(擧祭)'로 하나님께 드린다. 곧 빵과 과자를 하나씩 좌우로 흔들어 하나님께 드린다. 그 후 그것을 제사장들에게 준다(14절). 이 맛난 것은 모두 제사장이 먹는다. 동시에 빠뜨리지 않고 했던 것이 있는데 그것은 '찬송을 부르는 것'이다. 아마도 화목 제사 가운데 감사 제사를 '찬양의 제사'라고 부른 것은 찬송이 포함되기 때문일 것이다. 이렇게 화목 제사 가운데 감사하는 마음으로 찬송을 부른 것이 감사 제사의 특징이다. 이스라엘 백성이 전통적으로 화목 제사 가운데 감사 제사를 드릴 때 불렀던 찬양은 시편 42편 5절로 알려져 있다.

"너는 하나님께 소망을 두라. 그가 나타나 도우심으로 말미암아 내가 여전히 찬송하리로다."

또 한 편의 노래는 시편 100편 4절이다.

"감사함으로 그의 문에 들어가며 찬송함으로 그의 궁정에 들어가서 그에게 감사하며 그의 이름을 송축할지어다."

찬송은 하나님의 은혜를 받은 자들이 하나님 앞에서 감사를 표현하는 방법이다. 그것은 구약 시대의 '감사 제사'에서 잘 나타나고, 신약 시대에도 그런 의미를 살려 예배 가운데 실현하고 있다. 바울은 에베소서 5장 18-20절에서 이렇게 말한다.

"오직 성령으로 충만함을 받으라. 시와 찬송과 신령한 노래들로 서로 화답하며 너희의 마음으로 주께 노래하며 찬송하며, 범사에 우리 주 예수 그리스도의 이름으로 항상 아버지 하나님께 감사하며."

이 말씀에서도 성령의 충만함을 받은 사람의 증거로 시와 찬송, 신령한 노래가 나타난다. '시'는 구약의 시편을 의미하고, '찬송'은 초대 교회 성도들이 새롭게 만들어 부른 노래인 것으로 보이며, '(신령한)노래들'은 성경에 나오는 시편 이외의 여러 노래들을 의미한다. 그렇지만 이 세 가지는 모두 '찬양'이라는 하나의 단어로 종합할 수 있다. 여하튼 그 찬양의 내용과 형식은 "아버지 하나님께 감사"로 표현된다. 감사는 찬양이고, 찬양은 감사인 것이다. 그것은 구약의 감사 제사와도 연결되고 에베소서 5장 20절 말씀으로도 확인할 수 있다.

찬양은 삶으로

그리스도인의 찬양은 베짱이처럼 일을 안 하고 노래만 부른다는 의미가 아니다. 어떤 사람은 일과 공부에는 게으르면서 노래하는 일은 좋아서 앞장서기도 한다. 노래를 인도하는 찬양팀은 그런 점에서도 인기가 많을 수 있다. 그러나 그리스도인의 찬양은 단순히 노래를 즐긴다는 의미 이상이다. 물론 노래는 하나님이 주신 선물이다. 그러나 칼뱅이 '음악'을 '괴물'이라고까지 얘기할 정도로 위험한 요소도 있다는 것을 알았다. 그러므로 교회에서 부르는 찬양은 온 회중이 함께 하는 것이어야 하고(엡 5:19 참고), 또 교회의 찬양은 악기의 도움을 받을 수 있지만(대상 16:6 참고), 기교가 아니라 마음으로 노래해야 한다는 점을 종교개혁자들은 분명히 했다.

그러므로 찬양은 찬양 자체를 위한 것이어서는 안 된다. 찬양은 신앙인의 삶의 반영이며, 신앙과 삶에서 우러나오는 자연스러움이다. 찬양이 전체 삶과 연결되지 않으면 울리는 꽹과리가 되고 말 것이다. 찬양은 자연스럽게 삶으로 나아간다. 그리스도인의 경건한 삶은 입술의 제사인 찬양으로 자연스럽게 나타난다. 삶이 없는 찬양은 의미가 없다. 찬양은 감사와 복종과 순종으로 나아간다.

02
예배에서 찬송의 위치

안재경

예배는 하나님과 그분의 백성의 만남이다. 개혁주의 예배는 철저하게 언약적이다. 우리는 하나님께서 예배의 주도권을 쥐고 계신다고 믿는다. 우리의 간절한 열망이 예배를 만드는 것이 아니다. 예배는 하나님께서 주도적으로 자기 백성을 불러 모으심으로 시작된다. 예배는 우리의 드림이기 이전에 하나님께서 자신을 주심이다. 우리는 예배를 통해 하나님께 무엇을 드릴까를 고민하기 전에 하나님으로부터 받을 것을 기대해야 하겠다. 부르심을 받은 주의 백성은 주의 거룩한 몸을 이루어 하나님만이 유일한 도움이시라고 고백한다. 이렇게 시작된 예배는 하나님과 그 백성 간의 주고받음으로 진행된다. 예배 중에는 다양한 요소들이 있지만 그중에 찬송도 있다. 찬송은 하나님께서 자기 백성에게 베풀어 주시는 모든 은혜에 대한 대표적인 반응 중 하나이다.

공적 고백에 합당한 찬송이어야

찬송에서 중요한 것은 무엇보다 가사일 것이다. 왜 가사가 중요한 것인가? 가사에 고백이 담겨 있어야 하기 때문이다. 예배에서의 찬송은 예배의 한 요소이다. 공예배에서 부르는 찬송은 신앙고백과 마찬가지의 역할을 한다. 예배찬송은 개인적인 감정을 홍얼거리는 것이 아니다. 우리 찬송가에는 개인적인 간증을 풀어놓은 가사들이 많이 눈에 띈다. 개인적으로 얼마든지 그런 찬송을 할 수 있을 것이다. 그런데 공예배에서 부르는 찬송은 개인적으로 부르는 찬송과 구분해야 한다. 개인적인 간증을 풀어놓은 가사는 예배 때 사용하기에 적합하지 않을 수 있기 때문이다.

예배에서의 찬송은 질서가 있어야 한다. "모든 것을 품위 있게 하고 질서 있게 하라"(고전 14:40)는 말씀은 찬송에도 적용해야 한다. 예배찬송은 개인적인 찬송과는 달리 회중 전체가 하나님께 올려드리는 것이기 때문이다. 예배찬송은 모든 회중이 함께 아멘으로 고백할 수 있어야 한다. 어떤 신자는 기쁘게 찬송하는데, 다른 신자는 입을 다물고 있다면 그런 찬송은 피하는 것이 좋겠다. 예를 들어서 찬송가 199장 찬송은 '나의 사랑하는 책 비록 해어졌으나'라는 가사가 있는데 이런 가사는 특정한 신자의 경험을 반영한 것이다. 이 찬송을 모든 회중이 함께 부를 수 있을까? 어릴 때 그런 경험을 하지 못했다고 하더라도 내가 그런 부모가 되고 싶다는 마음으로 그 찬송을 부르면 상관없다고 말하는 이들이 많을 것이다. 그러나 예배찬송은 개인적인 기대와 희망을 담은 찬송보다는 교회의 고백에 충실한 가사로 만든 찬송이 적합하다. 예배찬송은 모든 신자의 공통적인 고백이 되어야 한다.

새찬송가에 한국 신자들이 작사 작곡한 찬송이 여럿 들어갔는데 이런 것은 공적인 고백과 거리가 있는 것일까? 굳이 그렇게 볼 이유는 없다. 외국에서 작사 작곡된 찬송만이 예배찬송이어야 할 이유는 없다. 일반적으로는 세월의 검증을 거친 찬송이 예배찬송으로 적합하다고 생각할 수 있겠지만 예배찬송은 시대마다 새롭게 만들 수 있다. 물론 교단 총회에서 예배찬송을 논의하여 정하는 것이 바람직할 것이다. 개교회 단위로 예배찬송을 결정하도록 놓아두는 것보다는 말이다. 그래야 찬송에서도 공교회성을 추구하는 것이 될 것이다.

회중이 다 함께 부를 수 있어야

찬송가 가사가 무엇보다 중요하지만 곡조도 무시할 수 없다. 온 회중이 함께 부르기에 적합하지 않은 곡조가 있을 수 있기 때문이다. 너무 높은 음이 많은 곡 같은 경우에는 회중 찬송으로 적합하지 않을 것이다. 찬송의 경우에도 세대 차이가 크게 부각될 수 있다. 청년들이 좋아하는 빠른 곡조의 곡이 있고, 나이 든 어른들이 좋아하는 곡조도 있다. 세대별로 선호하는 곡이 다를 수 있기에 지혜롭게 곡을 선택해야 할 것이다. 청년들이 주일 오전예배에 참석하기를 원치 않는 것도 찬송의 문제가 클 것이다. 청년예배를 따로 하면 자신들이 원하는 곡의 찬송을 마음껏 할 수 있기 때문이다.

찬송이 많으면 많을수록 좋다고 생각하는 이들이 있을 것이다. 한국 교회의 전형적인 집회의 경우가 여기에 해당할 것이다. 집회가 시작되면 찬양팀이 나와서 20~30분 동안 찬송을 계속 한다. 회중의 마음을 열기 위한 목적이다. 찬송을 통해 회중의 마음을 준비시키는 것이 무엇보다 필요하다고 보기 때문이다. 찬송을 통해 마음 문을 열고 나서 설교자가 나와서 설교하면 어떤 설교라도 은혜받게 되어 있다고 생각한다. 이것은 찬송을 지나치게 숭배(?)하는 것이 아닐까? 찬송을 지나치게 열정적(?)으로 하려는 것이 회중 전체가 한마음으로 찬송하는 것을 가로막는 것이 될 수도 있다.

공예배에서 복음성가가 문제가 된다. 공예배에서는 절대로 복음성가를 불러서는 안 된다고 하는 사람들이 있기 때문이다. 그런데 우리 새찬송가는 대부분 복음성가이다. 미국 대각성운동기간에 만들어진 찬송가이기 때문이다. 우리가 오래전부터 부르다 보니 예배찬송으로 굳어져서 그렇지 사실 그런 곡들은 최근에 만들어지고 있는 복음송(CCM)과 그렇게 다르지 않다. 우리는 최근에 작사 작곡된 복음송도 예배 시에 부를 수 있다. 총회에서 예배와 찬송의 문제를 다루어야 하겠지만 우리 장로교는 예배를 당회의 소관으로 삼았기 때문에 당회가 책임을 지고 예배찬송을 개발(?)해야 한다.

예배찬송으로 시편찬송이 적합할 것이다. 그러나 예배찬송은 시편찬송만 해야 한다고 주장하는 것은 지나치다. 예배 시에 고백에 적합한 가사와 곡조의 복음송을 도입하여 부를 수 있다. 성경 구절을 그대로 반복하지 않는다고 하더라도 믿음의 고백으로 찬송가사를 만들 수 있고, 새로운 곡조에 그 가사를 얹을 수 있기 때문이다. 고대 교부 중 밀라노 주교였던 암브로시우스(Ambrosius)는 찬송가를 많이 만들어 교인들에게 가르친 것으로 유명하다. 재미있는 비교를 할 수 있는데 개혁자 루터(Luther) 같은 경우에는 찬송가를 많이 지었고, 칼뱅 같은 경우에는 시편찬송을 선호했다는 사실이다. 어떤 경우이든지 온 회중이 함께 기꺼이 찬양하도록 잘 연습하는 것이 중요할 것이다.

예배 흐름에 적절한 찬송을 골라야

예배 중에 찬송을 몇 번 하는 것이 좋을까? 성경은 예배 중에 찬송을 몇 번 해야 하는지 언급하고 있지 않다. 교회가 지혜롭게 찬송의 횟수를 정하면 될 것이다. 최소한 4번 정도의 찬송을 할 수 있다고 생각된다. 첫 번째 찬송은 예배 시작 부분에 있는 찬송이다. 예배 부름, 기원 다음에 찬송이 온다. 이 찬송은 새찬송가 앞부분의 소위 말하는 '경배와 찬송'으로 하는 것이 좋다. 예배 때의 찬송 전체가 그래야 하겠지만 이 첫 찬송은 더더욱 하나님을 찬양하는 곡을 선정하는 것이 좋다. 인간의 경험과 간증에 대한 것이 아니라 오직 삼위 하나님을 높이는 찬송을 선정하는 것이 좋다는 뜻이다.

두 번째 찬송은 소위 말하는 '하나님이 용서하십니다' 부분에 오는 찬송이다. 십계명 낭독, 공적인 죄 고백, 사죄선언 이후에 오는 찬송이다. 이 찬송은 '감사 찬송'이라고 부를 수 있을 것이다. 용서받음에 대한 감사의 찬송이다. 우리 찬송가에는 미국 대각성운동 때에 작사 작곡된 찬송가가 많은데, 회개에 대한 찬송이며 용서받은 것에 대한 감사의 찬송이 많이 있다. 이런 곡들 중에서 신중하게 골라 찬송할 수 있을 것이다. 그리스도의 보혈을 찬송하는 것도 좋을 것이다.

세 번째 찬송은 말씀 선포의 부분에서 오는 찬송이다. 이 찬송은 성경 봉독, 설교 이후에 받은 말씀에 대한 응답과 감사로서의 찬송이다. 그래서 이 찬송을 '응답 찬송'이라고 부를 수 있을 것이다. 이 찬송은 설교와 연결되어 있기 때문에 설교의 주제와 연관된 찬송을 고르는 것이 좋다. 찬송이 모든 말씀을 다 포괄하고 있지 않기 때문에 이 찬송을 선정하는 것이 어려운 일 중에 하나이다. 우리 찬송가에는 제목 아래에 관련 성경 구절이 적혀 있지만 이런 구절 이외의 말씀을 설교할 때는 찬송을 선정하기가 힘들다. 이런 경우에는 그 말씀을 가지고 묵상하면서 작사 작곡한 복음성가를 찾아보고, 시편찬송으로 눈을 돌리는 것도 좋다. 여건이된다면 그 말씀을 가지고 작사 작곡을 할 수도 있을 것이다.

 마지막 찬송은 예배의 끝부분에 오는 찬송이다. 예배의 끝 부분에 마침 기도(목회기도일 수도 있다), 마침 찬송, 마침 말씀(강복선언)이 있다. 이 마지막 찬송은 '파송 찬송'이라고 부를 수도 있다. 공예배가 마친다는 것은 하나님께서 예배당에 머물러 계시고 신자만 세상으로 나아가는 것이 아니다. 하나님께서는 주의 백성과 함께 세상으로 나아가신다. 주의 백성은 주님과 함께 세상으로 나아간다. 세상에서의 예배가 시작된다고나 할까? 그렇다면 이 마지막 찬송은 행진곡이 적합하다고 할 수도 있다. 필자가 봉사하는 교회에서는 시편 1편과 2편을 번갈아가면서 찬송하곤 한다.

03
목사의 직무 중 "찬송을 지도하는 일"에 관하여

손재익

하나님께 드리는 예배는 우리 마음대로 드릴 수 없다. 바르게 드려야 한다. '경건함과 두려움(with reverence and awe)'으로 임해야 한다(히 12:28 참고). 이를 위해 목사는 일주일 내내 설교 준비와 예배 준비에 힘쓴다. 기도하면서 본문을 선택하고 설교문을 작성한다. 그리고 예배 순서 중 하나인 '목회기도'를 위해서도 준비한다. 회중들도 마찬가지다. 일주일 동안 각자에게 허락된 (소명으로서의) 직업과 삶 속에서 충실한 삶을 살고, 주일에 있을 목사의 설교를 위해 기도함으로 예배를 준비해야 한다. 예배는 주일 오전에 시작되기 전에 이미 한 주간 모든 성도(목사와 회중 모두)의 삶 속에서 미리 준비되어야 한다(웨스트민스터 신앙고백서 제21장 제8절; 웨스트민스터 대요리문답 제117문답).

예배의 한 요소인 찬송도 마찬가지다(고전 14:15; 엡 5:19-20; 골 3:16 참고). 찬송은 단순한 노래가 아니다. 하나님께 드리는 찬송의 제사요 입술의 열매다(히 13:15 참고). 찬송은 예배 행위이다. 그렇기에 찬송을 잘 드리기 위해 노력해야 한다. 준비 없이 찬송할 수 없다.

이와 관련해 목사의 직무가 중요하다. 목사는 설교 본문을 선택하듯, 예배 중에 부를 찬송도 선택한다. 거기서 그치지 않는다. 목사는 교인들에게 찬송을 가르쳐야 한다. 찬송을 지도하는 것은 목사의 중요한 직무 중 하나이다.

목사의 직무에 포함된 '찬송을 지도하는 일'

대한예수교 장로회(고신) 헌법(2011년 판) 교회정치 제5장 목사 제41조(목사의 직무)에는 다음과 같은 내용이 기록되어 있다.

> "1. 교인을 위하여 기도하는 일, 2. 하나님의 말씀을 봉독하고 설교하는 일, 3. 찬송을 지도하는 일, 4. 성례를 거행하는 일, 5. 하나님의 사자로서 축복하는 일, 6. 교인을 교육하는 일, 7. 교인을 심방하는 일, 8. 장로와 협력하여 치리권을 행사하는 일."

위에 언급된 직무들은 너무나 당연한 것들이다. 목사가 교인을 위해 기도하는 것(롬 1:9), 하나님의 말씀을 봉독하고 설교하는 것(딤전 4:13; 딤후 4:2), 성례를 거행하는 것(마 28:19), 교인을 교육하고(딤전 4:13, 5:17) 심방하는 일(행 15:36, 20:20), 장로와 협력하여 치리권을 행사하는 일(살전 5:12; 딤전 5:17) 등은 누구나 알 수 있는 내용이고, 성경이 분명 가르치는 일이며, 오늘날 목사들이 실제로 하고 있는 일이다.

그런데 제3항에 언급된 "찬송을 지도하는 일"은 낯설다. 목사가 찬송을 지도하는 일을 별로 본 적이 없다. 목사들 중에서 헌법이 명시하고 있는 이 직무를 수행하고 있다는 것을 들은 일이 거의 없다. 찬송을 지도할 줄 아는 목사도 많지 않고, 왜 이 직무가 포함되어 있는지를 아는 이도 많지 않다.

그래서인지 예장 고신 헌법에 "찬송을 지도하는 일"이라고 표현한 것을 장로교 다른 교단인 합동(2006년 판) 헌법 교회정치 제4장 제3조 제1항, 합신(2010년 판) 헌법 교회정치 제5장 제3조 제1항에서는 "찬송하는 일"이라고 되어 있는데, 목사만 찬송하는 것이 아니라는 점을 생각해 보면 '찬송하는 일'이라고 된 것은 아마도 "찬송을 지도하는 일"이라는 표현의 '잘못'(誤記)으로 보인다.

목사가 찬송을 지도해야 한다는 것은 예장 고신 헌법의 독특한 표현이 절대로 아니다. 장로교 헌법과 질서를 잘 설명하고 있어서 헌법에 준하는 참고도서로 사용되는 J. A. Hodge의 『교회정치문답조례』 제145문답에는 "다른 예배 순서도 그러하듯이 목사가 찬송을 지도해야 한다"라고 되어 있다. 이에 근거해 비록 합동과 합신 헌법이 '찬송하는 일'로 잘못 표현하고 있지만, 목사가 찬송을 지도해야 한다는 점을 분명히 하고 있다.

교회 역사를 통해 드러난 바른 찬송관

그렇다면 왜 목사가 찬송을 지도해야 할까? 목사의 직무 중에 이 일이 포함된 이유가 무엇일까? 이를 제대로 이해하기 위해서는 교회 역사를 살펴볼 필요가 있다.

중세 교회는 어느 특정한 부분만이 아니라 전반적인 부분에 있어서 타락하였으니 찬송에 있어서도 예외가 아니었다. 중세 교회의 성도들은 바른 찬송을 부를 수 없었다. 크게 두 가지 이유가 있는데, 첫째는 자신들이 알지 못하는 언어로 찬송을 불러야 했기 때문이다. 둘째는 회중들은 찬송을 부르는 일에 참여하지 못하였고 전문적인 훈련을 받은 자들, 즉 찬양대만이 찬송을 부를 수 있었기 때문이다.

이에 대해 종교개혁자들은 그 잘못을 지적하고 찬송의 위치를 바르게 회복시켰다. 대표적인 개혁자 칼뱅은 에베소서 5장 19절 "시와 찬송과 신령한 노래들로 서로 화답하며 너희의 마음으로(in your heart) 주께 노래하며 찬송하며"라는 말씀에 기초하여 '온 회중'(너희)이 찬송해야 하며, '마음을 다해' 주님께 찬송해야 하는데 이를 위해서 회중은 자신들이 이해할 수 있는 언어로 불러야 한다고 보았다. 이해할 수 없는 언어로 부르는 노래는 절대로 '마음을 다할 수'가 없다고 보았다.

여기에서의 핵심은 두 가지다. 첫째, 온 회중이 다함께 찬송해야 하며, 둘째, 찬송을 부르는 주체가 이해할 수 있는 말로 찬송을 불러야 한다는 것이었다.

종교 개혁자들이 특히 강조한 것은 찬송은 반드시 마음에서부터 우러나오는(in the heart) 것이어야 하는데, 이를 위해서는 찬송을 부르는 주체인 회중들이 찬송의 가사를 제대로 이해해야 한다고 보았다. 그렇지 않고 그저 목과 입술로만 부르는 찬송은 찬송이 아니라 오히려 하나님의 이름을 남용하는 것이며, 하나님의 존엄성을 비웃는 것이라고 하였다.

종교개혁자들의 이러한 생각은 장로교 예배의 근간이 되는 웨스트민스터 예배모범에 나오는 아래의 내용이 잘 드러나 있다.

웨스트민스터 예배모범

시편찬송에 관하여(Of Singing of Psalms)

회중이 함께 공적으로 모인 자리에서나 또한 사적으로 가정이 모인 자리에서 시편찬송으로(by singing of psalms) 하나님을 찬송하는 것은 그리스도인의 의무이다.

시편으로 찬송할 때에, 목소리는 곡조에 맞게 엄숙하게 해야 하며, 가장 주의해야 할 것the chief care은 가사를 이해하고with understanding 마음에서부터 은혜로with grace in the heart, 주님께 노래해야만 하는 것이다.

온 회중이 다함께 참여해야 하므로 글을 읽을 줄 아는 모든 사람은 시편찬송가를 가지고 참여할 것이요, 나이나 다른 이유로 글을 읽을 수 없는 이들은 글을 읽는 법을 배우도록 권면한다to be exhorted. 그러나 현재로는 회중의 많은 수가 글을 읽지 못하므로, 목사나 혹은 목사와 다른 당회원 the other ruling officers에 의해 임명된 다른 적합한 사람으로 하여금 찬송을 부르기 전에 한 줄씩 시편을 읽는 것이 좋다.

위에 잘 언급된 것처럼, 찬송을 부르는 것도 중요하지만 가장 주의해야 할 것은, 가사를 이해하고 그 이해에 기초하여 마음에서부터 은혜로 찬송을 불러야 하는 것이다.

찬송의 가사를 이해하지 못하고 찬송을 부르는 것은 주문을 외우는 것과 다를 바가 없다. 그래서 가사의 뜻을 충분히 이해해야 한다. 그리고 마음을 다해서 불러야 한다. 마음 깊은 곳에서 우러나오는 찬송이 아니면 바른 찬송이라 할 수 없다.

찬송 연습

찬송의 가사를 제대로 이해하고 찬송해야 한다는 것이 강조되다 보니 자연스럽게 등장하게 된 것이 '찬송 연습'이다. 찬송의 가사를 바르게 이해하고 마음을 다해 부르며, 무엇보다도 찬송을 연습해야 한다는 사실은 장로교(고신, 합동, 합신) 헌법의 예배모범에도 잘 나타난다.

대한예수교 장로회(고신) 헌법(2011년 판) 예배지침 제9조(공동의 찬송)에 보면 이런 문구가 있다.

> "찬송은 구원받은 신자의 당연한 의무이며 은혜에 대한 감사의 표현이다(히 13:15). 성도들은 찬송을 부를 때 그 가사의 뜻을 충분히 이해하고 곡조에 맞추어 마음을 다해야 하며, 연습을 충분히 하여 하나님께 영광이 되도록 하는 동시에 온 교회가 다 함께 불러야 한다."

대한예수교 장로회(합동) 헌법(2006년 판) 예배모범 제4장 '시와 찬송'의 제2항에도 비슷한 내용이 나온다.

> "하나님을 찬송하는 노래를 부를 때는 정성으로 하며 그 뜻을 깨달으며 곡조에 맞추어 주께 우리 마음을 다해야 할지니 음악의 지식을 연습하여 우리의 마음으로 하나님을 찬양하는 동시에 또한 우리 음성으로도 하나님을 찬송하는 것이 옳고, 교우는 반드시 찬송책을 준비하여 함께 찬송하는 것이 마땅하다."

대한예수교 장로회(합신) 헌법(2010년 판) 예배모범 제4장 '시와 찬송'에는 제3항에도 비슷한 내용이 나온다.

> "하나님을 찬송하는 노래를 부를 때에 무엇보다 중요한 것은 신자들이 그

부르는 찬송의 뜻을 깨닫고 은혜롭게 찬송하여 진정으로 하나님을 상대한 찬송이 되도록 하는 것이다. 온 교우들이 반드시 찬송책을 준비하여 함께 찬송하는 것이 마땅하다."

제5항에는 다음과 같은 내용이 나온다.

"교회가 찬송가를 배우는 것은 중요하다. 교역자는 1) 교인으로 하여금 은혜로운 찬송가를 반복하여 부르게 함으로 그 가사를 익히도록 하고, 그 가사의 뜻도 깨닫게 해야 됨. 2) 교인들에게 곡조도 가르쳐서 그들로 하여금 찬송가를 바로 부르도록 훈련시켜야 됨. 3) 찬송 부르는 기회에 교인에게 실생활의 성화를 격려해야 된다. 하나님께서 받으시는 아름다운 찬송은 일상생활에서 신앙을 지켜 경건하게 사는 자의 거짓되지 않은 입술의 찬송이다."

가사의 뜻을 이해하기 위해서는 찬송을 연습하는 일이 반드시 따를 수밖에 없다. 그래서 종교개혁자의 후예인 장로교회는 예배 전에 온 회중이 참석한 가운데 당일의 예배 시간에 부를 찬송의 가사의 의미를 배우고 연습해야 하며 그 사실이 예배모범에 명시되어 있다.

찬송 연습은 누가 지도해야 하는가?

그렇다면 찬송 연습은 누가 지도해야 하는가? 교회 안에 음악을 전공한 사람이 해야 하는가? 성악을 공부했거나 화성(和聲)을 공부한 사람 혹은 지휘자나 반주자가 지도해야 하는가?

아니다. 목사가 찬송을 지도해야 한다. 교회정치 제5장 목사 제41조(목사의 직무)에 나오는 것처럼 목사가 지도해야 한다. '아니, 목사가 어떻게 지도하는가? 목사는 말씀 전문가이지 음악 전문가는 아니지 않은가? 목사는 성경과 신학만 아니라 음악도 공부해야 하는가?' 이러한 오해를 하지 않기 위해서 '찬송, 찬송을 연습하는 것, 찬송을 지도하는 것'이 무엇인지를 생각해야 한다.

'찬송'의 핵심은 '음정이나 박자'가 아니라 '가사'에 있다. 앞서 종교개혁자들이 바르게 이해해야만 한다고 한 것도 '가사'이다. '가사'를 제대로 이해해야만 마음으로부터 우러나와서 부를 수 있다.

그러므로 '찬송을 연습하는 것' 역시 그 핵심은 음정이나 박자를 맞춰보는 것이 아니다. 가사의 의미를 이해하는 것이 핵심이다. '찬송을 지도하는 것' 역시 마찬가지다. 목사는 성도들에게 음정이나 박자를 가르치는 음악교사의 역할을 하는 것이 아니다. 목사는 회중에게 가사의 뜻을 충분하게 이해시키는 일을 해야 한다.

음악은 조금 부족해도 상관없다. 음정이 틀리고 박자가 틀린다고 해서 우리의 찬송에 문제가 생기지는 않는다. 그러나 가사의 의미를 이해하지 못하고 부르는 찬송은 바른 찬송이 될 수 없다. 하나님께 들려지는 참된 찬송의 제사가 될 수 없다. 이해가 없이는 참된 고백이 있을 수 없기 때문이다.

목사: 예배 인도자, 찬송 지도자

목사는 말씀의 봉사자이다. 목사는 성례의 집례자이다. 목사는 목회기도를 맡은 자이다. 목사는 찬송을 지도하는 자이다. 말씀, 성례, 기도,

찬송, 이 모든 것들의 성패(成敗)가 목사에게 달려 있으니 목사는 예배인도자요. 목사의 직임은 다른 어느 때보다도 예배에서 가장 잘 드러난다.

목사로부터 찬송을 배우자

교회는 예배를 드리기 전에 찬송을 연습해야 하고, 예배 이외의 시간에 성경을 공부하듯이 찬송도 공부해야 한다. 당회는 교단 헌법 예배모범에서 명시한대로 예배 전 혹은 적절한 시간을 정해 온 회중이 찬송을 연습할 기회를 갖도록 해야 하고, 찬송을 지도하는 일을 목사에게 부탁해야 한다(딤후 2:2 참고). 그리고 목사는 특정한 시간에 그리고 틈틈이 찬송을 지도해야 한다.

그래야만 찬송을 부를 주체인 전체 회중이 찬송 가사의 뜻을 충분히 이해하여 마음을 다해서 주님을 높일 수 있기 때문이다. 다시 강조하지만, 목사가 찬송을 지도해야 하는 가장 중요한 이유는 찬송을 부르는 주체인 회중들이 찬송 가사의 뜻을 바르게 이해하여 마음을 다해 하나님을 높이도록 하기 위함이다.

교회는 예배를 잘 드려야 한다. 이를 위해 목사는 교인들에게 말씀을 설교하는 일 뿐만 아니라 찬송을 지도하는 일도 해야 한다. 회중들이 설교도 잘 들어야 되지만 찬송도 잘 불러야 하기 때문이다. 목사가 찬송을 잘 지도해야 예배가 바르게 드려질 수 있다.

찬송을 지도하는 일을 다른 사람에게 맡겨서는 안 된다. 성악을 공부한 사람, 작곡을 공부한 사람, 심지어 교회음악을 공부한 사람에게도 맡길 수 없다. 이 일은 예배와 말씀을 맡은 목사의 중요한 직무이다.

바른 찬송은 얼마나 아름다운 곡조를 솜씨 있게 뽑아내느냐에 있다기보다는 그 가사의 영적 의미를 얼마나 이해하고 감사하는 가운데 하나님께 마음으로부터 은혜로 찬송하느냐에 달려 있다. 이를 위해 목사가 찬송을 지도한다. 목사에게 이 직무가 맡겨졌다.

04
시편찬송을 불러야 개혁교회인가?

황대우

시편찬송은 16세기에 편집되어 불리기 시작했다. 시편찬송의 기원은 독일 남부의 자유제국도시 스트라스부르(Strasbourg) 이지만 시편찬송의 대중화는 스위스의 신생 자유도시 제네바의 몫이었다. 시편찬송 보편화의 선구자는 제네바의 종교개혁자 칼뱅이었다. 그는 스트라스부르에서 프랑스 피난민 교회를 목회하던 시절인 1539년에 시편찬송집 초판을 출간했다. 여기에는 19편의 시편찬송과 3개의 일반 찬송이 수록되어 있었는데, 이 가운데 6편의 시편찬송과 3개의 일반 찬송은 칼뱅의 것이었고 나머지 13편의 시편찬송은 끌레망 마로(Clément Marot)가 개작한 것이었다. 여기서 '칼뱅의 것'이란 '노래 가사'를 의미한다. 즉, 칼뱅이 시편을 곡조에 어울리도록 운율을 넣어 개작한 것을 말한다.

1539년 판을 필두로 이후 계속 개정증보되다가 칼뱅 사망 2년 전인 1562년에야 비로소 시편 150편 모두가 개작된 제네바 시편찬송집이 완성본으로 출간되었다. 이 시편찬송집에는 모두 124개의 곡조가 사용되었는데 104개의 곡은 하나의 시편을 위해 사용되었고, 15개는 두 편, 4

개는 세 편, 1개는 네 개의 시편을 위해 사용되었다. 1551년 판 제네바 시편찬송집에서 마로가 개작한 50개 시편의 곡조는 루이 부르주아(Louis Bourgeois)가 작곡한 것이고, 베자(Beza)가 개작한 34개 시편의 곡조는 부르주아가 작곡한 것과 편집한 것 등으로 이루어져 있다. 나머지 40개의 곡조는 최종 완성판인 1562년 판에 나타나는데, 이것은 마이트르 피에르(Maitre Pierre)가 작곡 혹은 차용한 것들로 간주된다.

종교개혁 이후 제네바에서 예배 시간에 불리기 시작한 시편찬송은 제네바 종교개혁의 영향을 가장 많이 받은 네덜란드 개혁교회와 스코틀랜드 장로교회를 통해 개혁주의교회의 전통이 되었다. 대부분의 개혁교회가 지금까지도 이러한 시편찬송의 전통을 이어오고 있는 반면에, 대부분의 장로교회는 시편찬송의 전통을 포기했다. 시편찬송도 시대에 따라 조금씩 변천되었기 때문에, 오늘날 네덜란드의 개혁교회들 사이에서도 서로 다른 것을 사용한다. 아직도 시편찬송을 사용하는 장로교회는 네덜란드 개혁교회가 사용하는 것과 다른 곡조들도 많고 편곡도 많다.

우리가 주지할 필요가 있는 것은 처음부터 시편찬송집에는 시편이 아닌 일반 찬송가도 들어 있었다는 사실이다. 이것은 개혁주의 신학이 시편만을 '유일하게 합당한 찬송'으로 고집하지 않았다는 뜻이다. 시편찬송은 칼뱅의 '오직 성경(Sola Scriptura)'의 원리와 부합하는 전통이다. 칼뱅은 성경에서 근거를 발견할 수 없는 예전, 즉 예배 형식을 인간이 발명한 위험한 전통으로 보았다. 그래서 예배를 위한 찬송도 성경 속에서 찾으려고 했던 것이다. 그러나 그가 시편 절대주의를 고집하지는 않았다. 그래서 특별한 날의 특별한 예배, 가령 네덜란드 개혁교회의 경우 독립기념주일의 예배 시간에 애국가를 부르는 일이 가능했던 것이다.

칼뱅에 따르면 예배를 위한 찬송으로서의 시편은 다른 어떤 찬송보다 탁월한데, 그 이유는 그것이 하나님의 말씀이기 때문이다. 그런데 시편찬송의 가사는 히브리어에서 직역된 불어성경의 내용을 그대로 차용하지 않고 운율에 맞추어 재해석한 내용으로 의역되었다. 또한 이 가사는 시대와 언어에 따라 조금씩 변천되기도 했다. 거의 모든 시편은 내용상 기도다. 그래서 찬송을 곡조 있는 기도라고 하는 것이다. 시편은 기도이면서 동시에 신앙고백이기도 하다. 신앙적인 삶에 대한 노래가 시편이다.

한국 교회는 시편찬송보다는 일반 찬송, 즉 찬송가의 노래가 먼저 소개되었다. 찬송가는 18~19세기에 작사 작곡된 것들이 대부분이다. 물론 우리나라 작곡가들의 찬송가는 20세기에 속한다. 이러한 찬송가는 전도를 위해 작사 작곡된 노래 가사가 많은 것이 특징이긴 하지만, 대부분 시편처럼 기도와 신앙고백 등 신앙적인 삶을 노래하는 것이다. 시편이 성경 말씀인데 반해, 찬송가는 그 시대의 신앙적인 산물이다. 때로는 현실에 맞게 찬송 가사도 적절하게 개작될 필요가 있다. 시편찬송이 그러했던 것처럼 말이다.

개혁주의를 지향하는 교회는 반드시 예배 시간에 시편만 불러야 하는가? 시편찬송만이 예배를 위한 유일한 찬송인가? 예배 시간에 시편찬송을 부르지 않으면 개혁교회라 할 수 없는가? 시편찬송을 부르지 않고 찬송가를 부르는 장로교는 더 이상 개혁교회의 전통을 따르지 않는 것으로 간주해야 하는가? 반대로 예배 시간에 시편찬송만 부르면 개혁교회다운 것인가? 아마 그렇지 않을 것이다. 전통을 소중히 여기고 따르는 것도 필요하고, 전통을 시대에 맞게 지혜롭게 조정하는 것도 필요하다.

시편찬송은 아직 한국에 제대로 소개되어 있지도 않고, 보편적 정서와는 더욱 거리가 멀다. 그래서 시편찬송을 부르는 것이 여전히 어색하고 서툰 것이 사실이다. 그렇지만 아름다운 시편 가사들이 얼마나 많은가? 그것을 사장시키는 것은 불행이다. 그리고 우리의 시편 번역은 시답지 못한 것이 대부분이다. 시적인 운율을 살리고, 또한 이것을 적절한 곡조에 붙여 노래 부르는 것도 필요하다. 물론 16세기 제네바 시편의 전통을 맛보는 것도 권장할 만한 일이다. 이렇게 할 때 반드시 지혜가 발휘되어야 할 것이다. 시편찬송의 절대성을 주장하는, 즉 시편찬송만을 고집하는 것은 단순히 현재 한국 교회의 현실을 무시하는 정도가 아니라 '교회일치'라는 개혁주의의 더 중요한 정신을 파괴하는 것이다.

먼저 시편찬송이 어떤 점에서 얼마나 좋은 것인지 여러 통로를 통해 알려야 한다. 그리고 조금씩 시도하고 차츰 바꿈으로써 찬송의 보편적 정서를 만들어 가야 한다. 시편을 위한 곡조는 옛것을 그대로 차용해야 하는 것인가? 반드시 그래야 하는 것은 아닐 것이다. 특히 한국 교회의 찬송가 전통은 이미 어느 정도 익숙해져 있고, 이외에 복음성가들도 널리 보급되어 있다. 시편을 찬송가의 가사로 살리기 위해 노력하는 일은 반드시 추구되어야 하겠지만 곡조도 옛것 그대로여야 하는지는 의문이다. 물론 그중에 좋은 것들은 얼마든지 사용할 수 있고 편곡도 가능하리라 본다.

결론적으로, 반드시 시편찬송을 불러야만 개혁교회의 전통에 서 있는 것이라고 주장하는 것은 개혁주의 전통을 편협하게 하고 왜곡하는 것일 뿐만 아니라, 때론 개혁주의 전통을 무시하고 이탈하는 것일 수도 있다는 사실을 명심해야 할 것이다. 칼뱅은 시편찬송만이 예배를 위한, 예배 시간에 부를 수 있는 유일한 찬송이 되어야 한다고 찬송의 범위를 제한하지 않았다. 그럼에도 불구하고 칼뱅은 시편을 "영혼의 각 부분에 대한 해부($\alpha\nu\alpha\tau o\mu\eta\nu$, omnium animae partium)"라고 정의하는데, 이것은 시편이 우리 영혼에 필요한 것이 무엇인지 정확하게 분석하고 가장 알맞은 처방으로 가장 유익한 것을 제공한다는 뜻이다.

"여기서 이미 성령께서는 인간의 영혼을 습관적으로 내던져 버리는 슬픔, 비탄, 두려움, 의심, 소망, 걱정, 동요 등으로 말미암아 결국 혼란에 빠져 버린 모든 자들을 생명으로 인도하셨다……진실한 기도는 먼저, 우리의 필요에 대한 인식으로부터 나오고, 그다음에는 약속에 대한 믿음으로부터 나온다. 여기서 독자들은 자신의 악을 가장 잘 깨닫기 위해 추구되어야 하는 치료법이 무엇인지 고민하는 만큼 배우게 될 것이다. 또한 그러므로 하나님께서 기도를 받으실 곳에서 우리를 새롭게 하기 위해 만드실 수 있는 것은 무엇이든지 이 책 속에 있다."

05
공예배에서 악기 사용, 어떻게 해야 하나?

성희찬

오늘날 주일 공예배에서 회중 찬송을 도와서 반주하는 목적으로 악기를 사용하지 않는 교회는 거의 없을 것이다. 다만 사용하는 악기가 다를 뿐이다. 대부분의 교회에서 피아노를 사용하고 있고, 오르간이나 드럼, 전자기타, 신디사이저 등도 사용하고 있다. 그리고 많은 교회가 찬양대와 함께 기악부(현악기, 목관악기, 금관악기 등)가 있어서 찬양대의 찬송과 회중 찬송을 돕기 위해 연주되기도 한다.

예술이나 음악이 분명히 하나님의 선물이어서 이를 우리 생활에서 물리칠 이유는 전혀 없고, 또 이를 잘못 사용하는 것에 대해서는 경계를 해야 한다는 점에도 다수의 신자들이 동의할 것이다. 그런데 주일 공예배에서 악기를 사용하는 문제에 대해서는 신자들과 교회들마다 의견이 다를 것이다. 어떤 악기는 되고, 어떤 악기는 되지 않는 것일까? 실제로 역사를 보면 이를 둘러싸고 다양한 의견이 있어 왔다.

예를 들어, 개신교회의 뿌리가 되는 종교개혁 당시 개혁가 칼뱅은 주일 공예배에서 오르간이나 악기를 사용하는 것을 반대하였다. 그는 예배가 숭고해지기 위해서 악기가 전혀 필요하지 않다고 보았다. 당시 로마 가톨릭교회는 말씀보다는 여기에 더욱 관심을 두고 있었다. 그래서 칼뱅은 이와 관련하여 구약 시대에 이스라엘 백성들이 하나님을 찬양하고 찬송하기 위해 탬버린이나 여러 악기를 사용한 것은 참된 예배의 한 요소로서 그림자 역할을 한 것이라고 말하였다. 그리고 이제는 그런 시대는 지나갔다고 하면서 예배 시의 악기는 오직 구약 시대, 즉 성소에서 제사장들이 봉사하는 시대에 해당하는 것이고 신약 시대의 예배에서 이러한 악기를 다시 가져오는 것은 이런 것들이 지금 필요하다는 뜻으로서 하나님의 아들 안에서 나타난 빛을 다시 어둡게 하고 그림자를 드리우는 것이라고 하였다. 그 이유는 골고다에서 예수 그리스도가 자신을 제물로 드리신 이후로는 그림자로 있는 제사가 지나갔기 때문이라고 하였다. 그럼에도 불구하고 예배에 악기 사용을 고집한다면 이는 하늘과 땅을 섞는 것이라고 하였다. 그래서 하나님을 찬양하는 단순하고 순수한 멜로디가 우리의 마음과 입에 어울리며 이것으로 충분하다고 하였다. 칼뱅은 여러 차례에 걸쳐서 특히 당시 오르간이 온갖 종류의 세속적인 연주와 오락에서 사용되고 있는 점을 부각시켰다. 이러한 칼뱅의 입장으로 인하여 이후 칼뱅주의 교회 예배에서 오르간은 물론 다른 악기들이 비록 회중 찬송의 반주를 목적으로 한다고 할지라도 쉽게 자리 잡을 수 없게 되었다.

종교개혁 당시 칼뱅만 공예배에서 악기 사용을 반대한 것이 아니었다. 중세 시대 교회에서 토마스 아퀴나스(Thomas Aquinas 1225-1274)를 비롯해 지도적인 역할을 하던 신학자들도 오르간 사용을 반대하였다. 특히 토마스 아퀴나스의 영향력과 권위가 컸기에 그의 말은 수 세기에 걸쳐 오르간 사용에 대한 의문점들을 잠재우기에 충분하였다.

칼뱅의 영향을 받은 네덜란드 교회의 경우 17세기에 가서야 비로소 오르간에 대한 인식이 바뀌게 되고, 교회에서 오르간 사용도 조심스럽게 늘어가게 되었다. 지금은 오르간은 물론 아직 일부이기는 하지만 기악부가 있어서 회중 찬송을 돕는 교회들도 늘어가고 있다.

칼뱅의 후예이면서도 과거 칼뱅이 주장한 대로 공예배에서 악기 사용을 거부하지 않고 이미 이를 사용하고 있는 우리는 이제 교회와 공예배에서 악기 사용을 어떻게 보아야 하는 것일까?

이를 위해 구약 시대에 신자의 생활과 공예배에서 악기가 어떤 기능과 목적으로 사용되었는가를 먼저 살피는 것이 순서일 것이다.

무엇보다 구약의 성전 예배에서 악기는 어떻게 사용되었을까?

다윗이 솔로몬을 왕으로 삼고, 방백과 제사장과 레위인을 세울 때 4000명의 레위인을 악기를 사용하여 하나님을 찬송하는 자로 함께 세우게 된다.

> "사천 명은 문지기요 사천 명은 그가 여호와께 찬송을 드리기 위하여 만든 악기로 찬송하는 자들이라"(대상 23:5)

솔로몬은 선왕 다윗의 명령을 따라서 일부 레위인들을 성전에서 매일의 일과대로 찬송하는 자들로 세웠다.

> 역대하 8:14, 솔로몬이 또 그의 아버지 다윗의 규례를 따라 제사장들의 반열을 정하여 섬기게 하고 레위 사람들에게도 그 직분을 맡겨 매일의 일과

대로 찬송하며 제사장들 앞에서 수종들게 하며 또 문지기들에게 그 반열을 따라 각 문을 지키게 하였으니 이는 하나님의 사람 다윗이 전에 이렇게 명령하였음이라(대하 8:14).

솔로몬이 성전을 봉헌할 때에 이 찬양대가 이미 악기를 연주하며 찬송하였다(역대하 5:12).

"노래하는 레위 사람 아삽과 헤만과 여두둔과 그의 아들들과 형제들이 다 세마포를 입고 제단 동쪽에 서서 제금과 비파와 수금을 잡고 또 나팔 부는 제사장 백이십 명이 함께 서 있다가"(대하 5:12)

히스기야 왕이 성전을 개혁할 때에 '여호와의 명령을 따라' 악기를 연주하는 레위인들을 다시 세우게 된다.

"왕이 레위 사람들을 여호와의 전에 두어서 다윗과 왕의 선견자 갓과 선지자 나단이 명령한 대로 제금과 비파와 수금을 잡게 하니 이는 여호와께서 그의 선지자들로 이렇게 명령하셨음이라"(대하 29:25).

여기서 눈여겨볼 것은 왕이 성전에 레위인들을 두어서 악기를 잡게 한 것은 여호와께서 명령하셨기 때문이라는 대목이다. 단순히 사람의 명령이 아니란 점이다.

구약 시대 이스라엘의 예배에서 사용된 악기들은 어떤 기능을 하였을까?

첫째, 하나님을 찬양하고 감사하기 위해 사용되었다

"그런즉 내가 하나님의 제단에 나아가 나의 큰 기쁨의 하나님께 이르리이다. 하나님이여 나의 하나님이여 내가 수금으로 주를 찬양하리이다"(시 43:4).

"나의 하나님이여 내가 또 비파로 주를 찬양하며 주의 성실을 찬양하리이다. 이스라엘의 거룩하신 주여 내가 수금으로 주를 찬양하리이다"(시 71:22).

"나팔 소리로 찬양하며 비파와 수금으로 찬양할지어다. 소고 치며 춤추어 찬양하며 현악과 퉁소로 찬양할지어다. 큰 소리 나는 제금으로 찬양하며 높은 소리 나는 제금으로 찬양할지어다"(시 150:3-5).

둘째, 회중의 찬송을 반주하기 위해 사용되었다

다음 말씀을 보면 수금과 음성이 함께 병행하여 하나님을 노래하고 있다. 이는 수금이 회중의 노래를 반주한 것으로 보인다.

"수금으로 여호와를 노래하라. 수금과 음성으로 노래할지어다"(시 98:5).

셋째, 예언하기 위해 사용되었다

"다윗이 군대 지휘관들과 더불어 아삽과 헤만과 여두둔의 자손 중에서 구별하여 섬기게 하되 수금과 비파와 제금을 잡아 신령한 노래를 하게 하였으니 그 직무대로 일하는 자의 수효는 이러하니라"(역대상 25:1).

다윗이 아삽과 헤만과 여두둔의 자손 중에서 288명을 구별한 것은 악기들을 사용하여 예언하게 한 것이었다. 한글개역성경에는 '신령한 노래를 하게 하였으니'라고 하였지만 히브리서 원문은 '예언을 하게 하였으니'이다. 그래서 다수의 영어번역을 보면 'prophesying' 'prophesy'로 번역하였고, 한글공동번역은 '예언하는'으로 번역하였다.

그렇다면 여기서 '예언'은 어떤 것을 가리킬까? 백성들에게 하나님의 말씀을 가르치거나 율법을 해설하는 것을 가리키는 것이 더 적당할 것이다. 한글개역성경에서 '신령한 노래를 부르는'으로 번역한 것은 적당하지 않다. 따라서 '예언하는' 혹은 '선포하는'으로 번역하는 것이 적당하다(K. Roubos의 역대상 주석-POT 시리즈). 더구나 역대상 25장 5절을 보면 헤만을 가리켜서 "하나님의 말씀을 가진 왕의 선견자"라고 하고 있다(대하 29:30, 35:15 참고). 사실 구약성경을 보면 하나님의 예언이 노래의 형태로 주어지기도 하였다. 미리암의 경우(출 15:20,21. 특히 20절을 보면 '예언하였다'는 말이 사용되었다. 한글개역은 이 번역을 살리지 못하였다!)와 드보라의 경우(삿 4:4, 5:10-21), 그 외에도 많은 선지자들이 시의 형태로 예언을 하였다.

그런데 왜 악기를 연주하면서 예언의 말씀을 전하였을까? 악기 연주를 통해 마음이 차분해져서 말씀에 집중하도록 하며, 특히 노래하거나 말해지는 말씀을 강조하고 더욱 분명하게 마음에 와 닿도록 하기 위해서 일 것이다.

넷째, 하나님의 영인 성령이 임하시도록 기다릴 때 사용되었다

선지자 엘리사가 하나님의 말씀을 듣기 위해 자기를 찾아온 왕들 앞에서 거문고 탈 자를 찾고 있고, 그가 거문고를 탈 때에 여호와의 손이 엘라사 위에 있었다고 하였다(왕하 3:12-15 참고). 세 왕들 앞에서 분노한 그가 마음을 가라앉히고 평정을 얻기 위해 거문고 탈 자를 부른 것으로 보인다.

이상 살펴본 대로 악기가 사용된 기능과 목적은 오늘 우리가 공예배에서 악기를 사용해야 하는가 그 여부를 결정하고, 또 어떤 악기를 선택해야 하는지를 결정할 때에 큰 통찰력을 준다. 왜냐하면 이러한 기능은 지금 이 시대의 우리에게도 유효하고 필요한 것이기 때문이다.

요한계시록에 등장하는 악기

어린양과 어린양의 피로 속량을 입은 성도들이 주님께 새 노래를 부를 때 거문고 타는 소리가 함께 들렸다.

> "또 내가 보니 보라 어린양이 시온 산에 섰고 그와 함께 십사만 사천이 서 있는데 그들의 이마에는 어린양의 이름과 그 아버지의 이름을 쓴 것이 있더라. 내가 하늘에서 나는 소리를 들으니 많은 물소리와도 같고 큰 우렛소리와도 같은데 내가 들은 소리는 거문고 타는 자들이 그 거문고를 타는 것 같더라. 그들이 보좌 앞과 네 생물과 장로들 앞에서 새 노래를 부르니 땅에서 속량함을 받은 십사만 사천 밖에는 능히 이 노래를 배울 자가 없더라"(계 14:1-3).

그러나 큰 성 바벨론이 무너질 때에 더 이상 악기 소리는 들리지 않는다.

"이에 한 힘 센 천사가 큰 맷돌 같은 돌을 들어 바다에 던져 이르되 큰 성 바벨론이 이같이 비참하게 던져져 결코 다시 보이지 아니하리로다. 또 거문고 타는 자와 풍류하는 자와 퉁소 부는 자와 나팔 부는 자들의 소리가 결코 다시 네 안에서 들리지 아니하고 어떠한 세공업자든지 결코 다시 네 안에서 보이지 아니하고 또 맷돌 소리가 결코 다시 네 안에서 들리지 아니하고"(계 18:21-22).

이제 우리는 이 모든 것을 종합하여 어떻게 결론을 내려야 할까? 공예배에서 과연 악기 사용은 가능한 것일까?

하나님을 찬양하고 하나님의 말씀을 수종드는 목적이라면 공예배에서 악기 사용은 가능하다

개혁가 칼뱅이 교회 공예배에서 오르간의 사용을 금한 것은 결국 그가 자신이 산 시대의 한계에 갇혔다는 것을 보여 준다. 당시 로마천주교회가 공예배에서 하나님의 말씀보다는 악기 사용에 더 몰두하고, 실제로 당시 오르간이 세속적인 목적을 위해 널리 사용되고 있던 점이 작용된 것으로 보인다. 칼뱅이 성경을 주석하여 악기 사용을 구약 시대에 국한된 것으로 보고, 참 예배의 그림자로 본 점은 오류로 보인다. 앞서 서술한 대로 악기 사용의 네 가지 기능을 생각할 때 그러하다. 왜냐하면 회중(성가대) 찬송을 반주하여 주님께 드리는 우리의 내면을 잘 표현하며, 또 찬송가 가사에 나타난 하나님의 말씀을 우리의 마음에 닿도록 강조하기 위해, 또 차분하게 성령의 은혜를 기다리며 묵상할 때 악기가 유익하게 사용될 수 있다. 예배 전이나 예배 후에, 혹은 성찬 시에 연주하여 예배를 준비하고 성령의 은혜를 기다리고 말씀을 묵상하는 데 유익을 줄 수 있다.

이러한 기능과 목적을 위해서라면 원론적으로는 어떤 악기라도 공예배에 사용이 가능하다고 말할 수 있지만, 악기를 신중하게 선별해서 사용하는 것이 적절할 것이다. 어떤 악기가 과연 말씀을 잘 수종들 수 있고 우리의 깊은 내면을 잘 표현하여 찬양하는 데 유익하며, 어느 악기가 성령의 은혜를 사모하고 기다리며 말씀을 묵상하는 데 도움이 될지를 생각하며 결정할 수 있을 것이다.

나아가 악기 사용은 공예배를 드리는 공간의 음향과도 깊은 관련이 있기에 각 개체 교회마다 지혜롭게 판단해야 할 것이다.

악기를 연주하거나 반주하는 사람은 어떤 자가 되어야 하는가?

먼저 참 신자가 되어야 한다. 아브라함 카이퍼는 예배에서 가장 우선적으로 고려되어야 할 것은 예배의 거룩이지 예배의 아름다움이 아니라고 하였다. 연주하는 사람이 아무리 아름다운 예배를 위해 가지고 있어야 할 예술적 역량이 탁월하다고 할지라도 반주자와 연주자는 어떤 면에서 하나님의 말씀을 '예언하는' 행위를 돕는 자이기에 그가 먼저 복음을 깨닫고 복음으로 사는 자가 되어야 한다. 그래서 비록 직분자는 아니라고 할지라도 최소한 세례를 통해 회중 앞에서 신앙을 고백하고 성찬에 참여하는 진실한 신자가 되어야 한다. 아울러 그 교회 회중의 한 사람이 되어야 한다. 왜냐하면 교회 회중의 일원으로서 그리고 회중과 함께 회중의 찬송을 반주하는 자이기 때문에 그 회중의 교제권에 있는 자가 되지 않으면 안 된다. 이 점에서 다른 교회에 적(籍)을 둔 교인을 아르바이

트하듯이 데려온다든지, 심지어 불신자를 기악부에 두는 것은 공예배의 거룩성을 해치는 것이라고 할 수 있다.

그러나 반주자나 기악부원은 자기들의 신앙뿐 아니라 훈련을 통해 예술적 역량을 함양할 수 있어야 한다. 예배의 거룩뿐 아니라 아름다움을 위해 기여할 수 있어야 한다.

반주자와 기악부의 부원에 대해 교회는 어떻게 대우하는 것이 좋은가?

반주자와 기악부의 부원은 한 주간 동안 열심히 연습과 훈련을 하지 않으면 자기의 직무를 다할 수가 없다. 이들이 만약 자기의 일상생활에서 상당한 시간을 내어서 연습과 훈련을 하며, 나아가 악기를 관리하고 유지하기 위해 필요한 비용이나 자기 직무를 수행하기 위해 필요한 책이나 음반이나 기타 재료에 드는 비용을 생각할 때에 교회가 이들에게 이에 상응하는 대우를 하는 것이 마땅하다. 이들이 손을 벌리기 전에 교회에 먼저 이들의 형편을 돌아보아야 한다.

06
성가대가 꼭 필요한가?

안재경

교회에 성가대가 없으면 안 된다고 생각하는 이들이 많다. 다른 조직은 없어도 성가대는 꼭 있어야 한다고 생각한다. 예배를 위해서 성가대가 더더욱 꼭 필요하다고 생각한다. 목사들마저도 교회에 성가대가 없으면 예배가 힘들어진다는 생각을 한다. 새로운 신자들이나 불신자들이 예배에 참석할 때에 성가대가 그들에게 큰 은혜를 끼친다고 생각한다. 예배에서 의외성을 줄 수 있는 요소가 바로 성가대라고 생각한다. 새 신자들은 그 교회의 성가대를 보고 교회를 결정한다고 생각하기까지 한다. 그렇지 않은데 말이다.

교회마다 성가대의 문제로 어려움을 겪는 경우가 종종 있다. 성가대가 교회의 다른 모든 조직과 기관에 영향을 미친다. 성가대 연습 시간 때문에 다른 모임이 어려움을 겪기도 있다. 성가대가 규모를 키우려고 하기에 교육부서가 큰 피해를 입기도 한다. 성가대는 할 수만 있다면 관현악팀을 운영하려고도 한다. 문제는 이렇게 구성된 성가대가 예배를 돕는 것이 아니라 예배를 구경하는 것으로 만들기 쉽다는 사실이다. 성가대가 가지고 있는 몇 가지 문제를 짚어 보자.

찬양대라고 불러야

교회마다 조금씩 다르지만 성가대석이 따로 있는 경우가 많다. 성가대석은 강대상 옆으로 자리를 잡고 있어서 회중석과 유리되어 있다. 이런 배치는 전형적으로 로마교회적인 모습이다. 로마교회의 성가대는 제단 옆에 자리 잡고 있었고, 그 결과 회중석과 유리되어 있었다. 그것도 그럴 것이 성가대원들은 다 성직자였기 때문이다. 중세 교회는 성가대학교를 만들어 전문적으로 성가를 연습시켜서 예배에 동원했다. 로마교회가 미사 때 드리는 찬송은 오직 성가대의 전유물이었다. 회중은 찬송을 할 수 없었다. 라틴어로 찬송하기에 할 수 없었을 뿐만 아니라 그레고리안 성가(Gregorian Chant)라는 말로 알려져 있듯이 곡이 매우 어려워서 전문적으로 배우지 않고서는 부를 수 없는 곡들이었다. 로마교회에서 회중은 찬송의 구경꾼이었다.

개혁한 교회는 예배찬송을 회중의 입에 돌렸다. 성가대를 만들더라도 따로 좌석을 만드는 것은 바람직하지 않다. 회중석과 구분이 없다면 회중들은 성가대원의 뒷모습을 보면서 찬송을 들어야 하지 않느냐고 말할 것이다. 그렇다면 특별찬송을 할 때는 앞으로 나와서 회중을 마주보면서 부르면 될 것이다. 찬양대가 자리 이동하는 시간을 최대한 줄이는 방법을 찾아야 할 것이다. 그 외 전주곡이나 후주곡, 기타 기도송을 부를 때에는 회중이 눈을 감고 있을 때가 많기 때문에 크게 문제가 되지 않을 것이다. 어쨌든 성가대는 회중과 유리되어서는 안 된다. 게다가 성가대라는 명칭보다는 찬양대라고 부르는 것이 좋겠다. 성가대라는 것은 로마교회의 잔영(殘影)일 뿐만 아니라 성가대가 성직자라는 생각을 하게 만드니까 말이다.

사례를 주는 문제에 신중해야

작금에 찬양대가 문제가 되는 것은 찬양대의 수준을 높이기 위해 외부에서 찬양대원을 들이는 것에 있다. 찬양대의 수준을 높이기 위해 음악대학에 다니는 성악전공자들을 불러 모으고 그들에게 사례를 한다. 물론 공부를 하는 학생들이기에 장학금이라는 명목으로 준다면 크게 문제가 안 될지 모르겠다. 그러나 본 교회 회원이 아닌 이들이 예배 때만 나타나서 성가대에 섰다가 가 버리는 것은 문제이다. 지휘자와 반주자를 수입(?)하는 경우도 있다. 더 나아가 오케스트라를 구성하기 위하여 악기를 다루는 이들을 불러 모으는 경우도 있다. 그러면 그들에게 일일이 사례를 해야 한다. 본 교회 회원 중에서 찬양대원이 된 이들과 외부 전문가들 사이에 갈등이 생길 것이 뻔하다.

교회가 전공자를 고용하기 시작하면서 돈을 받고 이 교회 저 교회를 떠도는 이들이 많아졌다. 음대 학생들의 경우에는 큰 교회를 선호하고, 사례를 많이 주는 곳을 찾아갈 수밖에 없다. 기독교 배경을 가진 음악대학의 교수들이나 선배들이 학생들을 교육시킨다는 말도 들린다. 자신의 재능을 헐값에 팔아넘겨서는 안 된다고 말이다. 본 교회에서 겸손히 잘 봉사하는 이들을 부추겨서 제법 잘 갖추어진 교회에 가서 성악을 하거나 악기를 연주하게 한다. 주일에 예배하면서 자신의 재능도 활용하고 아르바이트도 하는 일석삼조의 효과를 누린다. 특별집회나 찬양모임이라면 예외일지 모르겠지만 찬양대원은 본 교회 회원 중에서 택하는 것이 옳다. 반주자가 없는 경우에는 예외가 될 수도 있겠다. 그러하기에 본 교회 회원 중에서 찬양대원과 반주자를 키우기 위해 연수를 보내고 공부를 시켜야 한다.

회중 찬양을 도와야

찬양대원들이 예배 때 어떤 태도를 취하는지 곰곰이 살펴본 적이 있다. 찬양대원들은 성경봉독과 설교 사이에 있는 특별찬양에 집중해 있다. 왜 그렇지 않겠는가? 그 찬송 하나를 보여 주기 위해 주일 오후와 주중에도 연습하고, 예배 전에 일찍 나와서 마지막으로 그 찬송을 연습했으니 말이다. 문제는 찬양대가 특별찬양을 해도 회중이 가사를 모른 채 곡조만 듣고 있을 때가 많다는 사실이다. 예배 때 화면이 필요하다면 찬양대가 찬양할 바로 이때를 위해서 필요할 것이다. 그렇지 않다면 주보에 가사를 실으면 되겠고 말이다. 문제는 찬양대가 특별찬양을 하고 난 이후이다. 찬양대원들이 예배에 집중하지 않고, 설교 시간에 악보를 뒤적이거나 산만한 경우가 많았다. 특별찬양으로 인해 진이 빠졌기 때문일까? 찬양대원은 예배를 위해 기도를 많이 해야 할 것이다. 예배를 잘 할 수 있도록 말이다.

찬양대는 회중과 유리되어서는 안 된다. 찬양대는 회중의 찬양을 대표한다고 볼 수도 있겠지만 그것보다는 회중의 찬양과 함께하기 위해 존재한다는 것을 알아야 한다. 종교개혁 한 교회의 예배찬송은 모두가 회중 찬송이었다. 모든 예배찬송은 오직 회중 찬송이었다. 몇몇 사람들이 독점한 특별찬양이라는 것이 없었다. 종교개혁자들은 성직자의 입에 있었던 찬송을 회중의 입에 돌렸다. 종교개혁은 예배의 개혁이었는데, 찬양의 개혁은 특별했다. 그러므로 찬양대는 찬송을 독점하거나 공연하려고 할 것이 아니라 모든 예배찬송을 이끌면서 회중 찬송을 도와야 한다. 회중이 곡조를 잘 따라하고 가사를 잘 이해하도록 도와야 한다. 찬양대는 특별찬양을 하면서도 회중과 함께 부른다고 생각해야 한다. 회중을 보면서 특별찬송을 할 때도 공연하듯이 하는 것이 아니라 회중 속에 녹아들어서 회중과 함께 찬양해야 할 것이다. 회중이 아멘이라고 감격적으로 화답할 때 찬양대의 찬양은 그 역할을 제대로 다한 것이다. 이때 찬양대의 찬양은 모든 회중의 고백과 함께 하늘 보좌 앞으로 올라가게 될 것이다. 얼마나 영광스러운 찬양인가!

교회에 찬양대가 굳이 있어야 하는지 물었다. 교회마다 형편이 다르기에 정답은 없다. 한 가지 팁을 준다면 교인이 몇 십 명 내외인 개척교회나 미자립교회 같은 경우에는 찬양대가 없는 것이 낫다. 찬양대로 인해 다른 모든 활동이나 기관이 올 스톱되는 것이 바람직하지 않기 때문이다. 음악을 좋아하는 이들이 있다면 자발적으로 중창단을 만들어서 예배찬송을 돕도록 하면 될 것이다. 교회의 규모가 어느 정도 되어서 찬양대를 만든다고 하더라도 그 역할을 분명히 해야 한다. 찬양대는 교육을 많이 받아야 한다. 찬양에 대한 교육만이 아니라 예배에 대한 교육이 필요하다. 찬양대는 회중의 찬양을 이끄는 것이 본질적인 역할임을 명심해야 할 것이다. 예배에는 하나님께서 베푸신 모든 은혜에 대한 응답으로서의 찬송이 있어야 하고, 그 찬송은 모든 회중이 다 같이 하는 것이어야 한다. 다른 모든 것도 마찬가지겠지만 찬송에서 소외되는 이들이 있어서는 안 될 것이다.

07
하나님은 어떤 찬송을 좋아하실까?

이성호

"하나님은 어떤 찬송을 좋아하실까?" 찬송에 관한 질문 중에 가장 중요한 질문이라고 생각한다. 그러나 오늘날 한국 교회는 이 질문을 진지하게 묻지 않는다. 어떤 딸이 어머니 생일날 어머니가 생선을 좋아한다고 하셔서 고등어를 준비했는데 어머니는 다른 생선은 다 좋아하지만 고등어는 진저리를 내신다고 하면 어떻게 되겠는가? 아무리 딸이 정성스럽게 생일상을 준비하였다고 하더라도 그 생일상은 어머니를 기쁘게 하지 못할 것이다. 이것은 하나님께 드리는 찬송에도 동일하게 적용될 수 있을 것이다.

하나님은 어떠한 찬송의 가사라도 좋아하실까? 또는 하나님은 어떠한 찬송의 곡조도 좋아하실까? 만약 그렇다면 신자는 자신이 감동받은 대로 노래를 지어서 부르면 될 것이다. 곡조도 큰 문제가 되지 않을 것이다. 힙합이든 트로트이든 판소리든 하나님께서 특정한 찬송을 좋아하시는 것은 아니라는 생각이 대부분의 신자들의 생각에 자리 잡은 결과 목사들은 찬송을 선곡하는 데 별 어려움을 겪지 않는다.

오늘날 한국 교회에서 찬송 선곡에 대한 기준은 사실상 없어진 셈이다. 그 결과 신자들은 각자의 소견에 옳은 대로 찬송을 정한다. 기준이 없어진 것이 아니라 '자기'가 기준이 되어 버렸다. 오늘날 좋은 찬송은 곧 "자기가 좋아하는 찬송"이다. 예배에서와 마찬가지로 이것은 찬송에서 타락을 가져온다. 타락한 예배가 하나님이 아니라 인간에게 초점을 맞추듯이 부실한 찬송 역시 인간을 즐겁게 하고 감동을 주는 것에 초점을 맞춘다.

실제로 우리가 가지고 있는 찬송가를 한 번 살펴보자. 소위 복음성가[39]는 말할 것도 없고 현재 우리가 쓰고 있는 찬송가의 거의 대부분은 장조(長調)로 이루어져 있다. 반면 한국 찬송에서 단조(短調)는 거의 쓰이지 않는다. 하나님이 단조로 된 찬송을 좋아하지 않으시기 때문일까? 그렇지는 않을 것이다. 여러 차이점이 있겠지만 장조는 기쁨을, 단조는 슬픔을 나타내기에 적합하다. 우리의 삶은 고난과 수고와 슬픔으로 가득 차 있는데 예배 시간에는 마치 일주일 동안 아무 일 없었던 것처럼 기쁜 찬송만 부르고 있는 것이다. 이것은 찬송을 부르는 성도로 하여금 위선과 형식주의에 빠지게 만들 위험이 있다.

반면 하나님께서 지으신 찬송인 시편을 한 번 살펴보자. 시편은 우리 찬송가와는 정반대로 70~80% 가까이가 탄식의 시로 이루어져 있다. 구약의 신자들은 예배 시간에 이 시편을 부르면서 박해와 고난 가운데 인내하면서 오직 하나님의 도우심을 구하며 자신의 신앙을 지키고 다음 세대에 물려주었던 것이다. 이 시편은 예수님과 사도들이 불렀던 노래이며 또한 초대 교회 성도들이 불렀던 노래이다.

적어도 확실한 것은 하나님께서 시편을 우리에게 주신 이유는 이것을 자신의 백성들이 부르기를 원하신다는 것이다. 그렇지 않다면 이 시편이 성경에 들어간 이유가 도대체 무엇이겠는가? 필자는 하나님께서 시편 찬송만 원하신다고 생각하지 않는다. 그러나 시편찬송을 듣기를 원하신다는 것은 너무나 분명하다. 더 나아가서 시편이 다른 찬송보다 훨씬 더 탁월하다는 것도 부인할 수 없다. 시편은 하나님의 영감으로 지어졌다는 점에서 인간이 만든 다른 찬송과 비교의 대상이 될 수 없다.

주기도문과 주기도문에 대한 요리문답의 해설이 우리 기도의 기준과 안내서가 되어야 하듯이 시편은 찬송의 기준이 되어야 한다고 생각한다. 주기도문과 요리문답이 기준의 역할을 제대로 하지 못한 결과 기도는 각종 요구 사항들로 가득 찬 주문서가 되어 버렸다. 마찬가지로 찬송의 기준이 사라진 결과 성도들은 자기가 즐거워하는 찬송에 너무나 익숙하게 되었다. 찬송에 있어서 한국 교회는 사사시대와 마찬가지로 각자의 소견에 옳은 대로 찬송을 부르고 있다. 이와 같은 파편화가 계속 진행되다 보면 교회의 하나 됨과 공교회성이 심각하게 위협받을 수 있을 것이다.

타락 이후 자기중심성이 인간을 지배하게 되었다. 이 자기중심적 이기주의는 거듭나고 나서도 여전히 남아 있다. 간단히 말해서 인간은 본성상 하나님께서 좋아하시는 것을 싫어한다. 이것은 시편에도 동일하게 적용될 수 있을 것이다. 인간은 본성상 하나님이 좋아하시는 노래를 싫어 할 수밖에 없다. 결국 시편 속에 나타난 구원의 부요를 깨닫고, 거듭남을 통해 우리의 심성이 바뀌어서 마음을 다하고 힘을 다하고 지성(디아노이아)을 다하여 주님을 사랑하는 사람이 비로소 시편을 좋아하고 부를 마음을 가지게 되는 것이다.

시편을 좋아한다는 것은 곧 하나님이 좋아하시는 노래를 좋아한다는 것을 의미한다. 시편을 통해서 하나님을 닮아가는 신자들이 조금씩 늘어가기를 소망한다.

08
하나님은 어떻게 찬송하는 것을 좋아하실까?

이성호

찬송에 있어서 "하나님이 어떤 찬송을 좋아하실까?"라는 질문 다음으로 중요한 질문은 "하나님은 어떻게 찬송하는 것을 좋아하실까?"라는 질문이다. 아마 대부분의 성도들은 이런 질문에 대해서 깊이 고민하지 않았을 것이다. 그 결과 오늘날 성도들은 자기가 좋아하는 방식대로 자기가 좋아하는 곡을 선정하여 하나님을 찬양하게 되었다. 찬양의 방식을 정함에 있어서 하나님이 아니라 인간이 기준이 되었다.

종교개혁은 찬양의 방식에도 여러 가지 면에서 큰 변화를 가져왔다. 가장 큰 변화 중의 하나는 라틴어 찬양에서 모국어 찬양으로 바뀐 것이다. 중세 시대에 찬송은 거의 라틴어로 진행되었다. 그 당시의 관점에 따르면 라틴어는 서방교회를 위해 하나님께서 주신 신적인 언어였다. 옛 백성인 이스라엘을 위해서는 히브리어를, 신약 교회를 위해서는 헬라어를, 서방 유럽 교회를 위해서는 라틴어를 하나님께서 선물로 주셨다고 그들은 생각하였다. 모국어로 하나님께 찬송을 드리는 것은 수준 낮은 예배 행위로 인식되었다. 조선 시대에 세종대왕이 한글을 창제하였을 때 유림들이 반대한 것과 유사하다고 할 수 있다.

라틴어로 찬송했기 때문에 성도들은 찬송을 제대로 부를 수도 없었을 뿐 아니라 찬송을 부른다고 하더라도 무슨 뜻인지 알 수가 없었다. 따라서 중세 시대에 성도들은 찬송 시간에 찬송을 부르기보다 찬송을 감상했다고 할 수 있다. 엄밀히 말하면 찬송의 곡조를 감상했다고 해야 할 것이다. 그러나 이런 것이 큰 문제가 되지 않았다. 어설프게 저급한 영어(독일어, 프랑스어)로 찬송하는 것보다는 품위 있는 라틴어로 찬송하는 것이 더 하나님께 열납될 수 있다고 보았기 때문이다. 실제로 유튜브(youtube)에서 그레고리 성가를 찾아 듣다 보면, 사람마다 다르겠지만 그 선율의 아름다움에 금방 반할지도 모른다.

라틴어 찬송이 주가 되다 보니 찬송은 전문적인 훈련을 받은 소수의 성가대가 주도할 수밖에 없었다. 가사가 라틴어로 되어 있을 뿐 아니라 곡조도 아주 어려웠기 때문에 따라 부르는 것이 쉽지 않았다. 중세 시대에 전 참석자가 함께 부르는 회중 찬송은 거의 불가능하였다. 더 나아가 소수에 의한 성가대 찬양은 구약의 예들을 통해서 얼마든지 변호될 수 있었다. 이와 같은 찬송의 관습 속에는 하나님께서는 품위 있는 언어로 작성되고 고도의 아름다운 선율로 작곡된 찬송을 더 좋아하신다는 생각이 밑바닥에 자리 잡고 있었다.

이와 같은 중세의 방식은 종교개혁가들에 의해서 큰 도전을 받게 되었다. 그들은 이와 같은 찬송이 신자들에게 미신을 조장한다고 생각하였다. 무엇보다 믿음은 분명한 지식에 근거해야 한다고 생각했기 때문에 찬송과 기도는 공적인 예배 시간에는 반드시 알아듣는 언어로 시행되어야 한다고 주장하였다. 이와 같은 생각들은 웨스트민스터 신앙고백서에 구체적으로 정리되었다(21장 3절). 루터파의 경우 라틴어 찬송 자체는 반대하지 않았지만 개혁파는 모국어 찬송만을 받아들였다.

회중 찬송이 가능하기 위해서는 모국어 가사와 더불어 곡조의 단순화가 필수적이었다. 심지어 그 당시 잘 알려진 민요들이 찬송가 안에 들어오기도 하였다. 이와 같은 멜로디는 계속 부르다 보면 재미는 별로 없을 수 있겠지만 가사에 집중할 수 있게 하고 모든 성도가 함께 찬송을 부를 수 있도록 하는 장점이 있었다. 이와 같은 변화의 배경에는 하나님께서는 화려하고 고난도의 선율에 의한 성가대의 특별찬송보다는 단순하고 담백한 선율에 따른 회중 찬송을 더 좋아하신다는 생각이 자리 잡고 있었다.

이와 같은 이해를 바탕으로 우리의 찬송을 점검해 보자. 요즘 CCM의 특성 중의 하나는 따라 부르기 어렵다는 것이다. 어려운 이유 중의 하나는 박자와 곡조가 단순하지 않기 때문이다. 찬양팀은 최신 노래를 연주하기를 좋아한다. 그러다 보니 좌석에 앉은 회원들은 찬송을 부르기보다는 찬송을 듣는 경우가 늘어가고 있다. 이것은 특별히 대형 수련회의 경우에 그러하다. 앞에서는 찬양팀이 아주 열정적으로 노래하고 있지만 뒤에는 대다수가 팔짱을 끼고 듣거나 심지어 자는 경우도 많이 보았다. 찬양이 일부 마니아들을 위한 시간으로 변질되고 있는 것이다.

오늘날 CCM의 문제는 부르는 이들에게 가사에 대해서 별 관심을 가지지 않게 한다. 예를 들어서 "이 산지를 내게 주소서"라는 찬송을 부른 이들에게 그 의미를 물어 보면 대부분 제대로 알지 못할 뿐만 아니라 그 뜻에 대해서 관심조차 없는 경우가 많다. 그들에게 중요한 것은 가사의 내용이 아니라 곡을 통해서 경험한 느낌이다. 대부분의 CCM 노래가 1절로 되어 있고 그것을 느끼고 경험할 때까지 여러 번 반복적으로 부른다. 이것은 정확히 타락한 중세 로마 가톨릭교회의 영성과 그대로 일치한다. 믿음이 분명한 지식에 근거한다는 종교개혁의 정신이 점차 우리 교회 안에서 사라지고 있는 것이다.

한국 교회에서 보편적으로 받아들여진 특송에 대해서 어떻게 생각해야 할까? 특송은 특별찬송의 준말이며, 이것은 보통 찬송이 있다는 것을 전제로 하는 말이다. 하나님은 특송을 좋아하실까? 성가대의 찬송도 일종의 특송이라고 할 수 있다. 종교개혁 시대에 사라진 전통이 우리 한국 교회에 다시 자리를 잡고 있다. 성가대의 찬송 시간에 성가대는 열심히 아름답게 노래하고 대부분의 성도들은 그것을 듣고 있다. 끝나고 나서 "아멘!"이라고 화답하기도 한다. 소수는 노래하고 다수는 경청하는 찬송 방식을 하나님은 어떻게 생각하실까? 참고로 필자는 음악에 관심이 좀 있는 편인데 성가대의 찬양이 정말 은혜가 되는 경우는 거의 없었다. 이것은 아마 음악에 대한 수준이 높을수록 더욱 그러하리라 생각한다.

찬송의 방식에서 가장 논쟁이 된 부분은 악기 사용에 관한 것이다. 초대 교회는 기본적으로 예배 시간에 악기 사용하는 것을 반대하였다. 오늘날도 그리스 정교회는 악기를 대부분 사용하지 않는다. 종교개혁자들 중에서도 악기 사용을 반대한 대표적인 사람이 츠빙글리(Zwingli)였다. 칼뱅도 악기 사용에 대해서 대단히 신중한 입장을 취하였다. 심지어 수천 곡이 넘는 찬송을 작사하였던 요한 웨슬리(John Wesley)도 악기 사용에 반대하였다. 이와 같은 입장은 악기의 사용이 찬송에 도움 보다는 해가 될 가능성이 더 많다고 생각하였기 때문이다. 네덜란드 개혁교회에서는 오르간 사용과 관련하여 큰 논쟁이 벌어지기도 하였다. '그리스도의 교회'라고 불리는 교파는 아예 악기파와 무악기파가 있을 정도이다.

우리나라도 크게 다르지 않은 것 같다. 불과 2~30년 전만 하더라도 기타나 드럼을 사용하는 것에 대해서 기성세대는 상당히 거부감을 드러내었다. 그러나 이제 교회마다 기타나 드럼이 보편적으로 사용되고 있다. 이와 동시에 교회의 쇠퇴로 인하여 기타나 드럼이 방치되고 있는 교회도 적지 않다. 이제는 그런 악기를 다룰 사람이 교회에 없는 실정이다. 악기에 지나치게 의존하는 교회가 위험한 이유가 여기에 있다. 요즘 신대원생들의 경우 음악이 없으면 기도를 제대로 하지 못하는 학생도 적지 않다.

악기를 사용하든지 그렇지 않든지 중요한 것은 하나님께서 그것을 좋아하시는가 그렇지 않은가이다. 적어도 확실한 것은 신약성경 어디에서도 악기 사용을 명하신 곳이 없다는 것이다. 그렇다면 악기 사용에 대해서 더욱 신중한 접근이 필요하다 하겠다. 과연 오늘날 과도한 악기의 사용이 정말로 찬송에 도움이 되는지를 진지하게 질문해야 한다. 하나님은 성경에 찬송을 부르는 방식에 대한 가장 기본적인 원칙을 우리에게 계시하셨다. "시와 찬송과 신령한 노래를 부르며 감사하는 마음으로(with grace in heart)" 하나님을 찬양하라고 사도 바울은 에베소 교인들에게 권면한다(골 3:16 참고; 웨스트민스터 신앙고백서 21장 5절). "감사하는 마음으로"는 찬송 방식의 대원칙이 되어야 하고 이것을 기준으로 우리의 찬송 방식을 판단하여야 한다.

PART
6

심방

01
목사가 심방을 꼭 해야 하는가?
심방: 말씀의 방문

이성호

 교회에서 어느샌가 모르게 심방이 사라졌다. 혹 심방이 있다 해도 형식적으로 진행되는 경우가 많다. 오늘날 심방은 목사들에게 더 이상 필수적인 요소가 아니다. 심방은 목회에 있어서 필수에서 선택으로 바뀌었다. 심방의 유무를 교회가 결정하지 않고 교인이 결정한다. 교인이 원하지 않으면 목사들은 굳이 심방을 할 필요가 없다고 생각한다. 20여 년 전만 해도 심방이 없는 목회는 거의 상상할 수 없었다. 그동안 무슨 일이 교회와 사회 안에 생긴 것일까?

 심방이 전혀 필요 없다고 생각하는 목사는 아마 거의 없을 것이다. 이 글에서 다루는 이슈는 과연 담임목사가 심방을 모든 성도들에게 꼭 시행해야 하는가이다. 어떤 이들은 심방할 시간에 설교 준비와 같은 일에 시간을 보내는 것이 훨씬 낫다고 생각하는 이들도 있을 것이다. 이와 같은 생각 때문에 심방은 부교역자나 여전도사에게 맡기는 경우도 많다. 심방은 목회에 있어서 우선순위에서 밀리는 경향을 보이고 있고 최근 들어서 더 심해졌음이 분명하다.

필자는 심방을 "말씀의 방문"이라고 정의한다. 심방은 목회적 활동이며 목회상담과 구별된다. 목사가 말씀을 맡았기 때문에 목사가 어떤 가정을 방문한다는 것은 말씀이 그 가정을 개별적으로 방문하는 것이라고 보아야 한다. 예배 시간에는 주님께서 목사를 통하여 교회의 회중 전체에게 방문하신다면, 심방 시간에는 주님께서 목사를 통하여 개인적으로 방문하신다. 심방을 이렇게 말씀의 방문이라고 정의한다면 심방은 설교만큼 중요한 목사의 직무라고 할 수 있다. 설교를 통하여 목사는 회중 전체를 위한 말씀을 선포한다면, 심방을 통하여 목사는 그 가정에 필요한 말씀을 전한다. 성도는 교회의 회원으로서 뿐만 아니라 개인으로서 구체적인 말씀과 권면을 목사로부터 들어야 한다. 이것은 심방을 통해서만 가능한 일이다.

심방은 성도뿐만 아니라 효과적인 설교 사역을 위해서 목사에게 꼭 필요하다. 진정한 설교는 책상에서만 나오지 않는다. 물론 목사는 책상에서 많은 시간을 보내야 한다. 성경 연구를 통해서 하나님께서 원하시는 메시지를 늘 찾아야 한다. 그러나 이와 동시에 설교자는 설교를 듣는 청중들에 대해서도 잘 알아야 한다. 청중들에 대한 이해가 없어도 설교 시간에 바른 내용을 전할 수는 있겠지만 그것을 효과 있게 전하는 것은 거의 불가능하다. 따라서 제대로 된 설교를 위해서는 설교 본문과 더불어 듣는 청중을 잘 이해해야 한다.

청중을 잘 이해하는 가장 좋은 방법은 심방이다. 집은 단순히 한 사람의 숙박시설이 아니라 그 사람의 생활양식이다. 따라서 어떤 사람을 가장 잘 이해하는 방법은 그 사람의 집을 방문하는 것이다. 그 사람의 집을 방문해 보면 그 사람을 이전보다 더 잘 이해할 수 있을 것이다. 심방을 하다 보면 목사는 자신이 준비하는 설교가 보다 더 구체적이고 현실적으로 바뀌고 있다는 것을 실감할 수 있을 것이다. 목사들의 설교가 성도들에게 공중에 붕 뜬 느낌을 주는 가장 주요한 이유는 목사들이 성도들의 삶을 모르기 때문이다. 심방은 목사들의 이런 약점을 극복하게 만든다.

필자는 심방을 하면서 성도들이 요즘 얼마나 힘들게 사는지를 실감한다. 앉을 곳이 전혀 없는 원룸에 사는 청년(근처 카페에서 심방할 수밖에 없었음), 택배 기사를 하면서 힘든 삶을 영유하는 성도를 심방하게 된다. 실업으로 생계를 걱정하는 성도, 새벽까지 일을 해야 하는 성도… 어떤 경우에는 밤 11시에 심방을 한 적도 있다. 이런 현장을 직접 목격하는 동안 필자의 설교는 이전과 달라질 수밖에 없었다. 심방은 말씀 사역인 동시에 또 다른 말씀의 사역인 설교를 보강하는 역할을 한다.

심방은 말씀 사역에 간접적인 도움을 주기도 한다. 목사는 심방을 통하여 성도들이 사는 주변 지역을 자연스럽게 접하게 된다. 목사들은 불신자들의 삶을 접할 기회가 많이 없는데 심방은 목사에게 전도할 대상들과 환경에 대한 이해를 제공한다. 그런 기회들을 통하여 목사는 기도하게 되고 목회의 방향을 세울 수 있을 것이다. 물론 시간을 내어서 그런 일을 할 수도 있지만 그렇게 하기에는 목사에게 시간이 너무 부족하다. 사실 목사들의 사역은 너무 교회 안에 머물러 있는 경우가 많다. 심방은 목사로 하여금 세상으로 나아가게 하는 부수적인 역할을 한다.

심방을 이와 같은 관점에서 이해한다면 심방은 모든 성도들에게 반드시 시행되어야 한다. 만약 성도가 목사의 심방을 거부한다면 그것은 곧 말씀을 거부하는 것이나 마찬가지다. 그럴 경우에는 목사가 그 성도에게 심방의 의미를 제대로 가르치든지 아니면 목사 스스로 자신의 목회를 성찰하여 잘못된 것이 무엇인지를 회개해야 할 것이다. 목사가 심방을 안 한다는 것은 목사의 중요한 직무를 유기하는 것이라는 것을 잊지 말아야 한다.

심방하는 것이 예전과 달리 힘든 상황이 되었다. 교인들은 이전과 달리 교회에서 멀리 떨어져 사는 경우가 많다. 그러다 보니 심방하는데 시간이 너무 많이 소요되고 있다. 그러나 성도들과 시간을 보내는 것이 목회다. 심방이 없는 목회는 목회가 아니다. 심방의 수고에서 기쁨을 얻지 못하는 자는 목회를 계속해야 할지 진지하게 고민해야 한다. 개인적인 경험에 따르면, 심방을 하고 나면 힘은 들지만 말로 표현할 수 없는 하나님의 은혜가 마음을 가득 채운다. 목회는 결국 하나님의 은혜로 한다는 것을 심방을 통해서 확인하게 된다.

02
누가 심방해야 하는가?

안재경

모든 직분은 말씀을 위해 부름 받았다. 목사는 말씀을 선포하고, 장로는 말씀으로 치리하고, 집사는 말씀으로 긍휼을 베푼다. 직분자들의 이 말씀 사역은 심방을 통해 구체화된다. 말씀 사역의 구체화와 실천이 바로 심방이라는 말이다. 심방은 좀 더 쉽게 말하자면 가정방문이다. 직분자의 심방은 개인적인 찾아감이 아니다. 목사, 장로가 나이가 많기 때문에 인생 선배로서 찾아가서 조언하는 것이 아니다. 심방은 직분적인 방문이며, '하나님의 심방'이다. 교인들은 직분자들의 심방을 통해 하나님의 찾아오심을 경험할 수 있다. 우리의 신앙생활은 막연한 것이 아니라 직분자를 통해 하나님께서 찾아와 주심을 경험하는 것이다. 직분자는 하나님의 심방을 보여 주는 자들이다. 직분자들의 심방에 관해 살펴보자.

장로의 심방

한국 교회에서 심방은 주로 교역자들의 몫이다. 아이러니한 것이 교회가 대형화되면서 담임목사는 주로 설교를 담당하고, 부교역자들은 교구를 담당하여 심방한다. 심방한 것을 가지고 설교하고 설교한 것을 가지고 심방해야 하는데 설교와 심방이 나누어져 버린 상황에 처한 것이다. 교역자도 직분자이기에 심방을 해야 하는 것이 당연하다. 그런데 원래 심방은 장로의 몫이었다. 한국 교회에서는 장로가 심방해야 한다고 하면 이상하게 생각할 것이다. 교역자들이 자기들이 해야 할 일을 장로들에게 떠넘기려고 한다고 생각하겠지만 아니다. 장로라는 직분이 심방을 위해서 세워진 직분이다.

장로는 일반적으로 '다스림의 사역자'라고 부른다. 세상적인 다스림이 아니다. 교회를 영적으로 치리하는 자가 장로라는 말이다. 장로는 말씀으로 치리한다. 그렇다면 장로는 먼저 하나님의 말씀을 잘 받아야 한다. 장로는 무엇보다 공적으로 선포되는 하나님의 말씀, 즉 설교를 잘 받아야 한다. 모든 성경이 다 하나님의 말씀이지만, 하나님께서 세우신 말씀의 사역자인 목사가 선포하는 설교야말로 그 교회를 향한 하나님의 말씀이기 때문이다. 치리자인 장로는 예배 시에 선포되는 말씀을 잘 받아야 할 뿐만 아니라 그 말씀으로 자신을 돌아보아야 한다.

장로는 받은 말씀을 가지고 성도의 각 가정을 심방해야 한다. 성도들이 그 말씀을 가지고 어떻게 살고 있는지를 확인해야 한다. 그 말씀이 어떻게 열매 맺고 있는지를 확인해야 한다. 그 말씀대로 살지 못하는 부분을 확인하면서 격려하고, 그 말씀으로 고난당하는 것이 있다면 위로해야 할 것이다. 장로는 인생 선배로서 신자들을 충고하기 위해 심방한다고 생각해서는 안 될 것이다. 오직 말씀으로 심방해야 한다. 각 가정은 장로의 심방을 통해 하나님께서 자기들을 위로하시고 격려하시는 것을 경험할 수 있다. 심지어 하나님께서 장로의 심방을 통해 자기들을 책망하시는 것도 들을 수 있다.

한국 교회의 상황에서는 장로의 심방이 불가능하다고 말하는 이들이 많다. 교인들은 장로의 심방을 받으려고 하지 않을 것이라고 말한다. 장로가 존경받지 못하고 인정받지 못하는 상황에서는 장로의 심방을 거부할 것이기 때문이다. 장로의 입장에서도 심방하기 위해 시간을 낼 수 없는 경우가 많다. 유럽의 경우에도 장로의 심방이 무거운 짐이기 때문에 어쩔 수 없이 2~3년 단위로 휴무를 할 수밖에 없다. 심지어는 장로되기를 기피한다. 심방이라는 것이 시간을 많이 내야 하는 쉽지 않은 일이기 때문이다. 어떻게 되었든지 장로들이 교인의 가정을 돌아보는 일을 포기해서는 안 될 것이다. 네덜란드 개혁교회(해방파)의 유명한 신학자인 끌라스 스킬더(Klaas Schilder)는 『그리스도와 문화』라는 책에서 장로의 심방이야말로 사회변혁의 가장 중요한 요소라고 말한 바 있다. 장로가 심방을 통해 하나님의 말씀이 어떻게 열매 맺는지를 돌아보는 것이야말로 교회만이 아니라 우리 사회를 변화시키는 가장 큰 원동력이 된다는 뜻이다. 신자들이 세상 속에서 살아가기 때문이다.

목사의 심방

목사는 '말씀의 사역자'라고 불린다. 모든 직분이 다 말씀과 관련을 맺고 있지만 목사는 가장 직접적으로 말씀과 관련을 맺고 있다는 뜻이다. 목사의 말씀 사역은 설교를 통해 구체화된다. 목사는 설교자이다. 물론 목사는 설교만이 아니라 예배 전체의 인도자이다. 목사는 기도 인도자이기도 하고, 찬양 인도자이기도 하다. 어쨌든 목사는 하나님의 말씀을 공적으로 선포하는 일에 전력을 기울여야 한다. 신자들이 목사를 설교를 통해 "하나님께서 지금도 우리에게 말씀하신다"라고 감격적으로 외칠 수 있어야 한다. 그 말씀이 교회의 모든 활동의 근원이다. 교회에서의 봉사도 말씀의 적용이어야 하고, 성도들의 교제도 말씀이 중심이 되어야 한다. 말씀 위에 서지 않은 봉사는 불평으로 이어지고, 시험이 들 수밖에 없다. 말씀이 중심이 되지 않은 교제는 편 가르기와 분열로 귀결되기 쉽다. 심방도 바로 이 선포된 말씀을 가지고 한다.

목사는 자신이 설교만 잘하면 된다고 생각해서는 안 된다. 사도 바울은 밀레도에서 에베소의 장로들을 불러서 고별설교를 하면서 다음과 같이 말했다.

> "유익한 것은 무엇이든지 공중 앞에서나 각 집에서나 거리낌이 없이 여러분에게 전하여 가르치고 유대인과 헬라인들에게 하나님께 대한 회개와 우리 주 예수 그리스도께 대한 믿음을 증언한 것이라"(행 20:20-21).

바울은 공적으로 복음을 선포했을 뿐만 아니라 각 가정을 방문하여 그들을 권면했다. 이것이 바로 심방이다. 목사는 공적인 말씀 선포와 더불어 그 말씀을 가지고 각 가정을 심방해야 한다. 심방은 장로의 일이라고만 생각해서는 안 된다. 원래 목사는 치리하는 장로였는데, 가르치는 일을 겸하여 맡았다는 것을 알아야 한다.

종교개혁자들이 교회에 심방을 처음 도입하였을 때에는 목사가 장로 한 명을 데리고 심방하도록 했다. 목사가 장로와 함께 심방한 것은 장로를 가르치기 위한 목적도 있었다. 목사가 장로를 가르치는 것 뿐만 아니라 장로로부터도 배울 수 있다. 지금은 이런 관습이 많이 사라졌지만 목사가 장로와 함께 심방하는 것은 서로에게 도움이 될 것이다. 장로가 심방할 때도 혼자 심방하기보다는 다른 장로와 함께 심방하는 것이 좋을 것이다. 장로가 1년에 한 차례 이상 모든 가정을 정규적으로 심방한다면, 목사는 여기에다가 긴급한 심방을 겸하여야 한다. 병 중에 있는 성도라든지, 홀로 사는 분이든지, 나이 들어서 외롭게 있는 분들을 심방하는 것이 필요하다. 이런 분들은 더 자주 심방해야 한다.

집사(권사)의 심방

집사는 '긍휼의 사역자'라고 부른다. 집사는 그리스도께서 얼마나 긍휼이 풍성하신 분인지를 드러내는 직분이다. 집사는 구제를 위해 부름받았다는 뜻이다. 우리가 잘 알고 있듯이 초대 교회 때 신자들이 사도들의 발 앞에 구제금을 갖다 놓아 가난한 이들과 과부들을 도왔지만 그 일이 너무 벅차서 일곱 명의 사람을 뽑아서 구제를 전담하도록 맡겼다. 성경에서는 이들을 집사라고 부르고 있지는 않지만 우리는 그들에게서 집사의 역할이며 기원을 볼 수 있다. 이후에 고대 교회는 가난한 이들을 도우는 것으로 유명해졌고, 믿지 않는 이들을 향해서조차 구제를 실행하므로 소문이 났다. 종교개혁자들도 구제를 강조했고, 제네바 교회는 병원을 세워 병자들을 돌보기도 했다.

집사(권사)의 심방도 있다. 집사도 심방해야 한다. 집사의 심방은 장로를 통해 그들의 형편을 돌아보는 것이 필요하다는 것을 전달받음으로 시작된다. 집사들은 장로의 심방 결과를 통해 구체적인 필요를 전달받으면 심방을 한다. 그것이 물질적인 어려움일 때는 그 가정에 필요한 지원을 한다. 이렇게 지원할 때는 지혜롭게 해야 한다. 그 가정의 정확한 필요를 알아 적절한 도움을 주어야 하기 때문이다. 가장이 실직을 했다면 직장을 찾을 때까지 생활비를 지원해야 할 수도 있다. 지원을 통해 그 가정이 상처를 받지 않도록 해야 하고, 다른 교인들이 이 사실을 알아서 그 가정이 자존심이 상하지 않도록 해야 한다. 집사들에게 그 무엇보다 지혜가 필요한 이유가 여기에 있다.

집사가 긍휼을 베풀기 위해서는 재정이 필요한데, 한국에서는 제직회에 구제부가 있고, 구제비가 배정되어 그것으로 집행한다. 집사직의 중요성을 안다면 집사회를 따로 구성하여 재정을 확보하고 은밀하게 구제를 진행하는 것이 좋겠다. 본인이 섬기는 교회에서는 일 년에 네 차례(부활절, 성령강림절, 추수감사절, 성탄절)의 절기헌금을 전액 집사회로 이관하여 그것을 가지고 구제한다. 도움이 절실히 필요한 가정은 집사의 심방과 도움을 통해 그리스도께서 자기 가정을 얼마나 긍휼히 여기시는지를 체험할 수 있다. 하나님의 긍휼은 막연한 것이 아니라 구체적으로 나타나 보이는 것이기 때문이다. 집사회의 활동은 우리 사회를 위해서도 도움과 나눔에 대한 좋은 기여를 할 수 있을 것이다.

이상에서 살펴보았듯이 모든 직분은 다 말씀의 직분이요, 그 직분들은 심방을 통해 말씀을 구체적으로 나타내 보인다. 갈수록 가정 방문이 쉽지 않다는 것을 알 수 있다. 집을 열어서 직분자를 환영하는 것을 부담스러워 한다. 그래서 로마교회에서는 대문 앞에서 그 집을 축복하는 예식을 거행하면서 위안을 삼기도 한다. 이렇게 직분자의 심방을 받기 싫어하는 것은 그 직분자의 심방이 '하나님의 심방'이라는 것을 알지 못하기 때문이다. 그 직분자가 '하나님의 직분자'라는 것을 알지 못하기 때문이다. 한국 교회에서 심방이 점차로 사라지고 있는 것은 안타까운 일이 아닐 수 없다. 목사님이 심방하면 집에서 떡도 하고 먹을 것을 많이 만들기에 그것을 본 어린아이가 자기가 크면 목사가 되겠다고 결심했다는 이야기가 먼 옛날 이야기가 되어 가고 있다. 추락하는 한국 교회와 신자들의 삶을 회복할 수 있는 길이 심방에 있다고 하겠다. 심방하는 직분자, 심방을 받는 신자가 되기를 바란다.

03
목사들을 위한 심방지침

황원하

오늘날 목사의 업무 중에서 심방이 많이 약화되었지만 목사에게 있어서 심방은 여전히 중요하다. 필시 목사는 심방을 잘 해야 한다. 심방을 잘하면 교인들에게 큰 도움이 되고 교회에 유익하지만, 심방을 잘못하면 교인이 시험에 들고 차라리 하지 않은 것만 못하게 된다.

그렇다면 심방을 잘할 수 있는 방법은 무엇일까? 필자의 개인적인 경험과 선배들로부터 들었던 내용을 조합하여 다음과 같이 심방 지침을 말해 보고자 한다. 필자는 아직 경험이 미천하고 수없는 실패를 거듭하면서 돌이키고 있지만 그런 가운데에서 배우고 익히며 깨달은 바가 다음의 사실들이다.

여성 교인을 심방할 때에는 목사 부부가 함께 가야 한다

당연한 말이지만 여성 교인을 심방할 때 목사 혼자 가는 것은 절대 금해야 하며, 목사와 남자 교역자가 같이 가는 것도 그리 바람직하지 않다.

가급적 목사의 부인이 동행하거나 아니면 적어도 여전도사와 여자 구역장 등 3명 정도가 가는 것이 좋다. 평소에 목사는 어떠한 오해도 받지 않도록 처신을 잘해야 하는데, 특히 여자 교인을 별도로 만나는 것은 충분한 오해의 소지를 제공하기 때문에 각별히 주의해야 한다. 어떤 경우에는 여자 교인이 목사에게 긴급히 따로 만나자고 할 수도 있는데, 이때도 혼자서 만나는 것은 옳지 않다. 이 문제로 괜한 오해를 받거나 심각한 어려움을 겪는 목사들이 많으니 조심해야 한다.

꼬치꼬치 물어보지 말라

목사가 교인의 사정을 알고 싶어 하는 마음은 이해하지만 교인이 굳이 먼저 말하지 않는 것을 자세히 물어보는 것은 큰 실례가 될 수 있다. 누구나 드러내고 싶지 않은 개인사가 있다. 어떤 교인은 본인이나 자녀나 심지어 부모가 이혼을 했을 수 있는데 그것에 대해서 물어보는 것은 교인에게 상처를 주는 일이 된다. 또한 교인들 중에는 학력이 좋지 못한 이들도 있는데 목사가 교인들에게 학교를 어디까지 나왔는지 물어보는 것은 전혀 지혜롭지 못한 일이다. 하여튼 교인이 먼저 말해 주는 것은 진지하게 듣되 목사가 호기심에 먼저 물어보는 것은 자제해야 한다. 단, 특별한 경우에 목사가 교인에게 허심탄회하게 속사정을 물어보는 경우가 있는데, 이런 경우에는 때와 상황을 잘 분별해야 한다.

감사헌금이나 식비를 줄 경우에 정직하게 처신해야 한다

심방을 가면 간혹 목사에게 봉투를 주는 경우가 있다. 이것은 두 종류인데, 하나는 감사헌금이고 하나는 식비(혹은 여비)이다.

먼저, 감사헌금이란 하나님께 드리는 것이므로 목사가 가져서는 안 된다. 목사가 심방을 갔다가 감사헌금을 받아와서 개인적으로 사용해 버리거나 깜빡 잊고 주일날 드리지 않으면 교인이 큰 시험에 들 수 있다. 그러니 목사는 설교나 광고를 통해서 교인들이 심방감사헌금을 드릴 경우 본인이 직접 주일 예배 시간에 드리게 해야 한다.

다음으로, 교인이 목사에게 감사의 표시로 식비 혹은 여비를 주는 경우가 있다. 이런 것은 가급적 받지 않는 것이 좋지만 굳이 받았을 때에는 감사를 표시하고 바르고 가치 있는 일에 사용하는 것이 좋다. 필자의 경우에는 별도의 계좌를 만들어서 이런 돈을 어려운 목회자들에게 드린다.

간식을 준비하지 않도록 당부하라

목사가 심방을 할 때에 교인들은 예의상 간식을 준비한다. 그렇지만 이것은 번거로운 일이며 어떤 교인들에게는 부담스러운 일이다. 일반적으로 교인들은 목사가 심방을 온다고 하면 평소 자신들도 제대로 사 먹지 못하는 값비싼 간식을 준비하는 경우가 많다. 그래서 필자는 교인들이 심방을 받을 때에 간식을 일체 준비하지 않도록 공식광고를 종종 한다. 또한 심방 담당 교역자를 통해서 사전에 간식을 아예 준비하지 않도록 주지시킨다. 그럼에도 불구하고 간식을 준비하는 교인들이 있는데, 그것은 어쩔 수 없는 일이다. 그러나 대부분의 교인들은 목사의 정책을 이해하고 간식을 준비하지 않는데, 그렇게 함으로써 시간을 절약할 수 있고 돈을 아낄 수 있다.

상황에 따라 시간이나 내용을 설정해야 한다

병원에 심방갈 때는 가급적 짧게 심방하고 나오는 것이 좋다. 거기서 큰 소리로 떠들거나 오래 머무는 것은 심방을 받는 교인뿐만 아니라 같이 있는 다른 환자들에게도 큰 실례가 된다. 조용히 성경을 읽어드리고 간절히 기도해 드린 후에 나오는 것이 좋다.

사업체 심방을 할 때에 주의해야 할 점은 '사업 잘하는 방법' 등을 가르쳐 주는 행동인데, 목사가 그 사업에 대해 잘 모르면서 뭐라고 말하는 것은 옳지 않다. 그저 하나님을 의지하면서 양심껏 일하라고 권면해 주어야 한다.

교인이 어려움을 겪어서 심방하러 갔을 때에는 어려움에 동감하면서 하나님이 그에게 힘과 지혜를 주시도록 격려하고 기도해야 하며, 어려움을 겪고 있는 교인 앞에서 경망스럽게 말하거나 행동하지 않도록 주의해야 한다.

말씀을 잘 준비해야 하며 충분히 기도해야 한다

교인들은 목사가 심방을 온다고 하면 집안 청소를 하고 마음가짐을 새롭게 하면서 준비한다. 즉, 교인들은 목사의 심방을 정성을 다해 준비한다. 그러하기에 목사는 심방을 대충 하지 말아야 한다. 목사는 하나님께서 그 가정에 주실 말씀이 무엇인지를 잘 파악해서 전해야 하며 사전에 그 가정을 위해서 충분히 기도해야 한다. 특히 새벽기도회 시간에 그 날 심방할 가정을 위해서 기도하는 것이 좋다. 심방을 가서 말씀을 잘못 전해 오히려 그 가정에 시험이 오고 어려움이 오는 경우가 종종 있다. 그러니 심방가서 해야 할 말과 하지 말아야 할 말이 무엇인지를 바르게 아는 것은 매우 중요하다.

동참하는 이들의 협력이 중요하다

목사가 심방을 갈 때 보통 목사의 부인이나 교역자들이 같이 가며, 종종 구역장이나 장로나 권사가 동행하기도 한다. 이때 목사의 동행자들은 목사가 심방을 잘 하도록 도와주어야 하며 자신이 심방을 주도하지 말아야 한다. 목사보다 동행자가 말을 더 많이 하고 심방을 주도하는 경우가 자주 있는데, 이것은 바람직하지 않은 일이다. 목사가 설교나 권면의 말을 다 마치고 나면 자유롭게 덕담을 주고받거나 축복과 격려를 할 수 있지만 그 이전에는 침묵하면서 속으로 기도하는 것이 좋다. 평소 목사는 설교나 교육시간을 활용하여 심방 동행자들의 지혜와 처신에 관해서 가르칠 필요가 있다. 알지 못해서 바르게 처신하지 못하는 경우가 많기 때문이다.

정치 이야기를 하지 않도록 하라

성인 남성들은 정치에 관심이 많다. 모이면 자연스럽게 정치 이야기를 많이 한다. 그런데 교회 안에는 다양한 정치적 견해를 가진 사람들이 모여 있다. 따라서 목사는 교인들과 정치 이야기를 하지 않는 것이 좋다. 정치 이야기란 것이 많이 해봤자 남는 것이 없으며, 잘 한다 하더라도 내 편으로 만들지 못하고 설혹 내 편을 만들었다 하더라도 아무 의미가 없다. 그러니 심방 가서 괜히 정치 이야기를 해서 심기를 불편하게 할 필요가 없다. 이것은 설교 시간에 더욱 조심해야 하는 일인데, 설교를 잘 듣다가 목사가 괜히 특정 정파를 지지하거나 비판하는 바람에 시험에 드는 성도들이 있다는 점을 유념해야 한다. 다시 말하지만, 심방 가서는 그저 할 말만 하고 들을 말만 듣고 오기를 바란다.

사전에 약속을 하고 가야 하며 시간을 잘 지켜야 한다

목사는 언제나 예의 바른 사람이어야 한다. 목사는 평소에 외모가 단정해야 하며 특히 심방을 갈 때에는 복장을 깔끔하게 해야 한다. 심방할 때 목사가 사전에 약속을 하지 않은 채 불쑥 교인 집을 방문하는 것은 예의에 크게 어긋나는 일이므로 삼가야 한다. 그리고 목사는 평소에 약속을 잘 지켜야 한다. 누군가를 만나는 일은 물론이거니와 심방을 가겠다고 약속해 놓고 잊어버리는 일은 절대로 없어야 한다. 또한 약속 장소에 늦게 나타나지 않도록 각별히 주의해야 하는데, 오늘날 도시에서는 교통체증이 심하기 때문에 여유 있게 출발하여야 한다. 교인 집이나 사무실에 심방을 가서도 너무 오래 있지 않도록 해야 한다. 교인이 목사 때문에 해야 할 일을 하지 못하는 경우가 있고, 또 속으로 '목사가 할 일이 없어서 심심한가 보다'라고 생각할 수도 있으니 한곳에 너무 오래 있지 않도록 해야 한다.

기타 몇 가지 지침들

사소한 일이긴 하지만, 목사가 심방을 가서 가급적 교인 집의 화장실을 사용하지 않도록 출발하기 전에 미리 볼일을 보고 가는 것이 바람직하다. 또한 교인 집의 냉장고를 함부로 열어 보거나 장롱을 열어 보는 행동은 금물이다. 그리고 교인 집에 가서 어떤 물건이 좋아 보인다고 하면서 은근히 달라고 하는 것도 교인에게 실례를 범하는 행동이며 교인에게 부담을 주는 일이다. 특히 교인 앞에서 다른 교인을 험담하는 것은 절대로 하지 말아야 할 일인데, 교인이 그런 말을 들으면 목사가 자신의 말을 다른 곳에 가서 할 수도 있을 것이라고 추측한다. 게다가 교인 집에서 들은 이야기를 다른 곳에 가서 퍼뜨리지 않도록 해야 한다. 마지막으로 심방 시에 주차를 제대로 하는 것도 중요한데, 아무렇게나 주차해 놓고 전화번호도 남기지 않은 채 심방하다가 남들에게 폐를 끼치거나 봉변을 당할 수가 있다.

04
심방 때는 어떤 대화를 나눠야 할까?

손재익

심방의 목적

심방은 왜 하는가? 상당수의 사람들은 목사나 교역자가 성도의 가정에 방문해서 예배를 드려주거나 기도해 주는, 즉 복을 빌어주는 것이 목적이라고 생각한다. 혹은 심방을 받는 사람이 목사에게 음식을 대접하고, 목사는 음식을 대접받는 기회라고 생각하기도 한다. 그래서 심방(尋訪)이 아닌 먹방, 목회(牧會)가 아닌 먹회가 되는 경우도 있다.

그러나 심방의 목적은 예배에 있는 것이 아니고 복을 빌어 주는 것도 아니며, 음식을 먹는 것은 더더욱 아니다. 가정에서 드리는 예배는 굳이 목사가 오지 않아도 가장을 중심으로 가정기도회(가정예배)를 통해 충분히 할 수 있고, 목사가 인도하는 예배는 굳이 성도의 가정이 아닌 교회당에서 할 수 있다. 성도의 가정을 위한 기도는 꼭 가정을 방문해야만 할 수 있는 것이 아니라 직분자가 개인적으로 언제(새벽, 낮, 저녁) 어디서든(교회당, 목양실, 목사관, 기타 어떤 장소든) 할 수 있으며, 식사는 굳이 심방을 통해서 해야 하는 것이 아니다.

그렇다면 심방은 왜 하는가? 심방의 궁극적인 목적은 성도의 영적인 형편을 살피는 데 있다(행 20:28 참고). **40)** 성도들의 영적 형편을 살펴 목양의 도움을 얻기 위함이요(벧전 5:2 참고), 궁극적으로는 교회를 세우는 데 있다(엡 4:12 참고). 영적인 형편을 살핌으로써 성도의 교리와 생활의 잘못을 지적하며 교정하는 것, 성도들이 믿음으로 살도록 격려하는 것이 심방의 목적이다(딛 1:9 참고).

그러므로 심방은 예배나 기도, 식사에 초점을 두어서는 안 된다. 심방의 초점은 영적인 형편을 살피기 위한 '대화'가 주(主)를 이루어야 한다. 심방의 주체인 목사와 장로(당회)가 성도의 가정과 대화하면서 영적인 형편을 살피는 것이 심방의 궁극적인 목적이다.

이때의 대화는 사적인 대화가 아닌 공적인 대화이며, 대화는 단순한 이야기를 주고받음이 아니라 영적 형편을 살피는 문답(問答)이 되어야 한다. 심방은 하나님의 찾아오심에 근거한 직분자의 방문으로 시작되지만, 그 찾아옴을 맞이하는 교인과의 대화를 통해 상호 간에 이루어지는 것이다.

영적 형편

심방은 영적인 형편을 살피는 시간이다. 그렇다면 영적 형편이란 무엇인가? 영적 형편이란 신앙과 생활의 형편이라고 할 수 있다. 교인이 성경이 말씀하고 있고 장로교 신앙고백이 가르치는 신앙을 갖고 있는지, 교인이 성경이 가르치는 삶을 살고 있는 지를 확인하는 것이 바로 영적 형편을 살피는 것이다.

직분자는 성도가 성경과 신앙고백에 근거한 신앙을 갖고 있으며 그러한 삶을 살고 있는지를 확인하여 바른 신앙을 갖고 살아간다면 계속해서 그렇게 살아갈 수 있도록 격려해야 하고(딛 3:8; 히 10:24 참고) 그렇지 않다면 이유를 확인하고 교정하며(딛 1:9 참고), 이후에 설교나 성경공부 그 외의 교회적 다스림(치리)을 통해 바른 신앙과 삶을 살 수 있도록 해야 한다.

심방을 통해 확인해야 할 영적 형편

신앙에 관한 질문

심방의 대화를 통해 가장 먼저 확인해야 할 것은 신앙에 관한 부분이다. 심방의 주체인 목사와 장로는 심방의 대상인 성도들의 신앙을 확인해야 한다. 신앙에 대해 살피기 위해서는 '사도신경'이 질문의 좋은 도구가 된다. 신앙에 관해서는 사도신경에 잘 요약되어 있기 때문이다(하이델베르크 요리문답 제22문답). 사도신경은 세례를 베풀기 전에 묻는 질문이면서 또한 동시에 매주일 온 교회가 함께 예배 중에 서로가 서로에게 묻는 질문이며, 또한 동시에 직분자가 심방할 때에 묻는 질문이다.

그렇기에 사도신경을 도구 삼아 삼위일체 하나님을 믿는지, 성부 하나님을 믿는지, 성부 하나님을 전능하신 천지의 창조주로 믿는지, 성자 하나님을 성부 하나님의 독생하신 아들 우리 주 예수 그리스도로 믿고 있는지, 성자 하나님의 성령잉태와 동정녀 탄생을 믿고 확신하는지, 성자 하나님의 십자가 구속의 유익을 믿는지, 성자 하나님의 부활을 확신하고 재림을 믿는지, 거룩한 공교회와 성도의 교제를 믿는지, 몸의 부활과 영원한 생명을 믿는지 확인해야 한다. 이에 대해서는 이미 교회의 회원이 될 때에 확인된 것이지만, 계속해서 확인해야 한다(히 3:13 참고).

성도라 할지라도 하나님의 전능하심에 의심이 생길 수 있다. 예수님의 부활에 대한 의심이 생길 수 있다. 의외로 교인들 중에 신앙의 기본적인 내용에 대해 무지한 경우가 많이 있다. 그러므로 진부한 내용이라 여기지 말고 묻고 확인해야 한다.

이미 잘 알고 믿고 있다면 계속해서 그렇게 할 수 있도록 해야 하고, 그렇지 않다면 바로잡아 주어야 한다.

삶에 관한 질문

심방의 대화를 통해 다음으로 확인해야 할 것은 생활에 관한 부분이다. 심방의 주체인 목사와 장로는 심방의 대상인 성도들의 삶을 확인해야 한다. 생활에 대해 살피기 위해서는 '십계명'이 질문의 좋은 도구가 되는데 생활에 관해서 십계명에 잘 요약되어 있기 때문이다(웨스트민스터 소요리문답 제39-41문답; 웨스트민스터 대요리문답 제91,98문답; 하이델베르크 요리문답 제4,92-93문답).

그러하기에 십계명을 도구 삼아, 오직 하나님만을 섬기는지 물어야 한다. 하나님보다 더 사랑하는 것은 없는지, 삼위 하나님을 형상화한 것(그림이나 우상)을 두지 않았는지, 하나님의 이름을 함부로 부르지는 않는지, 주일을 잘 지키고 있는지, 나머지 6일은 성실하게 살고 있는지, 부모와 자녀 간에 존경하고 사랑하는지, 생명을 사랑하고 보호하기 위해 힘쓰는지, 형제를 미워하는 일은 없는지, 순결을 지키는지, 부부 간의 문제는 없는지, 도둑질을 하지는 않는지, 다른 사람에 대해 거짓말을 하지 않는지 등을 묻고 확인해야 한다.

이미 잘 하고 있다면 계속해서 그렇게 할 수 있도록 격려해야 하고, 혹 잘못한 것이 있다면 교정하고 꾸중해야 할 것이 있거나 질책해야 할 것이 있다면 해야 한다. 직분자는 사인(私人)이 아니라 공인(公人)이다. 하나님의 찾아오심을 대신한 방문이 심방이다.

교회생활에 대한 질문

또한 교회생활에 대해 확인해야 한다. 교회의 강단에서 선포되는 말씀이 이 가정에 유익을 주고 있는지, 교회생활에 만족하고 있는지, 다른 교인과의 관계, 특별히 직분자(목사, 장로, 집사)와의 관계에서 문제가 없는지 등을 물어야 한다.

개인 경건과 가정생활에 대한 질문

개인 경건과 가정생활을 살펴야 한다. 평소에 성경은 읽는지, 신앙서적은 현재 어떤 것을 읽고 있는지, 기도생활을 잘 하고 있는지를 각 개인에게 물어야 한다. 그리고 가정생활에 어려움이 없는지, 남편은 아내를 사랑하고 있는지, 아내는 남편의 권위를 잘 인정하고 있는지, 부부 사이는 원만한지, 혹시 각방을 쓰는 일은 없는지, 자녀들은 부모의 권위에 순종하고 있는지, 주일 설교에 대해서 가족끼리 서로 대화하는지, 가장은 가족 구성원들을 말씀으로 잘 가르치는지, 가정에서 가정예배 혹은 가정기도회로 모이는지를 확인해야 한다.

자녀들에게는 부모의 관계가 자녀들이 보기에 좋아 보이는지, 부모가 자녀들에게 말씀을 잘 가르쳐 주는지, 주일에 들은 설교에 대해 부모가 물어보는지, 부모가 평소에 성경 읽기를 하는지, 부모가 자녀의 성경 읽기를 점검하는지를 물어봐야 한다.

자연스러운 질문이 되기 위해

대화의 기술을 익혀야

심방 시 주로 예배를 드리고 기도하는 '일방적'(?)인 방식에 익숙한 이들에게 '대화'가 주를 이루는 심방이 낯설 수 있다. 이를 위해서는 질문의 방법과 요령을 알아 두어야 하고, 평소에 대화의 기술을 습득해야 한다.

여유로운 시간의 확보

대화가 주를 이루고, 대화를 통해 성도의 영적인 형편을 살피는 심방은 짧은 시간으로 가능하지 않다. 그렇기에 '하루에 몇 가정' 하는 식의 목표 중심의 심방은 바람직하지 않다. 하루에 한 가정을 여유롭게 방문하여 2-3시간 정도 대화를 나눠야 한다. 그래야 영적인 형편을 제대로 확인할 수 있다.

자연스러운 질문

대화 중에 질문하되, 질문은 자연스럽게 이루어져야 한다. "제가 질문하겠습니다. 첫째, … 둘째, … 셋째, … 다음 질문 하겠습니다……. 대답을 좀 더 분명하게 해 주세요." 이런 식으로 해서는 안 된다.

심방의 대화는 내용면에 있어서 '질문'이지만 형식면에 있어서 '질문의 형식'을 취해서는 안 된다. 자연스러운 대화 중에 질문의 내용이 포함돼야 하는 것이지, 질문 자체에 얽매이면 절대로 안 된다. 다시 말해 전체 대화 속에 위의 질문들이 자연스럽게 녹아들어야 한다.

혹 대화를 통해서 얻지 못한 것이 있다면, 예외적으로 몇 가지를 물어볼 수 있겠으나, 지나치게 '물음'이 되어서는 안 된다. 모든 질문을 하려고 해서는 안 되고, 모든 답을 얻어내려고 해서도 안 된다. 편안한 대화 속에서 답을 얻어야 한다.

필자는 신학대학원에 입학하기 전에 사회복지사(경남종합사회복지관)로 일한 적이 있는데, 절대로 클라이언트에게 질문을 하지 않았다. 그냥 자연스러운 대화를 통해 궁금한 내용들을 얻으려고 했다. 질문의 형식을 취하게 되면 질문을 받는 사람은 '취조(取調)'를 받는다는 불편한 느낌을 가질 수 있기 때문이다.

심방 역시 마찬가지다. 엄숙한 예배 형식이나 일방적으로 질문하는 분위기가 아니라 마음을 열고 대화할 수 있는 심방을 지향해야 한다. 장로가 심방하는 것은 탐정처럼 그 집에 무슨 잘못이 있는가를 살피러 가는 것이 아니라 각 가정의 영적인 형편을 파악하여 어떻게 그 가정을 말씀으로 바르게 세울 수 있는가를 확인하는 데 목적이 있다.

평소에도 이루어져야 할 대화

'질문이 담긴 대화'가 자연스럽게 이루어지기 위해서는 평소에도 대화가 있어야 한다. 평소에 대화가 없다면 대화를 통한 질문이 불가능하다.

한국 교회는 목사와 교인이 대화하는 것이 어색한 경우가 많다. 교인들 중에 목사나 장로와 단 한 번도 대화해 본 적이 없는 경우도 많다. 교인들에게 목사와 장로는 종종 '가까이 하기엔 너무 먼 당신'이다.

목사나 장로는 평소에 교인들과 대화해야 한다. 사사로운 대화도 자주 나눠야 한다. 그래야만 공적인 심방을 통해 나누는 공적인 대화도 부드러운 대화가 될 수 있다. 목사와 장로는 교인들과 대화하기 위해 힘써야 하고, 교인들도 평소에 직분자와 대화하는 것을 주저해서는 안 된다. 목사, 장로, 교인 모두 사도신경에서 고백하는 "성도의 교제"를 믿고 고백하는 자들이다.

항상 이루어져야 할 심방

그렇기에 심방은 평소에도 이루어져야 한다. 이 말은 심방을 자주 하라는 말은 아니다. 목사와 장로가 자주 심방하기 어려울 뿐 아니라, 심방을 받는 사람 입장에서도 자주 누군가가 찾아오는 것은 번거로운 일이다. 심방이 평소에도 이루어져야 한다는 말은 꼭 가정에 방문해서가 아니라 주일에 만나 대화를 나눌 때도 그러해야 한다는 것이다.

장로의 회에 속한 목사와 장로는 주일 점심 식사 후 당회실에 들어가서 교인들로부터 스스로를 격리시킬 것이 아니라 오히려 성도들이 있는 곳에 찾아가서 대화하면서 늘 물어야 하고, 성도 간에도 서로 물어야 한다(고전 12:25; 골 3:16). 이때 의도적이고 의식적인 물음이 아니라 자연스런 대화를 통해 묻어나는 것이 가장 좋다.

주일날 만나 한 주간 잘 지냈는지를 서로 묻고, 또한 그동안 하나님께서 각자의 삶에서 어떻게 역사하셨는지를 나눌 필요가 있다. 성경은 상호 심방의 필요성과 중요성을 말씀하고 있다.

> "(12)형제들아 너희는 삼가 혹 너희 중에 누가 믿지 아니하는 악한 마음을 품고 살아 계신 하나님에게서 떨어질까 조심할 것이요 (13)오직 오늘이라 일컫는 동안에 매일 피차 권면하여 너희 중에 누구든지 죄의 유혹으로 완고하게 되지 않도록 하라"(히 3:12-13).

대답하는 성도

지금까지는 주로 심방의 주체인 목사와 장로가 어떤 대화를 이끌어야 하는지에 대해 살폈는데, 심방의 대상인 교인들도 대화에 참여함에 있어서 바른 태도를 가지는 것이 중요하다.

심방은 일방적인 찾아옴이 아니라 상호 간에 이루어져야 할 대화다. 그래서 대답하는 교인의 역할과 태도도 중요하다. 교인들은 심방 시에 받는 질문에 대해 불편해하지 말아야 한다. 또한 자신의 영적인 형편을 자연스럽게 말할 수 있어야 한다. 영적인 상태는 말 그대로 영적인 것이기에 겉으로 보이지 않는다. 그래서 말해 주지 않으면 알 수 없다. 교인에게 어떤 고민이 있는지를 목사와 장로가 평소에 알기 위해서 노력하겠으나, 그것은 분명 한계를 갖고 있다. 그래서 심방을 받는 교인은 심방을 위해 찾아온 목사와 장로에게 자신의 영적인 형편을 알려야 한다.

또한 자연스러운 대답이 되어야지, 목사나 장로에게 화를 내거나 따지거나 트집을 잡는 것은 삼가야 한다. 교회를 비방하거나, 평소 하고 싶었던 비판을 하는 것은 바람직하지 않다. 혹 건의할 사항이 있을 수 있다. 그때는 겸손하고도 부드럽게 해야 한다. 그리고 교회를 세우기 위한 목적이 되어야 한다. 때로는 개인적 건의가 받아들여지지 않을 수도 있음을 기억해야 한다. 목사와 장로는 어느 한 개인의 건의에 따라 교회를 움직일 수 없다. 모든 사람들의 의견을 존중해야 하며, 다수의 의견이라고 무조건 존중할 수 있는 것도 아니다. 목사와 장로는 교인의 종이나 대표가 아니라 하나님의 종이요, 하나님의 직분자다.

심방은 사후약방문이 아닌 예방을 위한 방문이다

심방을 가서 위와 같은 질문들을 굳이 해야 하는가? 교인들이 귀찮아하지 않을까? 심방은 성도의 영적 형편을 '확인'하기 위한 목적도 있지만, 앞으로 잘하도록 '예방'하기 위한 목적도 있다.

직분자가 심방 와서 위와 같은 질문을 할 거라는 사실을 아는 성도들은 다음에 있을 심방 때도 위와 같은 질문을 받아 그 질문에 대답해야 할 것이라는 점을 생각하면 위의 내용들을 지키기 위해 평소에 더욱 힘쓰게 될 것이다. 이렇게 함으로 자동적으로 교회와 성도에게 있을 영적 위험으로부터 보호하게 된다.

무엇보다도 심방의 궁극적인 목적은 목양에 있다. 성도들의 영적 형편을 살핀 뒤에 그에 적절한 대책과 해결 방안이 뒤따라야 한다. 목사는 어떤 설교를 해야 할지, 장로는 성도들을 어떻게 돌봐야 할지를 생각해야 한다. 그렇게 함으로써 교회가 영적으로 어려움을 겪지 않고 날마다 평안하여 든든히 서 가야 할 것이다(행 9:31 참고).

05
심방받기 싫어하는 힘든 현실

최만수

지금의 한국 교회에서 목회자에게 가장 어려운 일 중에 하나는 심방일 것이다.[41] 심방은 목회자가 성도들의 집이나 혹은 어느 특정한 장소에서 만나 삶에 대하여 이야기하는 시간을 가지는 것이다. 그리고 그 시간을 통하여 목회자는 성경적인 지도와 목회적 섬김을 동시에 행한다. 그러나 이런 만남과 교제의 시간이 현실적 장애를 가지고 있다. 다시 말하면 목회자의 심방을 받는 것이 성도에게 부담이 되고 있다.

첫째로 심방이 개인의 삶을 공개해야 하는 어려움이 있다. 대부분의 성도는 자기 자신의 삶과 가정이 타인에게 알려지는 것을 꺼리게 된다. 일반적으로 심방은 목회자 내외와 중직자들과 구역장을 주축으로 이루어지게 된다. 이럴 경우에 심방을 받는 개인의 가정이나 혹은 삶의 모습은 일정부분 공개된다. 부부가 모두 직장을 가진 가정일 경우에는 - 더욱이 자녀들이 어릴 경우에는 - 집안과 주변을 정리정돈 하기가 쉬운 일이 아니다. 이럴 경우에 자신만의 혹은 가정의 공간을 타인에게 보이는 것은 상당한 시간과 마음의 여유가 필요하다. 또한 생활의 여건이 다르기 때문에 오는 '비교'의 대상이 될 수 있음에 대한 우려도 있을 수 있다. 어떤 장소에 사는지 혹은 어떤 종류의 건물인지 등은 너무도 쉽게 비교와 판단을 받을 수 있음을 생각해야 한다. 더욱이 가족 구성원 중에 건강상의 어려움이 있는 경우에 쉽게 그것을 드러내거나 상담하기가 어렵다. 큰 질병인 경우에는 예외적인 상황이지만, 드러내기 어려운 질병이거나 가족의 내력으로 주어지는 질병의 경우에 상담과 기도를 요청하기란 상당한 용기가 필요할 수 있기 때문이다.

둘째로 '경제와 시간'적인 여유가 없는 성도의 삶이 심방을 받기에 힘들게 한다. 위에서도 언급했지만, 최근의 경제적인 환경이 부부 모두의 직장 생활을 요구하는 하는 것처럼 보인다. 통계청 발표에 의하면 맞벌이 가구가 2014년에 10가구 중 4가구이고, 연령대별로 보면 40대와 50대가 그 비율이 50%를 육박하고 있다. 이는 심방이 필요한 성도의 삶이 항상 직장(일)과 맞물려 있음을 알게 한다. 그로 인하여 부부가 함께하거나 혹은 자녀와 함께하는 시간이 상대적으로 소중하게 다가온다. 그렇기에 주중에 늦은 시간이나 주말의 하루를 따로 마련하여 심방을 받는 것은 심방을 받는 당사자에게도 그리고 그와 함께하는 배우자와 가족에게도 심적인 불편이나 불만을 감수해야 하는 또 다른 '일'이 될 수 있다.

게다가 '심방을 받는' 것을 물질적인 섬김이 있어야 하는 것으로 오해하기에 심방을 받는 것을 힘들어 하게 된다. 다른 말로 하면, 한국의 아름다운 미풍양식이 심방을 꺼려하게 하는 요인이 되고 있다. 전통적으로 손님에게는 '먹을 것이 없어도' 대접하기를 게을리 하지 않아야 하였다. 이 모습은 교회에서 중요하게 작용을 하고 특히 심방을 받을 때는 귀한 손님이 오시는 것과 같게 여겨 목사님과 심방대원들에게 무엇이라도 내어 놓아 섬기고자 하였다. 특히 영적인 지도자인 목사님을 대접해야 하는 것을 귀한 섬김으로 여기고 있다. 목회자들도 성도와의 교제의 중요성을 알고 있기에 이를 쉽게 거절하지 못하고 있는 실정이다. 그러나 경제적으로 여유가 없는 상대적인 젊은 세대에게는 '따로' 여유를 만들어야 하는 심방이 부담으로 작용을 하고 있음을 알 수 있다.[42]

마지막으로, 심방받기 싫어지는 현실은 목회자에 대한 신뢰(목양에 대한 기대)가 흔들리기 때문일 수 있다. 한국 교회에서 목회자는 영적인 지도자 혹은 영적인 아버지(이 표현이 어폐가 있을 수 있지만)와 같은 존재로 생각하고 섬긴다. 그렇기에 심방 받는 날은 성도의 가정에 특별하고 소중한 날이었다. 하나님의 말씀을 듣고 가족 구성원을 위한 복을 비는 기도를 받는 날로 여겨 왔다.

그런데 목사님에 대한 (목양에 대한) 기대를 가질 기회가 줄어들고 있다. 교회의 규모가 커질수록 목회자와의 만남의 시간은 제한된다. 한국 교회가 중요하게 생각한 새벽기도회, 금요철야(한밤)기도회와 수요기도회 등의 집회에서 담임목사의 인도와 기도하는 모습은 상대적으로 점점 횟수와 시간이 줄어들고 있다. 또한 교회 안에서의 '성경과 교리' 공부 등에서도 담임목사와 직접 마주 앉아 배우는 시간보다는 부교역자들을 통한 교육이 이루어지기 때문이다.[43] 이런 모습에서 영적인 아버지로 인식되던 시절의 목사님에 대한 이해를 성도들에게 요청하기에는 역부족인 것은 사실이다.

설상가상으로, 최근에 일어나는 도덕적이고 사회적인 일탈들에 대한 소식은 목회자에 대한 신뢰를 회의적으로 만들고 있다. 성적인 일탈들, 도박 중독, 공금 횡령, 패륜적 인명경시 등의 일반인들도 생각할 수 없고, 받아들일 수 없는 도덕적 타락이 그 소식들이다. 이런 사회적으로 지탄받는 '목사' 이미지가 성도들로 하여금 목회자를 영적인 지도자로 섬길 수 없도록 하고, 목회자의 심방을 '전문 종교인'의 보수를 받기 위한 하나의 행위로 이해하게 하는 요인이 되고 있다. 더욱이 불신 가족들에게는 심방에 대한 거부감으로 연결이 될 수 있다.

결과적으로, 심방 받기 힘든 현실은 소위 '영적인 어려움'이 있어서보다는 성도들의 삶의 문제에서 기인되고 있음을 볼 수 있다. 개인의 삶이 드러나거나, 시간적이고 경제적인 문제 앞에서 어려움을 느끼고 목회자에 대한 기대(신뢰)에 두려움을 느끼기 때문이다. 그러나 그럼에도 불구하고 목회자의 심방은 (개별 심방이던지 혹은 교회 심방이던지) 그와 같은 모든 문제들을 극복하고 하나님 앞에서 신실하게 그리고 적극적으로 행해져야 할 것이다.

06

환자 심방의 이유와 목적

황대우

심방은 목회의 필수 요소다. 즉, 목회에서 결코 빠질 수 없고 빠져서는 안 되는 것이 심방이다. 왜냐하면 심방의 궁극적인 목적이 성도를 구원의 길로 안내하는 것이기 때문이다. 그러므로 심방을 단순히 인간적인 위로 차원의 문제로 축소해서는 안 된다. 심방이란 성도가 신앙의 정도(正道)를 잘 가고 있는지, 만일 그렇지 못하다면 무엇이 문제이고 이 문제는 어떤 성경의 원리에 따라 해결되어야 하는 것인지 세세하게 살피는 목회 사역의 핵심요소다.

16세기 제네바 교회의 환자 심방

심방은 16세기 종교개혁 시대부터 시작되었는데, 당시 심방은 교회와 교인들을 영적으로 관리하고 감독하는 가장 중요한 수단 가운데 하나였다. 스위스 도시 제네바는 1541년에 제네바 교회법을 만들었는데, 여기에는 환자 심방과 수감자 심방에 관한 규정도 있다. 이 규정들은 1561년에 수정된 새로운 교회법에서도 전혀 첨삭되지 않고 그대로 유지되었다.

제네바 교회법은 환자 심방의 이유를 "많은 사람들이 불가피하게 투병 중에 있는 동안 하나님 안에서 말씀으로 위로받기를 거부하고," 또한 "많은 사람들이 어느 때보다 사람에게 훨씬 더 유익한 순간에 권면이나 가르침 없이 죽어가기" 때문이라고 설명한다. 제네바 교회법에 따르면, 환자 심방의 목적은 투병 중인 환자에게 하나님의 말씀으로 위로하는 것이요 그 환자에게 가장 적합한 권면과 가르침을 제공하는 것이다.

한마디로, 환자 심방이란 '환자에게 필요한 영적인 유익을 공급하는 것'이다. 제네바 교회법의 환자 심방 규정은 사람이 병을 앓게 되면 마음만 약해지는 것이 아니라 믿음도 약해진다는 점을 충분히 고려한다. 그래서 반드시 장기적인 투병 전에 심방을 받아야 한다고 규정하는데, 그것은 환자가 심방 없이 3일 이상 방치되지 않도록 반드시 그 전에 목사에게 심방을 요청해야 한다는 것이다.

물론 심방 시간 약속은 목사의 공적 업무 시간을 방해하지 않는 범위에서 정해야 한다. 예컨대, 제네바 도시의 모든 목사가 반드시 참석해야 하는 치리회와 목사회 등과 같이 공적으로 정해져 있는 날을 제외한 나머지 시간을 의미한다. 또한 환자의 친척이나 친구나 후견인 가운데 누구든지 반드시 환자의 병세가 악화되기 전에 심방을 요청해야 한다. 왜냐하면 병세가 악화된 상태에서는 어떤 위로도 아무 소용 없을 가능성이 크기 때문이다.

오늘날 한국 교회의 환자 심방

한국 교회가 초기부터 심방을 매우 중요하게 여겨 왔으나, 교회헌법에서 심방에 관한 규정을 찾아보기는 어렵다. 오늘날 심방이란 대체로 정기적인 '대심방' 혹은 '구역심방'을 의미하며 도시교회일수록, 대형교회일수록 무시되는 반면에, 시골교회일수록 소형교회일수록 여전히 중시되는 경향이 있다. 물론 환자 심방만큼은 대부분의 교회가 소홀하게 여기지 않는 편이지만, 장기적인 환자일 경우에는 소홀해지기도 한다.

병이 들면 누구나 작아진다. 그리고 별별 생각을 다 하게 된다. '병이 점점 더 심해지는 것은 아닐까?' '이러다 낫지 않으면 어떡하지?' '혹 불치병은 아닐까?' '이러다 죽으면 어떡하지?' 등등. 심신의 연약함은 자연스럽게 믿음의 연약함으로 나타난다. '과연 하나님이 계실까?' '내 믿음은 진짜일까?' '하나님은 나를 사랑하실까?' '사랑하신다면 내가 왜 이 지경이지?' 등등의 생각을 하게 된다.

그렇지만 환자를 심방할 때 무조건 듣기에 좋은 말만하는 것이 능사는 아니다. 항상 성령의 내밀한 역사를 의지하면서 때로는 부드럽게, 때로는 강력하게 말씀으로 위로하고 권면하되 확고부동한 구원의 믿음으로 복음의 진리를 가르쳐야 한다. 때론 성도 가족 가운데 불신 환자를 심방하는 경우도 있는데, 이것은 분명 전도를 위한 절호의 기회가 되긴 하겠지만, 심방이라 보기는 어렵다.

환자가 낫기를 바라고 기도하는 것은 당연하다. 그러나 그것이 환자 심방의 목적은 아니다. 환자 심방의 최대 목표는 질병으로 연약해진 환자의 믿음을 강화하는 것이다. 이 일은 결코 쉽지 않다. 또한 이것은 그가 평상시 얼마나 믿음으로 잘 훈련되어 있는가 하는 문제와도 무관하지 않다. 평상시 기복적인 신앙으로 산 사람은 병석에서도 오직 질병이 낫는 것만이 하나님께서 은혜요, 유일한 해결책이라고 생각할 것이기 때문이다. 병석에서 이런 생각을 고치는 일은 여간 어려운 일이 아니다. 물론 성령의 기적적인 능력으로 병석에서 구원의 은혜를 새롭게 경험하는 사람들도 없지는 않지만 말이다.

신자는 세상의 모든 질병이 타락과 죄악의 파생물이라는 것을 항상 명심해야 한다. 모든 질병이 죄로부터 온다는 사실은 아무도 교만하지 못하도록 만들고 참된 신앙인을 더욱 겸손하게 만든다. 그렇지만 자신이 저지른 죄 때문에 병에 걸리는 것은 아니다. 이런 일은 하나님의 특별한 섭리가 아니고서는 결코 발생하지 않는다. 거의 모든 질병은 자연현상이다. 스스로 우리 몸을 관리하지 않아서, 부주의해서 걸리기도 하고 심각한 재난으로 인해 발생하기도 하고 병균에 감염되어 나타나기도 한다.

어떤 경우든 질병으로 연약해진 영혼에게는 위로와 용기가 필요하다. 병든 신자에게는 무엇보다도 하늘의 위로와 힘이 더욱 절실하게 요구된다. 환자 심방이란 이와 같은 하늘의 위로와 힘을 환자에게 제공하기 위한 것이다. 하늘의 위로와 힘은 하나님의 말씀으로부터 나온다. 환자에게 가장 적절한 말씀을 공급하기 위해 목사는 심방 전에 반드시 성령의 도우심을 간구해야 하겠지만, 가능하면 환자의 심리 상태와 신앙 자세를 알아보는 것도 필요하다. 왜냐하면 병으로 연약해진 믿음을 강화하는 것이 심방의 최대 목표이기 때문이다.

심방은 성도를 영적으로 세밀하게 돌보는 훌륭한 수단이다. 특별히 환자 심방은 환자에게 구원에 대한 확신과 하나님을 의지하는 구체적인 방법을 제시하는 것이 무엇보다 중요하다. 신자가 질병을 극복하는 유일한 길은 믿음뿐이다. 즉, 그 질병으로 인해 살든지 죽든지 생명의 주님을 의지하고 십자가를 바라보는 믿음만이 인생 최고의 위안이라는 사실을 다시 한 번 마음 판에 새길 수 있도록 권면하는 것, 이것이 환자 심방의 백미(白眉)다. 환자의 영혼을 뜨겁게 사랑하는 마음으로 세밀하게 살피지 않고서는 심방의 목적을 완수하기 어렵다.

장기적으로 교회에 출석하지 못하는 환자의 경우에는 반드시 성찬을 베푸는 심방도 겸해야 한다. 성찬은 하늘에 계신 그리스도와 땅에 있는 그분의 몸인 교회가 하나임으로 경험하는 신비한 자리이기 때문이다. 장기적으로 결석하는 환자에게 찾아가 성찬을 시행하는 일은 비록 그의 몸은 떨어져 있지만 그의 영혼은 그리스도의 영이신 성령을 통해 교회의 다른 지체와 하나라는 사실을 확인시키는 가장 좋은 방법일 것이다.

PART
7

....

교회의 미래

01
부(副)목사인가, 부(不)목사인가?

성희찬

지금 한국 교회 안에서는 부목사의 실태와 현실이 심각하고 열악하다. 그 지위와 처우가 그러하고 진로와 미래가 불투명하며 암담하기 그지없다. 그래서 위 제목이 말하는 것처럼 부목사는 목사가 아니라는 뜻에서 不목사라고 불리기도 한다. 문제는 부목사의 현실이 날이 갈수록 악화되고 있다는 점이다. 이 글은 특별히 원리적인 측면에 초점을 맞추어 부목사에 대해 조명하고자 한다.

한국 교회에서 부목사라는 명칭이 언제부터 사용되었는가? 조선예수교장로회 제4회 총회(1915년)는 교회정치작성위원회를 구성하여 교회정치를 수정하는 중인 제6회 총회(1917년)에서 동 위원회가 보고한 내용을 보면 부목사 명칭을 언급하고 있다. 즉, '목사의 칭호' 중 '부목사'의 명칭 적정은 명년까지 유안할 일이라고 결정하고 있다. 이는 당시 총회가 부목사 제도의 도입과 명칭 사용을 신중하게 처리했다는 것을 보여 준다. 한편 '동사목사(同事牧師)'는 선교사와 같이 일 보는 자라고 설명하고 있다.

그래서 조선예수교장로회 1930년 헌법을 보면 목사의 호칭에 위임목사/임시목사/동사목사가 나올 뿐 부목사는 아직 나오지 않는다. 여기서 '위임목사'는 1지교회나 1구역(4지교회까지 가능하고, 이중 한 교회는 당회가 있는 조직교회가 되어야 한다)의 청빙으로 노회의 위임을 받아서 종신까지 시무하는 목사를 가리키고, '임시목사'는 위임목사와 같이 청빙을 받으나 시무기간이 1년에 불과한 목사를 가리킨다. '동사목사'는 다른 목사와 같이 시무하되 그 권리는 동일하니, 일방이 사면하면 특별 사유 없이 자연 전권으로 시무한다고 하였다.

부목사 제도 신설 건은 제29회 총회(1940년)에서 다시 상정되나 결정을 유보하다가 마침내 제37회 총회(1952년)에서 이 제도를 도입하기로 결정하고 각 노회에 수의하도록 하였다. 이때 부목사는 원목사를 보좌하고 임기는 임시목사와 동일하다고 하였다. 그래서 예장 합동총회의 경우 1955년 헌법부터 동사목사가 사라지고 부목사 호칭이 사용되기에 이르렀다. 한편 기장총회는 1967년 판 교회정치에서 부목사 제도를 신설하고 다음과 같이 정의하였다:

"위임목사를 보좌하는 목사인데 임기는 1년이며, 위임목사가 위탁할 때에는 당회장의 직무를 대행할 수도 있다."

그러나 1975년 교회정치에서는 부목사의 지위가 축소되고 있다:

"담임목사를 보좌하는 목사다. 임기는 1년이며, 중임될 수 있고, 담임목사 사임 시 함께 사임한다."

예장 고신의 경우 1980년 판 교회정치에서부터 동사목사가 사라지고 부목사 제도가 도입되었다:

"목사를 도우는 임시목사인데 재임 중에는 당회원권이 있고, 당회장 유고 시에는 이를 대리할 수 있다."

위에서 본 대로 해방 이후에 부목사 제도가 도입된 이후 교회에서 그 지위와 권한이 날이 갈수록 좁아지는 것을 알 수 있다. 적어도 조문에서 볼 때 부목사의 입지가 가장 열악한 곳은 기장 측으로서 부목사는 담임목사 사임 시 함께 사임을 하도록 규정하고 있다.

나아가 부목사의 당회원권을 인정하지 않는 교단이 점점 늘어가고 있다. 『한국장로교회 헌법 100년 변천의 개관』을 지은 예장 합동총회 소속 박병진 목사조차도 부목사의 당회원권을 인정할 수 없는 이유에 대해 다음과 같이 역설하고 있다:

"투표를 받지 아니하며 지교회 교회들에게 치리에 복종할 서약도 없는 부목사에게 당회원권을 부여한다 함은 양심의 자유 원리에 어긋나는 규정으로 보인다. 당회장 유고 시에 대리권을 부여한다 함도 합당하게 여겨지지 아니한다. 당회의 청함에 의하지 아니하고 당회장을 대리한다니 당회권 침해라고 본다"(한국장로교회 헌법 100년 변천의 개관, 67).

이와 같이 부목사의 흔들리는 지위는 중세 교회에서의 성직자 사이의 교권 질서를 연상하게 한다. 즉, 교회가 부패하였을 때 이들은 대주교, 대감독, 부감독, 주교, 대집사, 집사, 부집사 등 서열에 따라서 사역자의 명칭을 만들어 냈다. 지금의 로마 가톨릭교회는 여전히 그러하다.

그러나 본래 개신교회의 정신과 개혁주의 원리는 교회 간의 동등과 함께 사역자 간의 동등을 중시한다는 점이다. 개혁주의 진영의 신앙고백서 중 벨직 신앙고백서(1561년 작성) 31조를 보면 다음과 같이 고백하고 있다:

"말씀의 사역자들은 이들이 어느 곳에 있든지 모두 동등한 권세와 권위를 가지고 있다. 왜냐하면 이들은 모두 교회의 유일한 머리요 보편적인 유일한 감독이신 예수 그리스도의 사역자들이기 때문이다."

불란서 신앙고백서(1559년), 제2스위스 신앙고백서(1566년), 돌트 교회정치(1618-1619년)에서도 이를 고백하고 있다:

"우리는 모든 진실한 목사들은 그들이 어디에 있든지 동등한 권위와 권세를 가지고 있는데 이는 이들 모두 하나의 머리이시며 유일하게 다스리고 보편적인 감독이신 예수 그리스도 아래에 있기 때문이다. 따라서 그 결과 어떤 교회도 다른 교회에 대해 어떤 권위를 주장하거나 혹은 군림할 수 없다"(불란서 신앙고백서 30조).

"교회의 사역자들에게 주어진 권세와 기능은 모든 점에서 동일하고 동등하다. 초창기에도 감독들과 장로들은 동등한 일치와 수고로 교회를 다스렸다. 어느 누구도 자기를 다른 사람보다 높이 들어올리거나, 어느 누구도 동료 감독들보다 위에 서서 더 큰 권위와 권세를 행사하지 않았다. 왜냐하면 이들은 '너희 중에 크고자 하는 자는 섬기는 자가 되어야 하리라'(눅 22:26)는 주의 말씀을 기억했기 때문이다"(제2스위스 신앙고백서 18장 16조).

"어떤 말씀의 사역자나 장로, 집사는 어떤 방식으로든 각각 다른 교회의 사역자와 장로와 집사 위에 군림해서는 안 된다"(돌트 교회정치 84조).

목사 사이의 동등 원리가 개혁주의 교회정치에서 왜 그렇게 중요한가? 이는 교회의 머리이신 예수의 권세 아래에 있어야 할 교회에 부당한 교권이 침투하는 것을 방지하기 때문이다. 모든 사역자들은 예수 그리스도의 권세 아래에 있기에 경력, 나이, 지위에 따른 높고 낮음이 없다.

그러나 역사를 보면 부당한 교권은 사역자를 나이, 경력, 능력, 그 외 여타의 조건에 따라서 차등을 둘 때 교회에 스며들었다. 종교개혁 당시 제네바 교회 당회는 칼뱅이 아니라 다른 목사가 설교하는 예배에 불참한 신자에게 권징을 시행한 적이 있었다. 따라서 가능하면 부목사에게 순차를 따라서 설교와 기타 직무를 할 수 있는 대로 맡기는 것이 원리적으로 합당하다.

사역자 간의 동등 원리가 깨질 때 나타나는 부정적인 영향을 말한다면 제일 먼저 성도의 교제가 왜곡되거나 약화된다는 것을 지적할 수 있다. 사도신경에서 고백하는 대로 성도의 교제는 성령으로부터 나오는 것으로 교회의 본질이라고 할 수 있다. 그러나 사역자 사이에 차등이 생기면 소수가 교권적인 지도력을 가질 수 있고 이러한 교회정치의 형태는 유기체로서 그리스도의 몸이 아니라 제도적인 교회의 형태만 가지게 된다. 또 이때 지도력은 섬김의 지도력이 아니라 지배하는 지도력을 갖게 된다.

그렇다면 현실적으로 담임목사와 부목사 사이의 관계를 어떻게 정립하는 것이 바람직한가? 담임(위임)목사는 부목사와 달리 당회장과 제직회장과 공동의회 회장으로서 책임과 권한을 가지고 있다. 그러다 보니 부목사가 담임목사의 지도를 받는다. 그럴지라도 담임목사가 하는 설교와 부목사가 하는 설교는 본질적으로 동일한 성경에서 나오는 것이기에 동일하다고 말할 수 있다. 그래서 장로교회에서 담임목사와 부목사는 소속 노회에서 동일한 자격을 가지고 있는 회원이요, 비록 일부 교단에 해당하긴 하지만 부목사 역시 엄연히 소속 당회의 회원이다. 다시 말하면 비록 역할과 지위의 차이가 있음에도 목사의 근본 직무인 설교와 사역과 관련해서는 동등한 권세와 권위를 가지고 있다고 할 수 있다.

따라서 담임목사와 부목사 제도를 비성경적이라 말할 수는 없을 것이다. 이 용어가 성경에 없다고 해서 비성경적이라고 볼 수는 없다. 그럴지라도 부당한 교권이 이 제도를 통해서 교회에 들어오는 것을 항상 경계해야 할 것이다. 만약 이 제도가 그리스도의 몸인 교회를 왜곡시킨다면 큰 문제가 될 것이다. 중세 교회가 그러하고 지금의 로마 가톨릭교회가 그러하다.

담임목사나 부목사 모두 목사의 근본 직무라는 관점에서 볼 때 그 권세와 권위가 동일하다. 큰 교회의 목사와 작은 교회의 목사 역시 마찬가지일 것이다. 이들의 입에서 나오는 설교는 물론이고 이들이 하는 기도와 기타 이들이 가르치는 성경과 심방과 권면이 동일한 권세와 권위를 가지고 있다. 노회와 당회에서도 동일한 권한을 가지고 있다. 우리의 현실과 제도권 교회에서 서로 가지고 있는 역할과 지위의 차이는 인정하고 존중하되, 그러면서도 부당한 교권이 교회에 들어와서 교회의 본질인 성도의 교제를 약화시키고 그리스도의 몸으로서 유기체인 교회에 섬김의 지도력이 아니라 군림하는 지도력이 교회에 침투하는 것을 감시해야 할 것이다.

부목사와 관련하여 예장 고신총회가 결정한 사항을 다음과 같이 몇 가지 소개 한다:

00노회장 000 목사가 제출한 "부목사 당회원 자격에 대한 문의"는 교회정치 제11장 82조 "당회는 개체 교회 시무목사와 장로로 조직한다"에 근거하여 당회원 자격이 있음을 확인 가결하다(55회/2005년).

"부목사도 시찰부원이 될 수 있는지"에 대해서는 "부목사는 시찰위원이 될 수 없는 일 임"을 확인하다(56회/2006년).

헌법규칙 제3장 제6조 "임시목사의 연임" 항을 "임시목사와 부목사가 만기가 되었을 때 목사와 교회 간의 특별한 이유가 없으면 계속 시무할 수 있다"로 개정하다(52회/2002년).

헌법규칙 제3장 7조 "부목사는 현직으로 시무하는 개체 교회를 담임할 수 없다. 단, 개체 교회 담임목사가 은퇴할 때는 은퇴하는 목사의 동의를 얻어 청빙받을 수 있다"가 부목사 외에 강도사, 전도사도 해당되는지에 대한 질의는 헌법 정신상 부교역자는 다 포함이 되는 것으로 하다(54회/2004년).

02
부목사 제도, 과연 필요한가

이성호

2017년은 종교개혁 500주년이다. 하나님은 말씀의 종들을 일으키셔서 말씀을 바르게 선포하게 하셨고 그 말씀을 통하여 교회를 완전히 새롭게 하셨다. 이렇게 개혁된 교회는 항상 스스로 반성하여 말씀에 따라서 교회를 바로 세우는 작업들을 결코 소홀히 하지 말아야 할 것이다. 오늘날 교회가 말씀에 따라서 꼭 개혁되어야 할 요소가 있다면 그것은 무엇일까? 필자는 이 글을 통해서 특별히 부목사 제도가 지닌 비개혁주의적인 요소들을 지적하고자 한다.

한마디로 말하면, 부목사 제도는 개혁주의 신학의 본질적인 요소와 상충한다. 이것은 아마도 개혁신학을 조금이라도 제대로 아는 사람이라면 동의할 것이다. 이 제도는 개혁교회가 한국적 토양이라는 상황 속에서 어쩔 수 없이 만들어 낸 타협의 산물일 뿐이다. 이 제도를 개혁교회가 언제까지 안고 갈 수는 없는 노릇이기 때문에 점차적으로 성경적 원리에 따라 바로잡아 가야 할 것이다.

개혁교회의 직분에서 가장 중요한 원리 중의 하나는 직분의 동등성이다(직분의 동등성과 직분의 중요성을 혼동하지 말아야 한다. 당연히 직분 중에서 가장 중요한 직분은 목사이다). 쉽게 말하면 직분 위에 직분 없고, 직분 아래에 직분이 없다. 그렇기 때문에 한 직분이 다른 직분을 통제할 수 없다. 모든 직분자는 그리스도의 직접적인 종이며, 교회는 여러 직분들이 함께 모여서 회(會)를 이루어 다스리는 곳이다. 이와 같은 원리 때문에 개혁교회에서는 목사가 장로를 해임하거나 집사들이 목사를 쫓아낼 수 없다.

직분의 동등성은 직분 자체 안에서도 마찬가지이다. 목사 안에서도 차별이 없어야 하고 장로 안에서도 차별이 없어야 한다. 이와 같은 직분의 동등성의 원칙에서 보았을 때 부목사는 그 용어 자체가 잘못되었다고 할 수 있다. 누가 보아도 '부목사'라는 용어는 '목사' 보다 아래에 있다는 인상을 주기 때문이다. 더 나아가서 부목사는 실제적으로도 목사의 지도와 감독을 받고 있다. 부목사들에게 있어서 가장 중요한 관심사는 담임목사의 의중이 될 수밖에 없다. 이것은 로마 가톨릭교회의 사제와 부사제(副祭) 시스템과 유사하며 종교개혁자들이 타파하려고 했던 것이다.

부목사 제도가 가지는 또 하나의 치명적 결함은 부목사의 임직이다. 임직에 있어서 가장 중요한 것은 당연히 소명이다. 여기서 말하는 소명은 외적 소명을 말한다. 로마 가톨릭의 경우 주교의 임명이 곧 외적소명이다. 반면 개혁교회는 교회의 부르심, 더 정확하게 말하면 교인들의 청빙을 외적 소명이라고 보았다. 그래서 모든 직분자들은 교인들의 투표를 통해서 하나님의 부르심을 확인하였다. 그러나 부목사는 이러한 절차를 거치지 않는다. 거의 대부분의 교회에서 부목사는 담임목사가 정하고 있으며 당회도 특별히 신경을 쓰지 않는 경우가 많다. 부목사가 하는 일은 교회에서 대단히 중요한데 그 일에 적합한 사람을 세우는 과정은 대단히 부실하다. 부목사를 세우는 데에 있어서 외적인 소명은 사실상 담임목사의 지명인데 이것은 로마 가톨릭교회와 실제에 있어서 다를 바가 없다.

부목사 제도는 개혁교회에 있어서 또 하나의 중요한 결함을 파생시킨다. 이 결함은 부목사 제도 자체에 있는 것은 아니지만 이 제도로 말미암아 필연적인 문제점이 발생할 수밖에 없다. 개혁교회는 직분 간의 동등성도 확보하였지만 교회 간의 동등성도 확보하였다. 이 원리에 따르면, 한 교회가 다른 교회를 지배할 수 없다. 그런데 이 중요한 원리가 부목사 제도의 도입으로 치명적으로 손상을 받게 된다. 부목사는 노회의 회원이므로 투표권을 가지게 된다. 그렇다면 부목사가 있는 교회는 부목사가 없는 교회보다 투표권을 더 많이 가지게 된다. 부목사 제도는 이미 진행되고 있는 교회의 양극화를 더 심화시키는 제도라고 하지 않을 수 없다.

문제는 여기에서 그치지 않는다. 노회에 파송되는 장로총대는 목사 수와 동등하게 배정된다. 만약 부목사가 2명이라면 장로 2명을 더 파송할 수 있다는 말이다. 그렇게 되면 그 교회는 총 6명의 총대 수를 가지게 되고 다른 교회보다 무려 4표나 많은 권한을 가지게 된다. 부목사를 여러 명 둔 대형교회는 다른 교회보다 훨씬 더 많은 투표권을 행사할 수 있다. 이렇게 되면 적어도 대형교회 하나가 어떤 안건을 성사는 못 시키더라도 부결은 시킬 수 있을 정도의 힘을 가지게 된다. 노회의 안건이 진리가 아니라 수의 힘으로 결정되는 것은 매우 우려스런 상황이 아닐 수 없다.

앞에서 살펴본 바와 같이 부목사 제도는 개혁교회의 원리와 본질적으로 상충되는 결함을 가지고 있다. 그렇다면 어떻게 할 것인가? 원리에 맞도록 개정하는 방법이 있을 것이다. 예를 들면, '동사목사' 제도 같은 것들이 있을 수 있다. 부목사와 달리 동사목사는 공동의회에서 청빙을 통해 선출하여 노회의 위임을 통하여 세우는 자다. 필자는 이에 대해서 반대하지 않는다. 이 제도는 누가 보아도 좋은 제도이다. 그러나 현실성이 대단히 떨어지는 안일 뿐만 아니라 적어도 우리나라에서 성공한 경우가 거의 없다는 것을 볼 때 실현시키기 대단히 어려운 제도라고 생각한다.

이와 같은 이유 때문에 필자는 궁극적으로 부목사 제도 자체를 없애야 한다고 생각한다. 부목사 제도로 인하여 목사들이 양산되고 있다. 너무나 쉽게 목사 안수가 이루어지고 있다. 노회에서 가장 중요한 일이 목사를 세우는 일인데 (주님께서 "제자를 삼으라!"고 엄명하지 않으셨던가?) 목사 안수식에 순서 맡은 자들 외에는 참석도 하지 않는 경우가 얼마나 많은가? 상황이 이렇게 된 이유는 오늘날 "목사 안수식"이 "부목사 안수식"이 되어 버렸기 때문이다. 목사 안수식이 옛날과 같이 "담임목사 안수식"으로 바뀌지 않는 한 경박한 목사 안수식은 피하기 어려울 것이다.

목사 수가 많다고 해서 목사의 권위가 세워지는 것이 아니다. 오히려 오늘날 너무 많은 목사들로 인하여 목사의 권위가 떨어지고 있다. 이름만 목사이지 사실상 하는 일은 강도사가 하는 일과 차이가 없다. 그렇다면 강도사로 봉사하는 것이 타당하고 그들에 대한 대우 문제는 다른 방식으로 풀어야 할 것이다. 나중에 담임목사의 청빙이 있을 때 그 때 비로소 목사로 안수하는 것이 교회를 바로 세우는 것이다. 더 나아가서 오늘날 목사라는 직함 때문에 나이가 들어서 개척으로 내몰리고 있는 부목사들이 늘어가고 있다는 점을 지적하지 않을 수 없다. 차라리 강도사로 신분을 그대로 유지하면서 자신의 사역을 계속할 수 있도록 하는 것이 그들을 위해서도 더 유익할 것이다. 목사 수급 문제가 근본적으로 해결되지 않는 한 부목사 문제는 앞으로 계속 교회의 무거운 짐이 될 것이기 때문에 교회의 모든 지도자들은 이 문제를 해결하기 위해 지혜를 모아야 할 것이다.

03
신학이 목회에 적용되고 있는가?

황원하

신학은 교회를 위한 학문이다. 즉, 신학은 성경을 정확하게 해석하는 일이며, 나아가서 그렇게 해석한 결과를 교회에 적용하는 학문이다. 따라서 신학은 실용적인 학문이다. 이에 목사는 신학 공부한 것들을 반드시 목회현장에서 사용해야 한다. 목회는 신학의 열매이자 목적이다.

만약 목사가 신학을 공부한 후에 목회에서 적용하지 않는다면 신학이라는 학문의 성격과 목적을 이해하지 못한 것이며, 따라서 신학을 잘못 공부한 것이다. 혹은 일부 신학교나 신학자들이 이해하는 바, 신학이 이론적이거나 추상적이어서 목회에 적용할 만한 여지를 가지고 있지 못하다면 이미 그 자체로 잘못된 것이다.

다시 말하지만, 신학은 교회를 위한 학문이다. 따라서 목사는 신학적 목회를 해야 한다. 오늘날 목사들이 일으키는 많은 문제들을 비롯하여, 교회가 왜곡되거나 방향을 잃고서 갈 길을 모르는 것은 목사들에게 신학이 없기 때문이다. 곧 신학을 공부하고는 그 신학과 관계없이 목회하기 때문이다.

이에 필자는 다음과 같이 제안하고자 한다.

총회와 노회는 신학 연구 모임이 되어야 한다

오늘날 교단 총회와 노회는 그저 조직을 구성하고 행정적인 사안을 처리하는 모임으로 인식되어 있다. 간혹 신학 주제를 논의하기는 하지만 심도 있는 논의가 이루어지지 않고 있으며, 대체로 재미없어 한다. 많은 총대들은 헌법의 전반부인 교리표준에 대한 관심이 없을 뿐만 아니라 후반부인 관리표준을 단지 행정적인 것이라고 생각하는 경우가 많다.

필자는 총회와 노회가 신학 연구 모임이 되어야 한다고 생각한다. 심지어 조직이나 행정 등도 바른 신학적 관점을 가지고 처리되어야 한다고 본다. 총회나 노회에 참석한 목사와 장로는 행정에 밝아야겠지만 궁극적으로 신학에 밝아야 한다. 바른 신학이 바른 행정과 바른 법률과 바른 조직을 이끌게 해야 한다.

특히 오늘날 그 존재 의미가 불분명한 시찰회는 신학공부 모임이 되어야 한다. 근처에 있는 목사들과 장로들이 자주 모여서 신학과 목회와 교회와 세상을 논하는 장이 되어야 하는 것이다. 그저 모여서 예비 받고 밥 먹고 서류 처리하고 헤어지는 모임이 되어서는 안 된다.

당회도 신학 연구 모임이 되어야 한다

신학에 무지한 목사와 그보다 더한 장로들이 모여서 당회를 이루면 어떤 결과가 생길까? 하나님이 누구시며, 성경이 무엇이며, 교회가 어떤 공동체이며, 세상에서 우리가 어떻게 살아야 하는지를 모르면서 어떻게 교인들을 지도하고 감독하며 보호하는 당회를 구성할 수 있을까?

부디 목사는 부지런히 신학을 공부해야 하며, 분명하고도 일관성 있는 신학적 관점을 소유해야 한다. 설교에 신학이 반영되어야 할 뿐만 아니라, 상담과 심방과 전도와 구제와 행정 등에도 신학이 반영되어야 한다. 필시 신학이 없는 목회는 결코 바람직하지 않으며, 목회에 사용하지 못하는 신학은 가치가 없다.

당회원들은 필연적으로 신학 공부를 해야 한다. 당회원들이 모여서 공부하고 토론하다 보면 점차 바른 감독과 치리를 시행할 수 있다. 하나님께서는 우리를 직분자로 세우셨으며, 우리에게 계시의 말씀인 성경을 주셨고, 우리가 계시에 따라서 교회를 다스리기를 원하셨다. 분명히, 성경을 모르면서 교회를 다스려서는 안 되며 다스릴 수도 없다.

담임목사와 부교역자들의 공부에 대해서

한 교회에서 일하는 담임목사와 부교역자들이 같이 신학을 공부한다면 아주 효과적이다. 담임목사와 부교역자들은 공부하기 가장 좋은 여건을 가지고 있다. 그들은 이미 신학을 공부한 사람들일 뿐만 아니라, 하루 종일 같이 지낼 수 있는 형편에 있다. 따라서 일주일에 한 번이라도 정기적으로 공부할 것을 권유한다.

성경신학, 교의학, 봉사신학, 윤리학, 교회사 등을 체계적으로 공부하기를 바란다. 『기독교강요』를 비롯해서 무게 있는 서적을 읽고 토론할 수 있다. 성경 본문을 선택하여 주해연습을 하거나 설교 본문을 만들어서 나누면 아주 좋다. 일주일에 하루를 택해서 이런 식으로 공부하다 보면 어느새 실력이 부쩍 늘 것이다. 그리고 이것은 교회를 대단히 풍요롭게 할 것이다.

신학과 설교

신학이 가장 직접적이고 선명하게 반영되어야 할 분야는 설교이다. 목사가 설교할 때 신학이 없는 설교를 하는 것은 성경을 잘못 전달하는 것일 뿐이다. 제발 신학을 전공하지 않은 사람도 할 수 있는 수준의 설교를 하지 말기를 바란다. 전문적으로 공부한 사람만이 할 수 있는 설교를 해야 한다. 이 말은 설교를 어렵게 하라는 뜻이 아니라, 정확하고 깊이 있게 하라는 뜻이다.

설교를 잘하기 위해서 잡다한 기교를 익히거나 예화를 찾아 헤매거나 심지어 신령한 계시(?)를 받으려고 하지 말라. 오히려 설교를 잘하려면 성경 본문을 정확하게 해석해야 한다. 곧 본문의 의미를 제대로 찾아내야 한다. 그리고 본문 자체가 가지고 있는 사고의 흐름(구조)을 파악하여 대지를 구성해서(눈에 보이는 대지든 눈에 보이지 않는 대지든) 논리 정연하게 전해야 한다.

신학 소양이 풍부한 목사는 설교 내용이 풍성하여 교인들이 진수성찬을 먹은 것 같은 느낌을 가진다. 반면에 신학에 무지한 목사의 설교는 횡설수설하는 설교이거나 우왕좌왕하는 설교이거나 빈약하기 짝이 없는 설교가 되어서 교인들을 짜증나게 한다. 한 주간 내내 세상에서 치열하게 살다 온 교인들에게 푸짐한 밥상을 제공해 주어야 하지 않겠는가!

목사의 자기 공부 방법

마지막으로 목사가 어떻게 공부할 수 있는지를 말하겠다. 목사들 중에서 Th.M. 과정 등에서 공부하는 이들이 있다. 시간이나 재정이 허락되면 그렇게 공부하는 것이 좋겠다. 그러나 현실적으로 그렇지 못한 이들이 많다. 그런 경우에는 몇몇 신대원에서 운영하는 사이버 강의를 들으면 된다. 필자는 합신 홈페이지에서 사이버 강의를 듣곤 했는데, 매우 유익했다. 이 글을 읽는 독자들에게 적극 추천한다.

M.Div. 과정을 정상적으로 마친 목사들이라면 혼자서 신학을 공부할 수 있다. 양서를 선택하여 읽으면서 공부하면 되는데, 이때 다독보다는 정독을 해야 한다. 간혹 신학교 교수들이나 신학에 정통한 동료 목사들의 도움을 얻을 수 있다. 그들에게서 한 수 배우는 것은 책 몇 권을 단숨에 읽는 것과 같은 아주 좋은 공부 방법이다.

같은 지역에 거주하는 목사들이라면 정기적으로 공부 모임을 가지면 좋겠다. 같은 교단 목사들이면 좀 더 친화적이겠고, 같은 신학 성향을 가진 목사들이 공부해야 갈등이 덜하다. 이때 제법 뛰어난 리더급 목사가 있어서 모임을 이끌어 가면 효과적이다. 비슷한 수준의 목사들끼리 모이면 아무래도 진도가 더디고 한계가 드러나서 흥미가 떨어진다.

04
한국 교회 다음 세대 어떻할 것인가?

임경근

한국 교회는 지금 내리막길로 접어들었다. 고신교회가 가장 앞선 2006년부터 감소세로 돌아섰다. 이어서 기장교회는 2007년, 감리교회는 2009년, 통합교회와 합신교회가 2009년, 그리고 합동교회는 2012년부터 감소세가 시작되었다. 한국 교회의 쇠퇴는 몇 백 년의 역사를 가진 유럽 교회의 쇠퇴와는 비교할 수 없다. 겨우 개신교 역사 127년인 한국 교회를 생각하면 교인의 감소는 심각한 문제다. 유럽의 교회당 건물이 카페와 이슬람 사원으로 넘어가고 있는데 20~30년 후의 한국 교회를 연상하게 한다. 미래를 예측하는 전문가들은 이구동성으로 한 세대 후의 한국 교회 상황을 비관적으로 보고 있다. 사실 우리는 이미 교회 안에서 교인의 감소 추세를 피부로 느끼고 있다.

이런 상황에서 우리는 한국 교회의 다음 세대를 걱정하지 않을 수 없다. 한 세대 후의 교회는 지금의 어린아이들이 책임져야 할 것이다. 사실 그 시대의 책임은 지금 기성세대에게 있다. 지금 우리 세대는 정신을 차리고 늦지 않은 시점에서 대책을 마련해야 한다. 지금 당면한 교회의 문제를 해결하기 위한 다양한 시도가 필요하겠지만, 무엇보다 시급한 것은 다음 교회를 책임질 다음 세대를 신앙으로 잘 양육하고 교육하는 것이다.

지금까지는 한국 교회가 교회성장에만 총력을 기울여 질적인 성숙에는 관심을 기울이지 못한 것이 사실이다. 특히 자녀의 신앙교육과 훈련에 총력을 기울이지 못했다. 교인의 수적 증가와 교회의 수적 부흥에만 관심을 기울이다 보니, 제대로 된 신앙교육을 하지 못했다. 세속적 성공의 신학이 교회에 만연했고 그런 신앙이 자녀들에게 고스란히 이어졌다. 신앙실조(信仰失調)에 걸린 아이들은 세상의 세파와 유혹 앞에 추풍낙엽처럼 떨어지고 만다. 다음 세대가 교회를 떠나고 있는 현상은 심각하다. 21세기 상황은 예전과 달린 전도가 잘 되지 않는다. 그나마 열심히 전도해 한 영혼을 교회에 데려다 놓으면, 교회 안의 성도의 자녀가 교회를 떠나고 있으니 말이다. 그러니 교회의 상황은 매우 비관적이다.

우리는 이렇게 처절한 한국 교회의 현실을 직시하고 "한국 교회 다음 세대, 어떡할 것인가?"라는 주제로 여러 영역에서 다음 세대를 걱정하며 대안을 찾아볼 것이다.

웰빙(Wellbeing)의 삶에서 조심해야!

하나님은 신명기(申命記)에서 이스라엘 백성이 가나안 땅에서 어떻게 복된 삶을 살 수 있을지 구체적으로 명령하셨다. 언약 백성은 언약의 말씀을 믿고 순종하면 복을 누릴 수 있다. 말씀대로 행하면 복을 받고 하나님이 약속하신 것과 같이 젖과 꿀이 흐르는 땅에서 크게 번성할 수 있었다(신 6:1-3 참고). 실제 그들이 어떤 삶을 살았는지 잘 모르지만 신명기 6

장 10-11절에서 그들의 삶을 어느 정도 추측할 수 있다.

> "네 하나님 여호와께서 네 조상 아브라함과 이삭과 야곱을 향하여 네게 주리라 맹세하신 땅으로 너를 들어가게 하시고, 네가 건축하지 아니한 크고 아름다운 성읍을 얻게 하시며, 네가 채우지 아니한 아름다운 물건이 가득한 집을 얻게 하시며 네가 파지 아니한 우물을 차지하게 하시며, 네가 심지 아니한 포도원과 감람나무를 차지하게 하사, 네게 배불리 먹게 하실 때에."

"크고 아름다운 성읍"은 오늘날 빌딩 숲으로 뒤덮인 현대 도시를 생각나게 한다. "아름다운 물건이 가득한 집"은 오늘날 'LED Ultra Super HD 초슬림형 TV'와 '최신 스마트폰'과 '고급 냉장고'와 '편리한 식기 세척기', '예쁘고 고급스런 식기 세트'로 가득한 부요한 삶을 떠올리게 한다. 그들이 "파지 아니한 우물"은 많은 수입을 창출하는 IT사업이나 높은 수입을 보장하는 직장을 비유한다. "포도원과 감람나무"를 소유해 "배불리" 먹는 삶은 너무 많이 먹어 비만을 걱정해야 할 정도의 부유한 삶을 암시한다. 우리가 기대하고 바라는 복지국가의 웰빙(Wellbeing)의 삶이다. 이스라엘 백성은 노예로 살다가 40년 동안 척박한 광야의 삶을 뒤로 하고 가나안 땅에서 그야말로 환상적인 삶, 젖과 꿀이 흐리는 땅의 복을 누렸다. 이 복은 그들 스스로 얻은 것이 아니었다. 하나님으로부터 공짜로 받은 것이다.

그런데 바로 그때 이스라엘 백성들이 명심해야 할 것이 있었다. 그것은 바로 "너는 조심하라"(신 6:12 참고)는 경고였다. 복지국가의 웰빙의 삶을 살 때 조심해야 하다는 것이다. 할아버지 세대가 광야에서 고생하며 살 때에는 특별히 조심할 것이 상대적으로 적었을 것이다. 하나님이 하늘에서 주시는 만나와 메추라기를 먹으며 살아야 했던 시대에는 '일용할 양식을 주시옵고'라고 기도하였지만, 풍요의 땅 가나안에서는 그런 기도가 필요 없다고 느낄 수 있다. 그러하기에 조심해야 했던 것이다. 이스라엘 백성의 역사를 보면 언제나 번성할수록 범죄 했다(호 4:7 참고).

신명기 6장에 나타난 이스라엘 백성이 조심하며 지켜야 할 것은 다음 네 가지였다. 첫째, '여호와를 잊지 않는 것'(12절)이다. 둘째, '여호와를 경외하는 것'(13절)이다. 셋째, '여호와의 이름으로 맹세하고 다른 것으로 맹세하지 않는 것'(13절)이다. 넷째, '다른 신들을 따르지 않는 것'(14절)이다. 웰빙의 삶에서 지켜야 하는 구체적인 지침이었다.

이것은 한국 교회가 복지국가의 부요를 누리고 있는 상황에 매우 시의적절한 경고가 아닐 수 없다. 하나님이 주신 물질적인 부요가 오히려 영적인 빈곤을 낳을 수 있기 때문이다. 이럴 때 조심해야 하는 데 한국 교회와 성도들은 이 점에서 얼마나 조심하고 있을까?

혼합주의에 빠지지 말아야!

'조심하다(shamar)'라는 단어에는 '울타리를 쳐 지키다'라는 뜻이 있다. 이스라엘 백성들 스스로 가나안 땅의 세속 이방 신들의 영향을 받지 않도록 울타리를 쳐 지켜야 했다. 하나님의 백성이 세상에(in the world) 있으면서도 세상에 속하지 않게(not of the world) 살기 위해서는 울타리를 세워야 했다. 그러면 하나님을 잊지 않고 그분을 경외하며, 그분의 이름으로 확신 있는 삶을 살면서 다른 신들을 섬기지 않는 삶을 살도록 조심하는 방법은 무엇일까? 바울의 말을 빌리면 이 세대를 본받지 않고 분별할 수 있어야 한다(롬 12:2). 그렇게 분별하려면 어떻게 해야 할까? 하나님이 그 방법을 구체적으로 가르쳐 주셨다. 그것이 바로 그 유명한 신명기 6장 4-6절의 말씀이다.

> "이스라엘아 들으라. 우리 하나님 여호와는 오직 유일한 여호와이시니, 너는 마음을 다하고 뜻을 다하고 힘을 다하여 네 하나님 여호와를 사랑하라. 오늘 내가 네게 명하는 이 말씀을 너는 마음에 새기고"(신 6:4-6).

그 유명한 '쉐마' 구절이다. 성인 유대인이면 아침과 저녁으로 매일 이 구절을 암송해야 했다. 제2차세계대전 중 수용소의 가스실에서 죽어갈 때에도 유대인들이 암송했다는 구절이다. 이스라엘 백성은 오직 하나님만 사랑해야 했다. 그것도 마음을 다하고, 뜻을 다하고, 힘을 다하여 사랑해야 했다. 적당히 이방 신들과 하나님 사이에 양다리를 걸칠 수 없다. 이 명령은 하나님의 백성에게는 기본이며 가장 중요하다.

하나님을 사랑한다는 것은 무엇일까? 다음 말씀을 보면 알 수 있다.

> "오늘 내가 네게 명하는 이 말씀을 너는 마음에 새기고"(6절).

하나님을 사랑한다는 것은 곧 말씀에 순종하는 것이다. 연애하는 남녀를 생각해 보자. 한 사람이 연애편지를 받으면 그의 편지를 가슴에 품고 다닌다. 읽고 또 읽어 머리에 암송할 정도가 된다. 사랑하는 사람은 상대방의 말을 소중하게 여긴다. 하나님을 사랑하는 것도 마찬가지다. 하나님을 사랑하는 사람은 하나님의 말씀을 마음에 새겨야 한다. "마음에 새기다"라는 말은 본래 "마음 위에 두다"라는 단어를 의역한 것이다. '새기다'라고 번역한 성경은 중국어성경 외에는 찾을 수 없다. 그렇지만 나쁜 번역은 아니다.

하나님의 말씀을 마음에 새긴다는 것은 말씀을 읽고 묵상하는 것과 암송을 생각하게 한다. 말씀을 읽고 묵상하고 암송하는 사람은 하나님을 잊어버리지 않을 것이다. 마음을 다하고, 뜻을 다하고, 힘을 다해 전심으로 하나님을 사랑하는 삶, 곧 성경 말씀을 읽고 묵상하고 암송하는 삶 그것이 바로 조심하는 삶이다.

만약 오직 하나님을 사랑하지 않고 하나님과 그분의 말씀에 대한 관심이 점점 줄어들게 된다면 세상과 하나님을 겸하여 섬기는 '혼합주의(syncretism)'에 빠질 것이다. 다른 종교도 포용하는 관용(tolerance)의 자세를 취하게 될 수 있다. 만약 부모 세대가 이 부분에서 무너지기 시작한다면 심각한 문제를 낳게 된다. 오직 하나님만 섬기고 사랑해야 하는데, 세속적인 가치와 매력을 따라가면서 점점 영적인 가난에 빠져들어갈 것이다. 하나님과 세상을 겸하여 섬기는 혼합주의가 아니라, 오직 하나님만 올곧게 사랑해야 한다.

하나님을 알지 못하는 세대!

한국 교회의 쇠퇴는 위에서 언급한 부분과 무관하지 않을까? 만약 부모 세대가 이 부분에서 실패했다면 다음 세대는 희망이 없다. 물질적으로 번성하지만, 영적으로는 빈곤에 처할 수 있다. 성경의 역사는 그것을 분명하게 보여 준다. 사사시대로 돌아가 보자.

"그 세대의 사람도 다 그 조상들에게로 돌아갔고, 그 후에 일어난 다른 세대는 여호와를 알지 못하며, 여호와께서 이스라엘을 위하여 행하신 일도 알지 못하였더라"(삿 2:10).

하나님을 알지 못하는 시대! 상상할 수 없다. 출애굽 다음 세대가 어떻게 이렇게 한 세대 만에 영적으로 몰락할 수 있단 말인가? 부모 세대가 도대체 어떠했기에 자녀 세대에 이런 처참한 상황이 도래했단 말인가? 부모 세대는 웰빙의 시대에 조심하지 않았고 하나님만 섬기지 않고 세속적 성공을 추구하며 다른 신들을 쫓아가며 혼합주의에 빠졌음에 틀림없다. 그들의 삶과 자녀들의 학벌과 직장은 대단했고 소위 성공가도를 달렸을지 모르지만, 영적으로는 매우 가난하고 빈약한 삶을 살았을 것이다. 그 결과는 고스란히 다음 세대에 나타났다. 하나님을 알지 못하는 세대가 나타난 것이다.

이런 사사시대 이스라엘 백성들의 삶이 지금 현재 유럽 교회와 미국에 고스란히 나타나고 있다. 한국에도 그런 조짐이 벌써 시작되었다. 부모 세대의 세속적 삶이 자녀들에게 영향을 미쳐 점점 다음 세대가 힘을 잃고 있다. 다음 세대가 하나님을 알지 못하고 하나님께서 그들을 위해 행하신 일도 알지 못한다. 다음 세대가 하나님을 떠나고 있는 것이다.

다음 세대를 위한 신앙교육의 부재

하나님만 섬기지 않고 세속을 겸하여 섬기는 부모 세대는 신명기 6장 7-9절 말씀도 실천하지 않았을 것이다.

"네 자녀에게 부지런히 가르치며 집에 앉았을 때에든지 길을 갈 때에든지 누워 있을 때에든지 일어날 때에든지 이 말씀을 강론할 것이며, 너는 또 그것을 네 손목에 매어 기호를 삼으며, 네 미간에 붙여 표로 삼고, 또 네 집 문설주와 바깥문에 기록할지니라."

언약의 말씀을 자녀에게 부지런히 가르쳐야 했다. 하나님은 언약의 복을 부모뿐 아니라, 자녀에게도 약속하셨기 때문에 그것을 자녀에게 열심히 가르쳐야 했다. 이스라엘 백성은 말씀을 손목에 매고 눈 사이에 붙여 표로 삼았다. 이것을 '테필린(Teffilien)'이라고 부른다. 손목에 성경 구절이 쓰인 밴드를 감았는데 이것이 자신을 위한 것이라면, 이마에 붙인 성경 구절을 담은 자그마한 상자는 다른 사람을 향한 말씀의 선포라고 볼 수 있다. 집 문설주의 성경 구절이 가족들을 위한 것이라면 바깥문의 성경 구절은 가족 이외의 다른 사람을 향한 선포였다. 이렇게 부지런히 성경 말씀을 자녀들에게 가르쳐야 했다. 좀 유별나다 싶을 정도로 말이다.

그러나 가나안에 들어갔던 이스라엘 백성이 웰빙의 삶을 살게 되었을 때 자녀들에게 말씀을 부지런히 가르치지 않았다. 유일하신 하나님을 사랑하지 않고 가나안의 다른 신들을 사랑하기 시작하니, 자녀에게 신앙교육을 할 리가 없다. 결국 부모의 신앙이 나태해지고 나약해지자, 자녀들에게 신앙을 전수하는 것도 소홀히 하게 되어 다음 세대는 하나님을 알지 못하는 지경에 이르게 된 것이다.

그 대표적인 예가 사사 엘리이다. 그는 자신의 가정에서 자녀들을 신앙으로 바르게 양육하지 않았다. 엘리는 자녀들에게 하나님의 말씀으로 신앙훈련을 시키지 않았다. 자녀들을 하나님보다 귀하게 여긴 결과였다. 사랑해야 할 대상이 하나님보다 자녀였던 것이다. 세상 사람들이 쫓아가던 방식 그대로 엘리도 걸어갔던 것이다. 혼합주의에 빠진 것이다.

오직 하나님만 사랑해야 하는 명령을 잊어버리고 실천하지 않음으로 그는 아들도 잃고 자신도 비참한 최후를 맞이해야 했다. 하나님의 성직자가 이 정도였다면 보통 사람들은 어떠했을까?

언약의 자녀를 신앙으로 양육하는 일은 선택 사항이 아니라 필수이다. 웰빙의 삶을 살아가는 부모 세대인 우리는 조심해야 한다. 부모는 혼합주의에 빠지지 않고 오직 하나님만 사랑해야 한다. 성경 말씀을 소중히 여기고 그분을 배우며 그분이 행하신 일을 예배로 찬양해야 한다. 그런 부모 세대는 자녀에게 하나님과 그 말씀을 부지런히 교육한다. 신앙적으로 조심하는 삶을 살기 위해 자녀의 신앙교육은 꼭 해야 할 일이다. 하나님이 경배를 받으실 유일한 분이라는 것을 정확하게 가르쳐야 한다.

한국 교회는 이 점에서 어떤가? 우리교회 다음 세대가 가야 할 길은 이상이 없는가? 더 구체적으로 우리 아이가 가야 할 길에는 이상이 없을까?

사탄의 공격과 우리의 약점!

고신교회 헌법전문에는 이런 문구가 있다. "신앙의 정통과 생활의 순결을 파수하고 이를 다음 세대에 전수하기를 갈망하며, 그런 책임을 완수할 수 있도록 삼위일체 하나님께서 우리에게 지혜와 능력을 주시기를 간구한다."(고신헌법 전문) '신앙의 정통과 생활의 순결'은 교회의 모토이다. 그런데 한 가지 첨부된 것이 있다. 그것은 '이것을 다음 세대에 전수하기를 갈망하며'라는 소원이다. 바람직한 진술이 아닐 수 없다.

교회는 늘 각 시대마다 부여받은 사명의 모양이 달랐다. 일제 강점기에는 신사참배라는 싸움이 있었고 지금은 교회 속으로 침투한 세속화와 전쟁을 벌여야 한다. 싸움의 모양은 달라졌으나 싸움의 대상은 달라지지 않았다. 우리는 공중의 권세 잡은 자, 곧 사탄과 전쟁을 한다(엡 6:12 참고). 사탄은 교활하다. 그리고 인간에 대해 잘 알고 있다. 인간의 약점 또한 알고 있다. 대표인간 아담을 무너뜨린 사탄은 마지막 아담인 예수 그리스도를 넘어뜨리려 했지만 실패했다. 그러나 사탄은 여전히 하나님의 아들로 입양된 우리를 자신의 졸개로 만들려고 공격하고 있다. 우는 사자가 먹이를 찾아 헤매듯이 우리를 삼키려 한다. 솔로몬의 시편 127편 말씀을 통해 우리의 치명적 약점과 사탄의 교활한 공격을 살펴보자.

"여호와께서 집을 세우지 아니하시면 세우는 자의 수고가 헛되며 여호와께서 성을 지키지 아니하시면 파수꾼의 깨어 있음이 헛되도다. 너희가 일찍이 일어나고 늦게 누우며 수고의 떡을 먹음이 헛되도다. 그러므로 여호와께서 그의 사랑하시는 자에게는 잠을 주시는도다. 보라! 자식들은 여호와의 기업이요, 태의 열매는 그의 상급이로다. 젊은 자의 자식은 장사의 수중의 화살 같으니, 이것이 그의 화살통에 가득한 자는 복되도다. 그들이 성문에서 그들의 원수와 담판할 때에 수치를 당하지 아니하리로다."

헛수고!

첫째, 사탄은 우리로 하여금 헛수고하도록 만든다(1-2절). 하나님의 뜻이 아니라 사람의 뜻(사탄의 뜻)대로 일찍 일어나고 늦게 누우며 수고의 떡을 먹는 삶은 헛되다. 이 말씀은 오늘 한국 사회를 두고 하는 말 같다. 한국은 OECD국가 중 가장 많은 시간 동안 일하는 나라 가운데 하나다. 어른뿐 아니라 아이들도 공부를 이유로 장시간 혹사당하고 있다. 이렇게 열심히 일하고 공부해서 좋은 대학과 좋은 직장, 좋은 집, 많은 돈과 명예를 얻는다. 그런데 이것이 헛수고가 될 수 있음을 모른다. 하나님의 뜻대로 일하고 공부한 것이 아니라, 세속적 목적과 자신의 뜻을 성취하기 위해 일하고 공부한 것이니 수고의 떡을 먹긴 했지만 헛수고 한 것이 된다.

열심히 달려가지만 방향이 잘못되면 헛수고이다. 근대교육 40년 동안 공부 스트레스 때문에 자살한 학생 수가 8천 명이 넘는다. 이는 베트남전쟁에서 전사한 한국 군인 6천 명보다 더 많다고 하니 참담하다. 우리 아이들은 전쟁보다 무서운 공부전쟁으로 내몰리고 있는 셈이다. 교회의 자녀들조차 이런 헛수고를 따라했고 그 결과는 다음 세대가 하나님을 알지 못하고 하나님이 그들을 위해 행한 일도 알지 못하게 될 것이다. 결국 그들은 교회를 떠나고 있다. 소위 세속적으로 성공했을지 모르지만 하나님을 믿지 않고 교회를 떠나는 현상이 지금 한국 교회에 일어나고 있다. 그 결과는 다음 세대인 아이들이 교회에서 현저하게 줄어드는 것이다. 교회의 심각한 위기이다.

저출산!

둘째, 출산 영역에서 사탄은 성공했고 교회는 실패했다(3절). 모세가 태어나던 시기에 남자 아이가 태어나면 죽이는 엄청난 핍박이 있었지만, 사람보다 하나님을 두려워하던 산파들의 믿음과 모세 부모의 믿음으로 모세는 생명을 건졌다. 한국 교회는 이 점에서 사탄에게 패배한 것이 아닌가! 60년대 정부는 경제성장을 이유로 '산아제한'을 주장했고 이에 교회도 적극 협력한 결과 2005년 우리나라 출산률은 1.08명까지 낮아졌다. 그런데 지금 정부는 다시 경제를 이유로 '산아장려'를 외치고 있다. 그러나 나라 경제를 위해 자녀를 낳으려는 사람은 없어 보인다.

경제학자들은 자녀에 대해 돈의 논리를 제시하지만 하나님께서는 자녀가 기업(유산)이며 상급(선물)이라고 분명하게 말씀하셨다(3절). 하나님께서는 생육하고 번성하여 땅에 충만하는 것이 복이라 하셨다(창 1:28 참고). 정부가 하나님의 말씀에 어긋나는 말로 설득할 때 그리스도인이라면 경제적 사회적 손해를 감수하면서 거부하고 묵묵히 말씀에 순종해야 했다. 그러나 한국 교회는 출산문제에 대해 침묵하거나 적극 협조했다. 사탄에게 굴복한 것이다. 지금 한국 교회 주일학교가 심각한 위기에 처한 것은 전도가 예전 같지 않은 이유도 있겠지만, 믿는 자의 자녀가 가정당 1-2명으로 줄어든 탓도 크다. 한국 교회 다음 세대의 미래는 어둡다.

신앙교육!

셋째, 신앙교육의 영역에서 사탄은 성공했고 교회는 실패했다(4-5절). 시인은 시편 127편(4-5절)에서 자녀를 전쟁 무기인 화살에 비유하고 있다. 그리고 화살이 "그의 화살통에 가득한 자는 복되도다"(5절)라고 말한다. 솔로몬은 교회가 사탄과 영적전쟁을 치르고 있음을 정확하게 표현하고 있다. 성도의 자녀는 언약의 자녀로서 사탄과의 전쟁에 사용될 도구로 준비되어야 한다. 전쟁에 나간 장수에게 화살은 공격용 무기다. 화살이 많으면 많을수록 유리하다. 그리고 그 화살은 날카로워야 한다. 옛날에는 군인이 자신의 화살을 직접 만들어 전쟁에 나갔다. 평화로울 때에 전쟁을 위해 화살촉을 갈고닦아 날카롭게 만들어 전쟁을 준비했다. 이것은 자녀에 대한 신앙교육을 뜻한다. 교회는 자녀를 많이 낳아야 할 뿐만 아니라 자녀를 부지런히 말씀으로 갈고닦아 신앙으로 교육하고 훈련해야 한다. 그런데 이 부분에서 우리 교회는 진지한가? 소위 세속 공부에는 많은 시간과 정력과 재정을 쏟아 붓지만, 신앙교육을 위해서는 그 정도가 빈약하기 그지없다. 만약 교회가 다음 세대를 말씀으로 갈고 닦지 않으면, 교회와 가정이 신앙교육에 손 놓고 있는 순간 사탄이 우리 자녀를 데려가 거짓으로 갈고닦을 것이다. 학교, 친구(또래집단), 멀티미디어(TV, 컴퓨터, 게임, 스마트폰, 영화), 책 등 여러 매체와 방법을 통해 사탄은 우리 자녀들을 불신앙으로 훈련하고 교육시킨다. 이 사실을 그리스도인들이 잘 모른다. 한국 교회의 다음 세대를 지키자!

주일학교 교육 이대로 좋은가?

교회의 주일학교는 신앙교육에 성공하고 있는가? 수년에 걸쳐 좋은 교재를 만들었다. 잘 개발된 프로그램도 있다. 그러면 과거보다 더 나은 신앙교육이 이루어지고 있다고 자신할 수 있을까? 주일학교 모습을 떠올려보자! 예배에 늦게 오는 교사가 20%가 넘고 결석하는 교사도 10%정도 되고 지친 아이들은 집중하지 못하고 찬송에도 별 관심이 없다. PPT와 영상을 제공해도 그때뿐, 아이들은 산만하다. 주일학교 교재가 아이들의 흥미를 유발하도록 만들어졌지만 과연 신앙교육이 과거보다 더 잘 이루어지고 있지는 의문이다. 분반공부 시간은 시장 같다. 교사는 아이들을 통제하기 위해 소리치다가 시간을 다 보내는 경우가 태반이다. 주중에 공부에 찌든 중고등부 아이들은 그저 주일에 교회에 오는 것만으로도 고맙게 여긴다. 성경이나 교리공부는 말도 못 꺼내고 고단한 삶을 들어주고 위로하는 것만으로 충분하다고 여긴다. 대한민국의 최고 종교는 불교도 아니고 유교도 아니고 기독교도 아니고 '대학교'라는 말이 교회에도 예외가 아니다. 참 서글픈 일이다. 이 부분에서 교회와 세상이 구분되지 않고 있다. 이런 현실 속에서 우리는 교회의 다음 세대를 살릴 방법을 구해야 한다.

교리를 가르치고 있나?

고신교회의 SFC 강령에 웨스트민스터 신앙고백과 대소요리문답을 우리의 신조로 한다고 선언한다. 그러나 정작 교리를 체계적으로 배울 기회가 없다. 1973년 웨스트민스터 표준문서를 신앙고백으로 택했지만 그것을 교회에서 가르친 경우는 별로 없다. 그리고 그 결과는 심각하다. 언젠가 중고등학생 공부특강을 하면서 물었던 질문이 있다. "너희들 왜 공부하니?" 대답은 참담했다. '대학 가기 위해서요!', '좋은 직장에 들어가려고요!', '돈 많이 벌어 큰 집에 살려고요!' 웨스트민스터 소요리문답 1문만 제대로 배웠어도 쉬 대답할 수 있었을 것이다. 영어 과외시간 한 시간 포기하고 교리교육을 해야 한다. 영어 한 문장 덜 외우고 교리를 암송시켜야 한다. 성경을 잘 요약한 교리를 배우지 않으면 사탄이 거짓으로 무장한 세속 시대정신과 이단을 이용해 우리 자녀들의 영혼을 빼앗아 갈 것이다. 미리 준비해야 한다. 그것이 교리교육이다.

멀티미디어를 선용하는 법을 배웠는가?

우리가 사는 시대는 멀티미디어(Multimedia) 세상이다. 지하철을 탄 대부분의 사람들은 모두 스마트폰을 바라보고 있다. 졸거나 책을 읽는 사람들이 많았던 5년 전 상황과 달라진 풍경이다. 멀티미디어는 문명의 이

기임은 분명하다. 멀티미디어 자체가 사탄은 아니다. 그러나 멀티미디어의 특성상 사탄에게 쉽게 이용당할 수도 있다. 스마트폰을 들고 있지 않은 아이들이 없다. 아이가 세 살만 되면 벌써 스마트폰을 만지기 시작한다는 통계도 있다. 사람들에게 스마트폰은 단순히 통화하는 기계가 아니라 재미거리이자 오락이다. TV와 컴퓨터는 말할 것도 없다. 게임도 심각한 문제다. 이런 멀티미디어의 홍수 속에 아이들이 빠져 허덕이고 있다. 문명의 이기는 그것을 통제할 수 있을 때 유익하지 끌려가거나 중독되는 것은 무서운 독이다. 그러므로 영혼을 망칠 수 있으니 잘 사용하도록 가르치고 훈련해야 한다. 통제가 불가능하면 멀티미디어를 금지해야 할 수도 있다. 그런데 과연 교회는 아이들에게 이 점을 교육하고 훈련하고 있는가? 정신을 차리고 조심해야 한다.

가정예배를 매일 하고 있는가?

신앙교육하면 교회 주일학교가 생각난다. 가정, 학교, 사회에서 신앙교육이 이루어지지 않고 있으니 주일학교에 목숨을 걸어야 하는 형편이다. 그러나 그것이 가능한가? 주일학교 교육 1시간으로 어떻게 신앙교육을 다했다고 만족할 수 있겠는가? 불가능하다. 신앙교육은 기본적으로 가정에서 이루어져야 한다. 신앙교육의 책임은 일차적으로 부모에게 있다. 신명기 6장 4-9절은 부모에게 명령한 것이다. 부모가 자녀에게 신앙교육을 할 수 있는 방법은 여러 가지가 있지만 그래도 가정예배가 가장 좋다. 매일 온 가족이 같은 시간에 한자리에 앉아 하나님의 말씀을 듣고 찬송하고 얘기하고 각자의 기도제목을 놓고 기도하는 시간은 자녀에게 신앙을 전수하는 좋은 시간이다. 가정예배는 종교개혁자들이 재발견해 물려준 좋은 전통이다.

세대통합 예배를 통해 신앙훈련을 하고 있나?

오전 예배에 중고등부 아이들이 사라진지 오래다. 분리된 중고등부 예배는 입시경쟁에 찌들어 생명력을 잃고 있다. 뚜렷한 대안도 없다. 현상 유지에 급급한 실정이다. 이 문제를 해결하는 근본적인 대책 가운데 하나는 아이들이 부모와 함께 예배하는 것이다. 부모와 자녀가 함께 예배하는 것은 오랫동안 해 왔던 전통이다. 언제부턴가 장년예배와 아이들 예배가 나눠지면서 세대 간의 단절이 심각한 수준이다. 부모가 부르는 찬송가를 자녀들이 모르고, 자녀들이 부르는 CCM을 부모가 어려워 따라 부르지 못한다. 모든 세대가 함께 예배하는 세대통합예배가 절실하다. 여러 가지 현실적인 문제가 없지는 않지만, 반드시 회복해야 할 본질적인 부분이 아닐 수 없다. 세대통합예배는 우리가 수치로 계산할 수 없는 큰 유익이 있다.

여러 다른 주제들!

이 외에도 더 많은 주제들이 이번 기획 '한국 교회 다음 세대, 어떻할 것인가?'에서 다루어질 것이다. '주중학교의 가능성', '기독교 홈스쿨링', '기독교학교'에 관한 대안과 실제적인 제안들이 이어질 것이다. 많은 관심과 기대를 바란다.

05
세대통합예배: 가능성과 과제

안재경

최근에 급속히 세대통합예배를 주장하는 목소리가 힘을 얻고 있다. 교회는 부모와 자녀 세대가 믿음을 전수하여 신앙의 대가 끊어지지 않아야 한다는 것에 눈을 돌리기 시작했다. 유대인들이 오래전부터 이런 교육을 해 왔다는 주장이 설득력을 얻고 있다. 신명기 5장에 기록하고 있듯이 유대인들은 가정에서 "이스라엘아 들으라, 네 하나님 여호와는 오직 한 분인 여호와시니"라는 성경 구절을 아침저녁으로 같이 낭독하면서 자녀를 교육해 왔으니까 말이다. 일선 학교에서도 '밥상머리교육'이란 것을 주창하고 나섰다. 우리 조상들은 밥상머리에서 자녀에 대한 교육이 대부분 이루어졌다는 것이다. 맞는 말이다. 전도를 강조하기 전에 우리 자녀를 돌아보아야 한다. 세대 간의 심각한 단절을 경험하고 있는 우리로서는 자녀 세대에게 신앙전수가 가장 큰 관건이 되었다.

세대통합예배: 언약에 근거한 행위

한국 교회는 그동안 세대를 나누어서 예배를 드렸고, 직업과 성향별 모임을 세밀하게 나누어서 맞춤식 교육과 친교를 하므로 엄청난 성장을 구가해 왔다. 그런데 이제 이것이 교회 성숙의 큰 걸림돌이 되고 있다. 세대분열, 그리고 계층분열이 교회 성숙만이 아니라 소위 말하는 교회의 수적인 성장에 있어서도 큰 장애가 되고 있다. 한 교회에 속해서, 한 말씀을 받고, 한 몸처럼 교제한다는 것은 먼 옛날의 이야기가 되어 버렸다. 교회의 급속한 성장과 함께 주일예배를 몇 부에 걸쳐 나누어 드리고, 심지어 세대별로 잘게 나누어져서 다른 시간과 공간에서 각종 예배와 활동들을 하고 있으니 말이다.

개혁신앙의 풍요함은 하나님께서 자기 백성과 맺은 언약에 대한 이해에 있다고 해도 무리가 아닐 것이다. 우리의 예배는 언약적 예배요, 우리의 신앙은 언약적 신앙이요, 신자의 가정은 언약적 가정이다. 하나님께서는 부모뿐만 아니라 그들의 자녀들과 더불어 언약을 맺으셨다. 하나님께서는 언약의 모든 세대를 같이 보고 계신다. 하나님의 약속은 언약 당사자와 그의 모든 후대와 더불어 세웠다. 우리는 우리의 예배와 신앙교육을 단순화할 필요가 있다. 모든 세대가 같이 예배하고, 모든 계층이 같이 교제하는 것 말이다.

필자가 시무하는 온생명교회는 개척을 시작하면서 언약에 대한 이해에 근거하여 모든 세대가 함께 예배하고, 부모가 언약의 자녀를 교회학교에 맡기지 않고 스스로 양육하기로 결심했다. 제일 큰 어려움은 물리적인 환경보다도 부모와 자녀 간의 세대단절 현상 자체였다. 어린 자녀들이 부모와 함께 한자리에서 예배하는 것을 좋아하지 않았다. 주일만이라도 부모가 보지 않는 곳에서 지내고 싶어 하는 것이 사실이기 때문이다. 자신들에게 맞춤식으로 예배하고 교육해 주던 것을 끊어버린 것을 이해하지 못했다. 모든 것을 자기들 위주로 맞추어 주던 것을 해 주지 않으니 자기들은 뒷전이라고 소외감을 느끼기도 했다. 부모들도 별반 다르지 않았다. 아이들이 교회에서 튀어 나가지 않을까 안절부절했다.

세대통합예배를 시행한다고 해서 부모와 자녀 간에 의사소통이 한순간에 회복되고, 신앙이 자연스럽게 전수되는 것은 아니다. 교회로부터 공적으로 받은 그 말씀을 가지고 부모가 자녀와 더불어 가정에서 나누는 것이 아직까지도 어색하기만 하다. '장로의 심방'을 통해서 확인해 보면 아직까지도 이것이 제대로 실행되지 않고 있음을 볼 수 있다. 온생명교회는 격주로 모이는 구역모임에서 모든 세대가 같이 모여서 받은 주일의 설교원고를 돌아가면서 읽기도 한다. 이런 말씀 나눔이 조금 더 발전하면 가정에서도 부모와 자녀가 자연스럽게 말씀을 같이 나눌 수 있으리라 기대해 본다.

세대통합예배: 예배안내서(예)

온생명교회에 예배하러 왔다가 자녀들이 별실에서 따로 주일학교예배를 드리지 않고 부모와 함께 예배드린다는 것을 알고 당황하는 경우가 많다. 이렇듯 부모가 자녀와 함께 예배하는 것이 쉽지 않다는 것을 안 한 교사가 아래와 같은 안내문을 만들어서 돌렸다. 교회에서 공식적으로 만든 것이 아니지만 예배순서 해설로 무리가 없다고 판단하여 그대로 실어 본다. 교인의 입장에서 주일 오전 예배 순서를 잘 해설했다는 생각이다.

아이들과 처음 예배드리는 분들을 위한 안내서

온생명교회에 오신 것을 환영합니다! 온생명교회는 갓난아이로부터 어른까지 모든 세대가 같은 시간, 한 공간에서 함께 예배드립니다. 처음 아이를 데리고 예배에 참석하신 분들을 위해 아이들을 위한 예배 순서 소개 및 아이와 함께 예배드리는 요령을 알려드립니다.

하나님이 부르십니다 하나님의 부르심을 경험하는 시간입니다.

1. **하나님을 부름** 시편 124:8 "우리의 도움은 천지를 지으신 여호와의 이름에 있도다"를 목사님께서 말씀하시면 따라 말합니다.
2. **하나님의 인사** (자리에서 일어서서) 성경 말씀으로 목사님께서 하나님의 복의 인사를 전달하십니다.
"하나님의 사랑하심을 받고 성도로 부르심을 받은 모든 자에게 하나님 우리 아버지와 주 예수 그리스도로부터 은혜와 평강이 있기를 원하노라"(로마서 1장 7절)
3. **신앙고백** (자리에서 일어서서) "사도신경"은 성경책 앞표지 안을 보시면 나와 있습니다. 두 가지 중 새번역이라고 쓰여진 것을 아이도 함께 읽을 수 있도록 보여 주세요.
4. **경배찬송** (자리에서 일어서서) 하나님의 영광을 생각하며 찬송을 합니다. 아이들이 순서지에 나온 숫자대로 찬송가에서 악보를 찾도록 도와주세요. 찾으신 후엔 가사를 따라 부르도록 손가락으로 가리키며 불러 주세요.

하나님이 용서하십니다 우리의 죄를 돌아보고 용서를 구하는 시간입니다.

5. **십계명** 성경책 뒷표지 안을 보시면 나와 있습니다. 아이들과 함께 소리 내 읽어 보세요.
6. **죄고백** 십계명에 비추어 자신의 죄를 돌아보며 회개기도를 하는 시간입니다.
7. **사죄선언** 목사님께서 우리 죄가 예수님으로 인해 깨끗해졌음을 선

포하십니다.
8. **감사찬송** 우리 죄를 깨끗하게 해 주신 것에 감사하며 찬송을 합니다. 아이들이 순서지에 나온 숫자대로 찬송가에서 악보를 찾도록 도와주시고 가사를 따라 부르도록 손가락~☞
9. **기도** 교회의 직분을 맡으신 분들이 교회를 대표하여 기도하십니다. 우리의 죄가 깨끗하게 되었으므로 아버지 하나님께 기도로 구할 수 있음을 아이에게 알려 주세요.

하나님이 말씀하십니다 하나님의 말씀을 듣는 시간입니다.
10. **성경봉독** 성경책에서 오늘의 본문을 찾아서 읽는 시간입니다. 성경책 옆을 보시며 쉽게 찾으실 수 있도록 되어 있습니다. 아이들이 순서지에 나온 글씨와 같은 것을 찾아보게 해 주세요. 목사님이 성경을 읽을 때에 자녀들이 잘 따라가도록 손가락~☞
11. **설교** 목사님께서 오늘 성경 내용을 풀어서 설명해 주시는 시간입니다. 아이들이 이해하기 어려운 내용이지만 다른 사람들을 위해 조용히 해야 한다고 알려 주시고, 중간에 아이가 너무 힘들어 하면 간단한 간식(사탕, 초콜릿)을 주시거나, 잠시 물을 마시고 올 수 있게 지도해 주세요.
12. **응답찬송** 하나님께서 주신 말씀에 감사하며 찬송을 올려드립니다. 찬송가에서 악보를 찾도록 도와주시고 가사를 따라 부르도록 손가락~☞

하나님이 보내십니다 하나님께서 함께하시며 세상으로 나가게 하십니다.
13. **헌금** 준비해 오신 물질이 있으면 미리 준비된 봉투에 넣어 하나님께 드리는 모습을 아이에게 보여 주세요. 아이도 마음이 있다면 헌금을 준비해 드릴 수 있습니다.
14. **성도의교제** 순서지 뒷면을 보시면, 교회 소식이 나와 있습니다. 교회에 관련된 광고 및 교인분들에 대한 소식 등을 나누는 시간입니다.

> **15. 마침찬송** (자리에서 일어서서) 아이들이 찬송가에서 숫자 635(주기도송)를 찾도록 해 주세요. 가사는 성경책 앞표지 안의 주기도문과 같습니다. 찾으신 후엔 가사를 따라 부르도록 손가락~☞
>
> **16. 강복선언** (자리에서 일어서서) 목사님께서 하나님의 복을 선포해 주시는 시간입니다. 눈을 뜨고 목사님의 손을 바라보면서 하나님께서 복 주시는 것을 감사하세요.
>
> 온생명교회 교인들은 어린아이들이 예배에 참여하는 것을 좋아합니다. 너무 부담 갖지 마시고 아이와 함께 복된 예배를 드려보세요.^^

세대통합예배: 현실적인 고려 사항

세대별로, 계층별로 나누어서 예배하는 것보다 세대통합예배를 드리는 것이 바람직하다고 하더라도 이것을 시행하려면 고려해야 할 사항이 한두 가지가 아니다. 원리가 옳으니까 무조건 시행해 보자고 하는 것은 혼란만 가중시킬 수 있다. 이에 세대통합예배를 하기 위해 고려하고 준비해야 할 사항들을 몇 가지 적어 본다.

예배를 경건하게 드리려는 것을 포기해야?

세대통합예배를 시행하기 위해서는 온 교인들이 마음을 단단히 먹어야 한다. 자녀들과 더불어 예배를 드리려고 하면 주일 오전의 공예배가 어수선(?)해지는 것을 받아들여야 한다. 자녀들과 더불어 예배하면 어린아이들이 참지 못해 울기도 하고, 자리에서 뒹굴기도 한다. 어린이들보다 성인들이 세대통합예배에 더 불만을 가질 수도 있다. 어린아이를 둔 부모들도 자기 아이들이 예배에 방해를 주지나 않을까 노심초사하여 예배에 집중하기 힘들다. 세대통합예배를 드리면 처음에는 모든 세대가 다 같이 힘들 수밖에 없다. 이렇게 교인들이 조용한 분위기에서 집중해서 예배하기 힘들다는 호소를 하기도 하지만 이제는 직분자들이 앞장서서 아이들을 옆에 끼고 예배하는 것을 돕고 있다.

설교에 집중할 수 있는 환경을 갖추어야

세대통합예배를 위해서는 예배 인도자인 목사가 자녀들을 잘 배려해야 한다. 부모도 마찬가지겠지만 예배 순서 중에 자녀들에게 제일 힘든 시간이 설교 시간일 것이다. 그래서 우리는 주보에 설교 이해를 도울 수 있는 질문을 만들어 올린다. 성인들을 위해 일곱 가지 정도, 그리고 자녀들을 위해 간단한 질문을 만들어 올린다. O, X 문제도 있고, 괄호를 채우는 문제도 있다. 이 질문지는 가정에서 부모와 자녀가 대화할 수 있는 자료가 된다. 한편, 초등학교 고학년부터는 설교노트를 기록하는 것을 격려한다. 연말에 설교노트를 확인하고 시상을 하기도 한다. 최근에는 예배 직전에 설교문 전문을 복사해서 나누어 주는데 초등학교 아이들이 도움을 받을 뿐만 아니라 성인들도 설교문을 얻어 가려고 하는 분위기이다.

자녀와 더불어 예배를 미리 준비해야

세대통합예배를 위해서는 평상시에 부모가 자녀와 의사소통을 잘해야 한다. 토요일 저녁에는 자녀와 더불어 주일에 드릴 예배를 위해 미리 준비해야 한다. 주일에 드릴 찬송을 미리 불러보고, 성경 본문을 같이 읽어 보고, 예배를 인도할 직분자들을 위해 기도하는 것이 좋다. 어떤 분은 자기 자녀들을 위해 주일 설교문을 미리 보내 주면 좋겠다는 제안을 해서 보내 주기도 했다. 설교문을 미리 읽고 예배에 참석하면 예배가 기다려질 것이라고 판단했기 때문이다. 어쨌든 자녀들이 부모와 더불어 예배하는 것이 좋다는 인상을 주는 것이 중요하다.

절기 때 세대통합예배를 시험해 보길

교회 중요 절기 때 세대통합예배를 시험적으로 시행해 보는 것이 좋겠다. 신년예배며 부활절, 성령강림절, 성탄절 등에 모든 세대가 다 같이 예배하는 것이다. 예배 때 자녀들이 참여할 만한 한두 가지 순서를 넣으면 자녀들이 좋아할 것이다. 이런 방식은 교회절기가 온 교회의 축제가 되는 길이기도 하다. 우리 자녀들이 절기의 의미를 좀 더 분명하게 이해하고, 절기를 기다리게 되겠기에 일거양득(一擧兩得)이라고 해야 할 것이다. 이렇게 절기 때 세대통합예배를 시행해 보고 평가한 후 조금씩 그 횟수를 늘여갈 수 있을 것이다.

세대통합예배, 과연 가능한가? 기존 교회는 불가능하다고 포기할 필요는 없다. 잘 준비하면 얼마든지 가능하다. 부모들의 태도가 무엇보다 중요하다. 자녀들이 예배를 방해할 것이라는 생각을 우선 버려야 한다. 이제는 우리 자녀들이 제법 예배에 잘 참여한다. 어릴 때부터 예배가 무엇인지 배워 가고 있으니 교인들도 흐뭇해한다. 예배 후에 몇몇 친구들을 만나 설교를 묻고 그들이 답하는 것을 보는 것이 목사에게 얼마나 큰 기쁨인지 모른다. 우리가 언약의 자녀들을 위해 줄 수 있는 가장 좋은 선물과 유산이 무엇이겠는가? 한 교회에서 한 말씀을 받고, 한 믿음을 고백하는 것보다 더 큰 복이 어디에 있겠는가?

06
이신칭의는
개신교의 교리적 면죄부인가?

황대우

로마서 1장 17절에 근거한 이신칭의(以信稱義)란, "믿음으로만 의롭게 된다"는 교리이다. 이것은 루터의 종교개혁을 한마디로 정의하는 결정적인 교리이기도 하다. 이후 모든 개신교도들은 이 교리를 성경 해석의 열쇠로 삼았다. 그래서 오늘날 개신교도들은 이 교리에 도전하거나 이 교리를 위협하는 것은 결코 용납하지 않는다. 이러한 분위기는 한국 개신교에서도 예외일 수 없다. 그러나 이 건전한 이신칭의 교리가 '개신교의 새로운 교리적 면죄부'(new doctrinal indulgence of the Protestant Churches)로 전락해 버린 것 같아 너무나도 안타깝다.

혹자는 이러한 교리 위에 세워진 개신교를 개인주의의 천국으로 이해한다. 그 이유는 이 교리가 개인의 신앙고백인 믿음을 절대화함으로써 교회의 공동체성을 희생양으로 삼았기 때문이라는 것이다. 어쩌면 이러한 평가는 오늘날 한국 교회의 현상에 대한 가장 날카로운 지적 가운데 하나라고 하지 않을 수 없을 것이다. 그러나 이 교리가 본래 그와 같은 개인주의를 조장할 의도를 가지도 있었던 것은 아니다. 더욱이 개혁주의 교리에서 보자면 이신칭의의 가르침이 더더욱 그와 같은 개인주의로 왜곡될 가능성은 희박해야 정상이다. 그럼에도 불구하고 개혁주의를 표방하는 한국의 거의 모든 장로교단 교회들에 그러한 개인주의가 보편화되어 있다는 것은 아무도 부정하지 못할 안타까운 사실이다.

"예수 천당"이라는 구호는 어느 시대를 막론하고 진리임에 분명하다. 그러나 이 진리는 이신칭의 교리와 더불어 한국 교회를 개인주의화하는 일그러진 모습으로 왜곡되었다. "당신은 구원받았습니까?"라는 질문이 한 때 대학선교단체인 CCC를 통해 80년대 한국 교회를 강타했는데, 이 질문 역시 이신칭의 교리와 예수 천당이란 구호와 무관하지 않다. 한국 교회는 이 모든 교리를 개인의 구원에 초점을 맞춘 전도 전략의 모티브로 사용해 왔다. 지금까지 그것은 전도전략의 부동의 모티브로 활용되었고 폭발적인 결과를 가져왔으며 교회 부흥이라는 황금 알을 낳았다. 지금도 여전히 교회 부흥이란 황금 알은 형태상 성경 공부, 다양한 전도 프로그램, 전도 집회, 다양한 수련회 등을 통해 부화되기를 바라고 있다.

교회 부흥은 곧바로 하나님 나라의 확장으로 통한다. 우리는 이 하나님 나라의 확장을 위해서라면 어떤 수단과 방법을 동원해도 좋다고 생각한다. 왜냐하면 하나님 나라의 확장이야말로 하나님께서 가장 바라고 소원하시는 것이라고 믿기 때문이다. 그래서 자기 교회의 부흥을 위해서라면 이웃 교회는 안중에도 없다. 이것이 우리 한국 교회의 현실이요 현주소이다. 때때로 교회들 사이의 연합에 대한 아름다운 소식이 들려오기도 하지만 지역적으로 가장 가까운 이웃 교회와의 연합 사역에 대한 소식을 듣는 일은 그렇게 쉽지 않다. 대형교회가 가장 가까운 이웃 개척교회를 대대적으로 지원했다는 이야기나, 상가의 조그마한 교회가 이웃

덩치 큰 교회와 연합 사업을 했다는 소식들은 접하기가 여간 어려운 일이 아니다.

왜 이렇게 되었는가? 문제는 무엇이며 어디에 있는가? 이러한 질문을 하지 않을 수 없는 것은 교회가 천상적이든 지상적이든 '하나님 앞에 있는 교회(ecclesia coram Deo)'는 하나님의 교회와 분명 하나라는 성경의 가르침 때문이다. 바울 사도도 그리스도를 머리로 모신 몸, 즉 교회는 하나라는 사실을 거듭 말해 주고 있지 않는가? 그런데 분리된 한국 교회의 여러 교단들은 한 교회가 아닐 뿐만 아니라, 결코 영원히 하나가 될 수 없고 하나가 되어서도 안 되는 것처럼 보인다. 더욱 안타까운 사실은 이러한 기형적인 양상이 단지 교단과 교단 사이에만 상존하는 것이 아니라 한 교단 안의 교회와 교회 사이에도 상존한다는 점이다. 마치 죽어서 서로가 갈 천국이 다른 것처럼 이웃 교회들 사이의 관계는 너무나도 적대적이다. 정말 하나님께서 원하시는 교회의 참 모습이 이런 것인가? 전도라는 미명 아래 서로 원수처럼 지내는 것이 당연하기라도 하듯 외치는 각 교회 강단의 소리에 청중들은 너무나도 쉽게 감염되어 왔다. 어쩌면 교인을 빼앗기지 않고 뺏어오는 일이 전도라는 미명에 내포되어 있는지도 모른다. 이런 점에서 각 교회들은 이웃 교회에서 일어나는 일이나 행사에 대해 민감할 뿐만 아니라, 서로에 대한 경계심을 늦추지 않는다. 상황이 이렇다 보니 지역적으로 인접한 교회일수록 서로에 대한 미움과 적대감은 더욱 심각하게 증폭되어 왔다.

물론 이런 모습을 안타깝게 여기는 사람들도 있다. 그래서 그들은 교회연합과 교회연합 사업을 장려해야 한다고 외친다. 그런데 그들은 대부분 교회연합에 몸담고 있는 사람들이다. 이들의 구호는 분명 옳지만 때로 그들이 지향하는 목표는 개교회들이 추구하는 개인주의와 물량주의의 목표와 너무나도 닮아 있다. 이럴 경우 교회연합은 연합 사업을 위한 정치적 수단으로 전락되고 만다. 교회연합이란 그 자체가 교회의 본질이요 목표이지 결코 그 무엇을 위한 수단이 되어서는 안 될 것이다. 그렇다면 각 교회의 개인주의화와 이로 인한 지역 교회들 사이의 갈등을 해소할 수 있는 길은 없는 것인가?

야고보 사도가 "너희 중에 싸움이 어디로부터 다툼이 어디로부터 나느냐? 너희 지체 중에서 싸우는 정욕으로부터 나는 것이 아니냐?"(약 4:1)고 말한 반문에 귀를 기울일 필요가 있다. 교회 간의 갈등의 주원인은 어쩌면 전도와 하나님 나라의 확장이라는 이름으로 포장된 인간적인 "욕심"이 아닐까? 한국 교회가 전도라는 미명 아래 감추고 있는 인간적인 욕심을 버리고 사도 교회와 초대 교회의 초심, 즉 "교회는 하나이며 그 머리도 하나"라는 성경의 근원적 교회론으로 돌아갈 수만 있다면 철부지 아이들의 명분 없는 아집으로 인해 벌어지는 싸움과도 같은 지역 교회들 사이의 아귀다툼은 분명 해소되리라 믿어 의심치 않는다.

이신칭의 교리를 포기할 수는 없다. 그러나 그 교리를 우리 자신의 욕심을 포장하는 포장지로 사용하지는 말아야 할 것이다. 나만 옳다는 독선을 옹호하는 도구로, 그래서 내가 싫어하는 상대를 무조건 부정하고 배척하기 위한 도구로 사용해서는 안 될 것이다. 성경은 분명 이신칭의를 가르치지만 성경의 교회론은 결코 개인주의를 가르치지 않는다. 다른 사람의 구원에 대해 우리가 왈가왈부할 수 없다. 구원은 오직 하나님의 손에 달려 있는 것이다. 그리고 우리는 자신의 구원에 대해서만 알 뿐이다. 그러나 구원받은 하나님의 백성 한 사람 한 사람은 결코 따로국밥이 아니다. 구원받은 사람들은 한 몸을 이룬 "더불어 공동체"이다.

그리스도를 구주로 받아들이자마자 그분의 몸의 한 지체가 된다. 많은 지체 가운데 하나라는 뜻이다. 몸에서 한 지체는 다른 지체 없이 존재할 수 없다. 다른 교회의 성도 없이 우리 교회의 성도도 없다. 이것이 하나님의 나라 개념이며 성경이 가르치는 교회론이다. 천국이 하나이듯이 하나님의 교회도 하나다. 이 지상의 교회가 아무리 불완전하다 해도 그것은 분명 그리스도의 몸, 한 몸이다. 정상적인 역할을 하지 못하는 지체가 있다면 모든 지체가 함께 도와야 하지 않겠는가? 그 지체가 가까이 있으면 있을수록 도움의 필요는 더욱 긴박하고 절실하게 느껴져야 할 것이다. 모든 한국의 지역 교회들이 "우리 교회" 내지는 "내 교회"라는 지극히 이기적인 생각을 벗어던지고 "하나님의 교회", "그리스도의 교회"라는 보다 성경적이고 보편적인 사상에 사로잡히기를 간절히 바란다.

Endnotes

1) John Knox, John Spottiswood, John Willock, John Row, John Douglas, John Winram.
2) 대한예수교 장로회 (고신) 총회 헌법(2011년 판) 교회정치 제2장 제12조 (각 개체 교회); J. A. Hodge의 교회정치문답조례 제48문답
3) 대한예수교 장로회 (고신) 총회 헌법(2011년 판) 예배지침 제5장 제21조 (유아세례식) 제3항 유아의 서약
4) 손재익, 『십계명, 언약의 10가지 말씀: 웨스트민스터 신앙고백서 및 대소요리문답, 하이델베르크 요리문답, 벨기에 신앙고백서로 보는 십계명』(서울: 디다스코, 2016), 213–214.
5) 에베소서 4:11에 언급된 '교사'라는 직분은 오늘날의 주일학교 교사를 말하는 것이 아니다. 에베소서 4:11에서 말하는 '교사'는 '목사'다. Louis Berkhof, *Systematic Theology*(Grand Rapids: Eerdmans, 1941), 586; Wayne Grudem, *Systematic Theology: An Introduction to Biblical Doctrine*(Grand Rapids: Zondervan, 1994), 노진준 옮김, 『조직신학(하)』(서울: 은성, 1997), 111.
6) 2011년에 개정된 헌법뿐만 아니라 1992년 판 헌법에도 동일하게 언급되고 있다.
7) 대한예수교 장로회 (고신) 총회 헌법(2011년 판) 예배지침 제9장 제37조 주일학교의 책임자
8) 이 부분이 1992년판에는 "유년 예배를 따로 드리게 되었을 경우 반드시 당회원이 출석하여 인도하여야 한다"라고 되어 있었다.
9) 대한예수교 장로회 (고신) 총회 헌법(2011년 판) 예배지침 제5장 제21조 (유아세례식) 제3항. 유아의 서약
10) 권문상, "한국 장로교회와 장로직: 장로 임기제 도입에 대한 개혁신학적 탐

구," http://blog.daum.net/joinors/5969621

11) H. Bouwman, *Gereformeerd Kerkrecht I*(Kampen: Kok, 1928), 601-02.

12) Bouwman, 602.

13) David W. Hall & Joseph H. Hall, *Paradigms in Polity: Classic Readings in Reformed and Presbyterian Church Government*(Grand Rapids: Eerdmans 1994), 148.

14) David W. Hall & Joseph H. Hall, 137-8.

15) de Synode der Christelijke Gereformeerde Gemeente, Kerkelijke Handboekje, 75.

16) K. de Gier, De Dordtse kerkorde. *Een praktische verklaring*(Houten: Den Hertog, 1989), 148.

17) K. de Gier, 148.

18) David W. Hall & Joseph H. Hall, 224.

19) David W. Hall & Joseph H. Hall, 265. 이 '교회정치'는 1647년 7월 7일에 의회에 제출되지만 영국 의회는 이를 승인하지 않는다. 한편 스코틀랜드 교회는 이 '교회정치'의 'Proposition', 즉 웨스트민스터 총회가 아직 영국 국회에 제출하지 않은 것으로서 1645년 2월 10일 스코틀랜드 총회가 승인한 것을 받아들이고 있다. H.J.Selderhuis, "6. Wat op de synode werd besproken: A. Algemene Overzicht", In: H. Natzij red., De Synode van Westminster 1643-1649(Houten: Den Hertof, 2002), p.99. 1645년 2월 10일 스코틀랜드 총회와 의회는 웨스트민스터 총회가 진행 중인 복사본을 접하고 웨스트민스터 총회의 승인과 영국 의회의 비준을 독려하기 위하여 〈교회정치〉를 승인하게 된다(이보다 일주일 전 1645년 2월 3일에 예배지침을 이미 승인한 바 있다). 이는 1647년 에딘버러에서 인쇄되었고, 현재 Free Church of Scotland는 본 문서를 채택하고 있다. 따라서 1647년 7월 7일 웨스트민스터 총회가 의회에 보낸 것과 다르다. 다음의 책에서 1647년 7월 7일자로 의회에 보낸 〈교회정치〉 본문을 볼 수 있다. D. W. Hall & J. H. Hall, 260-277. 1645년 교회정치에는 장로의 봉사기간에 대해서 규정하는 바가 없다. The publications committee of the free presbyterian church of Scotland, Westminster confession of faith, 395f.

20) 허순길, 『잘 다스리는 장로』(서울: 영문, 2007), 212.

21) 8조 시무반차 조항은 1930년 판에서 삭제.
22) 이와 관련하여 필자의 글을 참고하라. 손재익, "왜 선거를 하는가?," 『코람데오 닷컴』(2010.11.18)
   (http://www.kscoramdeo.com/news/read.php?idxno=3779)
23) John MacPherson, *Presbyterianism*(Edinburgh: T&T Clark, 1949), 이종전 옮김, 『장로교회의 정치원리』(인천: 아벨서원, 1998), 103; 박윤선, 『헌법주석』(서울: 영음사, 1983), 35, 37; 유해무, "신학과 신학교육 I," 『개혁신학과 교회』, 제16호(천안: 고려신학대학원, 2004), 181, 187, 201; 웨스트민스터 정치모범의 "목사의 임직을 위한 규칙"(The Directory for the Ordination of Ministers)에 이 부분이 아주 잘 드러난다.
24) MacPherson, 『장로교회의 정치원리』, 131.
25) Edmund Clowney, *The Church*(Leicester: IVP, 1995), 황영철 역, 『교회』(서울: IVP, 1998), 235; John Murray, *Collected Writings of John Murray*, vol 2.(Edinburgh: The Banner of Truth Trust, 1976-1982), 박문재 역, 『조직신학 II』(서울: 크리스챤다이제스트, 1991), 366; MacPherson, 『장로교회의 정치원리』, 41.
26) *Act of Synod*(1973), 64.
27) 딤전 5:22, 아무에게나 경솔히 안수하지 말고 다른 사람의 죄에 간섭하지 말며 네 자신을 지켜 정결하게 하라.
   행 14:23, 각 교회에서 장로들을 택하여 금식 기도하며 그들이 믿는 주께 그들을 위탁하고.
   행 13:3, 이에 금식하며 기도하고 두 사람에게 안수하여 보내니라.
28) C. Hodge, *The church and its polity*(1879)를 보라. 핫지는 이 책에서 치리장로가 목사 안수에 참여할 수 있는가라는 문제를 다루었다('Whether Ruling elders may join in the Impositions of Hands when Ministers are Ordained': "1842년 총회에서 치리장로가 안수할 권리가 있는지 질문에 대한 투표 결과, 만장일치로 부결되었다. 그러나 이 대답이 토론 없이 이루어졌고, 또 이 주제에 대하여 관심 있는 회원들이 없는 동안 이루어졌기 때문에 재고하는 투표를 하기로 했고, 그래서 다른 미결 안건들과 함께 1843년 총회로 넘겨졌다. 한편 켄터키 대회는 이 주제에 대하여 장로에게도 권한이 있다는 것을 결정하였고, 서부 렉싱톤 노회 역시 같은 결정을 내리게 되었다. 이

주제에 대하여 위원회는 헌법이나 교회의 관습에서 치리장로가 목사 안수에 참여하는 것을 허락하지 않는다는 결의안을 제출하였고, 총회는 다음의 투표 결과로 이 안을 채택하였다: 찬송 138, 반대 9, 기권1. 여기서 반대 9 중 장로는 4명……."

29) 대한예수교장로회 (고신) 총회 헌법(2011년 판)도 '임직'이라고 표현한다(교회정치 제36, 38, 48, 68, 79, 88, 121, 132조; 헌법적 규칙 제2장 제2,5조).

30) 손재익, 『십계명, 언약의 10가지 말씀: 웨스트민스터 신앙고백서 및 대소요리문답, 하이델베르크 요리문답, 벨기에 신앙고백서로 보는 십계명』(서울: 디다스코, 2016), 144-154.

31) Edmund P. Clowney, *The Church*(Leicester: IVP, 1995), 황영철 옮김, 『교회』(서울: IVP, 1998), 149-150.

32) 이후에 잠시 언급하겠지만, 목회의 주체가 목사만이 아니라 당회 전체라는 관점에서 본다면 장로의 기도도 무리가 없겠으나, 오늘날 한국 교회에서 장로가 목회기도를 하는 것은 그러한 개념과 이해에서 비롯된 것이 아니라는 데 문제가 있다.

33) 예장 합신총회 헌법 예배모범 제5장 '공예배 시의 기도' 제2절에는 "……그 표현들도 성경적으로 준비해야 된다……"라고 되어 있다.

34) Terry L. Johnson & J. Ligon Duncan Ⅲ, "공동 예배에서 성경 읽기와 성경의 내용으로 기도하기," in 필립 그레이엄 라이큰, 데릭 토마스, 리곤 던컨 3세 편집, *Give Praise to God: A Vision for Reforming Worship: Celebrating the Legacy of James Montgomery Boice*(Phillipsburg: P&R, 2003), 김병하, 김상구 옮김, 『개혁주의 예배학: 예배 개혁을 위한 비전』(서울: P&R, 2012), 263.

35) 이러한 기도의 가장 대표적인 예는 매튜 헨리(Matthew Henry)의 『기도』(*Method for Prayer*)라는 책에서 찾아볼 수 있다. 이 책은 수 세대 동안 개신교의 기도를 형성해 왔다. Hughes Oliphant Old, *Themes and Variations for a Christian Doxology*(Grand Rapids: Eerdmans, 1992), 12.

36) Terry L. Johnson & J. Ligon Duncan Ⅲ, "공동 예배에서 성경 읽기와 성경의 내용으로 기도하기," in 『개혁주의 예배학』, 254, 268-269.

37) 바울 사도는 그의 서신에 비밀을 계시와 밀접한 의미로 사용한다(엡 3:3). 또한 골로새서 1장 26-27절을 참조하라.

38) 자신을 세우는 이유는 그 전달하는 내용을 자신과 하나님만이 알기 때문이다

(28절).

39) 필자가 "소위"라는 말을 첨가한 것은 오늘날 대부분의 복음송이 복음을 제대로 표현하고 있지 않다고 판단하기 때문이다.

40) 대한예수교장로회 고신 총회 헌법(2011년 판) 교회정치 제66조 (장로의 직무) 제2항 "교회의 영적 상태를 살피는 일" 제3항 "교인을 심방, 위로, 교훈하는 일" 제4항 "교인을 권면하는 일" 제5항 "교인들이 설교대로 신앙생활을 하는 여부를 살피는 일" 등은 심방이 장로의 직무 중 하나임을 말함과 동시에 심방의 목적이 무엇인지를 말하고 있다.

41) 목회자의 심방 사역의 어려움은 그 필요성과 기대치가 높다는 것에서도 잘 나타난다. 하이패밀리가 실태 조사한 것에 의하면 교회에서 가장 부족한 부분이라고 느끼는 것이 가정/상담 사역이라고 한다. – "현재 귀하의 교회에 가장 부족하다고 느끼는 사역은 무엇입니까?" 국내/해외선교 8%, 기타 8%, 목양사역 14%, 호스피스 사역 10%, 복지/구제사역 11%, 가정/상담사역 49%라고 답하였다. "한국 교회 가정 사역 실태 조사" 전문 인력 기반의 장기 가정 사역이 필요합니다," 목회와 신학 8(2016), 85.

42) 한 사이트의 게시판에 "교회 목사님 심방오시면 심방비 드리는 건가요?"라는 질문이 올라왔다. 이에 28개의 답변이 댓글로 올라와 갑론을박하고 있다. 자세한 내용은 http://www.82cook.com/entiz/read.php?num=1350665을 보라.

43) 부교역자들의 자질과 능력을 폄하하는 것이 아니라, 성도들이 시간상 바쁘고 힘든 스케줄을 감당하는 담임목사와의 교제를 할 수 있는 기회가 상대적으로 줄어듦을 지적하는 것이다.